회계에 답이 있다

"기업후계자 황과장, 3주 만에 회계전문가가 되다"

회계에 답이 있다

김상곤 지음

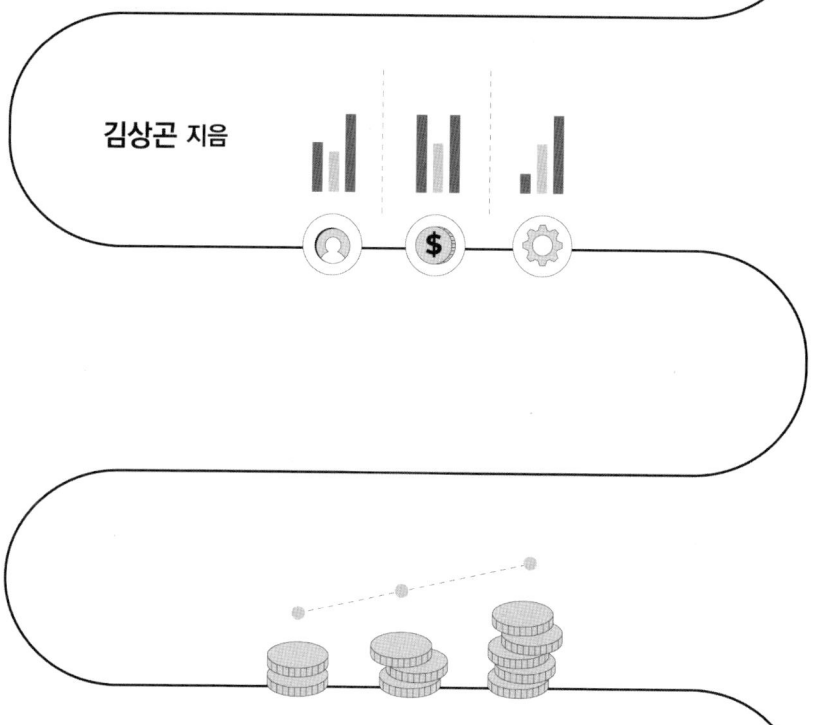

신영사

본 책에 나오는 EXCEL 화면 자료는 신영사 홈페이지(shinyoungsa.co.kr)의 자료실과 신영사 블로그(blog.naver.com/sys28945)의 자료실에서 내려받을 수 있습니다.

■ 추천사

"살아 있는 동영상 같은 책이 출간되었다."

육정민 - BNK부산은행 대구 영업부 지점장

깊은 다크서클, 어깨까지 내려와 있는 피곤의 그림자. 학부 동문 모임에서 뵐 때마다 짠한 동정심마저 불러일으키시던 선배님이 계셨다. 선배님은 공교롭게도 저자이신 김상곤 부장님과 같은 지역 중견기업의 재무부장님이셨다. 회사의 짐을 혼자 다 지고 어두운 밤길을 홀로 걸어가는 듯한 지친 모습의 부장님은 나의 사회생활 내내 가장 찐하게 남는 선배 중 한 분이었다. 그 시절 나에게 회계는 지친 재무부장님의 모습으로 오버랩되었다.

숫자를 다루는 것이 일상인 나에게도 그러했을진대, 여전히 일반인에게 회계는 암호화된 숫자이거나 자신과는 관계가 없는 거리감과 기피의 전문분야로 여겨지고 있지 않을까? 회계의 오류 중 가장 큰 오류는 회계는 여전히 담당자 또는 실무자의 전유물로 여겨지고 있다는 것이다. 개인적으로 역할과 책임이 성장하면서 기업의 자금량을 검토하고 지원하는 매일매일 속에 회계의 본질은 앞으로 나아가기 위해 과거를 돌아보고, 현재를 각성하게 하는 조직의 방향타이며 숫자화된 나침반과도 같은 것이라는 것을 알게 되고 느끼게 되었다.

대구 산업계의 버팀목이자 혁신을 선도하고 있는 미래테크(주) 재무부장이신 김상곤 저자의 「회계에 답이 있다」는 한 편의 살아 있는 동영상 같은 책이다. 회사의 어제, 오늘 그리고 내일의 무게를 가장 집중적으로 느끼는 CFO의 자리에서 본인의 경험과 자산을 회계 관련 에세이로 응축하여 전수한다는 것은 회계의 무게에 눌려 전전긍긍하는 여러 CFO와는 다른 살아 있는 생기발랄함이다. 그 생기발랄함의 출발에서 회사를 미래로 밀고 나가는 힘이 생기는 것이다. 잘되는 회사의 조건이다.

  회계를 담당하며 언제나 다시 기본으로 돌아갈 수 있는 힘과 잘 나갈 때 겸손이라는 회초리를 늘 들고 있는 저자의 모습 속에서 법인의 내일과 지역산업의 미래를 본다. 이제 그 힘과 회초리의 소중한 경험을 여러분과 함께 나누고자 하는 김상곤 부장님의 열정과 집필에 박수를 보낸다. 「회계에 답이 있다」를 보면 회계는 실물적이고 실존적이며 그리하여 아주 매력적이라는 것을 알 수 있다. 답을 알고 있는 회계를 담당자나 실무자의 전유물로 둘 필요가 어디에 있겠는가? 내 것으로 만들어야 할 이유이기도 하다.

  이 책 한 권으로 답을 구하는 생기발랄한 여행을 떠나시기 바란다. 「회계에 답이 있다」가 회계에 대한 접근을 쉽게 하고 이해를 높이는 데 기여할 수 있기를 진심으로 바란다.

■ 프롤로그

"회계는 어렵다? 그렇지만 답은 있다."

일반인들은 회계에 대해 대부분 어렵게 생각하고 있습니다. 사실 쉽지 않습니다. 그럼 현재 자신이 하는 일이 처음부터 쉬운 일이었을까요? 어떤 일이든 처음은 서툴고 힘들며 배우는 과정이 있고 익숙해져서 쉬워지게 됩니다.

그런데 회계는 어떨까요? 시작부터 뭔가 벽이 있는 것처럼 아무나 근접하기 어려운 것이라고 느껴집니다. 가끔 서점에서 회계 관련 책들을 찾아보면 일반인들이 보기에 딱딱하고 무슨 공식처럼 차변, 대변을 나누어 작성해야 하는 내용만 읽어도 포기하게 만듭니다. 혹여 책을 읽어도 도무지 어떻게 실무에 적용할지 머릿속은 복잡해지기만 합니다. 회계는 장부에 기록하는 방법에 기업회계기준이라는 원칙이 더해져 있으니 더욱 복잡해질 수밖에 없습니다.

그러나 회계는 생활하는 모든 일상에서 일어나는 돈의 흐름을 정리하고 있기에 늘 함께하고 있습니다. 예전에는 어머니께서 가계부를 작성하셨고, 개인마다 현금 입출금을 정리하신 기억들이 있을 겁니다. 지금은 신용카드사용액을 인식해서 지출내역을 자동으로 정리해 주는 앱도 있습니다. 이처럼 돈을 관리하고 정리하는 일은 다들 해 오고 있습니다.

회계를 배워서 직장에 취업하고자 하는 분, 사업을 시작하고자 하는 분, 학업을 위해 공부하는 분 등 회계 관련 책을 사서 시작하려고 하면 어디서부터 어떤 공부를 해야 할지 도무지 감이 오지 않습니다.

한번은 회계에 대해 궁금해하는 지인이 사업을 시작하는데 기본적으로 회계에 대해 알아야겠다며 책 추천을 요청해 왔습니다. 같이 서점에서 회계 관련 책들을 찾아보았으나 전반적인 흐름을 쉽게 파악할 수 있는 책이 많지 않았습니다. 대부분 목차와 이론적인 내용들이 비슷하며 회계에 대해 각 계정별로 세부적으로 설명되어 있는 책이 많았습니다.

필자는 회계가 처음인 독자들에게 전반적인 숲을 볼 수 있는 책이 필요하며, 다음으로 세부적인 내용을 파악할 수 있는 책이 필요하다는 생각이 들었습니다. 그래서 쉽고 재미있으며 가볍지만 회계와 관련해 실무적인 핵심 내용이 포함되어 전반적인 흐름을 파악할 수 있는 책이 필요하다는 생각으로 퇴근 후 틈틈이 자료를 모아 책을 집필하기 시작하였습니다. 회계는 처음은 어렵고 힘들지만 그 고비만 넘기고 익숙해지면 그리 어렵지 않다는 것을 알리고 싶었습니다.

회계실무를 하면서 경험한 일과 회계에서 가장 중요한 재무제표에 대해 전반적인 숲을 단계별로 스토리 형식으로 쉽게 볼 수 있도록 내용을 구성했습니다. 이 책은 일반회계기준으로 적용하였고, 저의 개인적인 생각을 적용했습니다.

1장에서는 가업승계를 위해 회사에 입사한 회장 막내아들이 3주 만에 회계업무를 마스터할 수 있도록 김대리가 어떻게 가르쳐야 할지 갈등하고 방법을 찾는 과정을 설명하고 있으며, 2~3장에서는 황과장 자신의 자산현황으로 기초 재무상태표를 작성하고 지난 달과 이번 달 손익계산서와 재무상태표를 작성하는 과정이 설명되어 있습니다.

4장에서는 현금흐름표를 직접법으로 작성하여 현금흐름에 대해 전반적인 내용을 파악하고, 다시 간접법으로 작성하는 방법을 설명하였습니다.

5~6장에서는 작성한 재무제표를 기준으로 재무분석을 통해 자신의 재무상태와 손익현황을 파악하고, 현금흐름의 이익의 질의 차이를 이해합니다. 재무분석을 확인하고 심각성을 느낀 황과장이 개선하기 위해 비용절감을 진행하며 손익분기점을 파악하는 과정을 설명했습니다.

7장에서는 지금까지 배운 내용을 바탕으로 일반회계기준인 재무제표 양식을 활용하여 재무상태표, 손익계산서, 현금흐름표, 자본변동표, 주석까지 감사보고서를 작성하는 과정으로 마무리됩니다. 마지막으로 회장님에게 실적보고 후 다시 황과장에게 내려진 '원가관리 3주 만에 마스터하기' 미션을 김대리가 또 한 번 돕기로 하고 얘기는 끝이 납니다.

책을 쓰면서 가능한 한 독자님의 입장에 서서 생각했지만 아직 부족한 부분이 많다는 생각이 듭니다. 그러나 사람의 욕구는 완벽한 것은 없다는 것을 알기에 끊임없이 개선을 진행할 겁니다.

현업에서 직장을 다니며 책을 쓰는 동안 조용히 지켜보며 애들을 챙긴 아내의 배려와 사랑하는 두 딸 승빈, 정빈이의 응원이 많은 힘이 되었습니다.

회계에 대해 부족한 부분에 도움 주신 박현수 회계사님 감사합니다.

책을 쓰면서 저의 직장생활 사수이시자 자금업무에 대해 많은 지식과 영감을 주시고 지금은 하늘에 계신 민홍식 이사님께 이 책을 바칩니다. 그리고 회계 공부를 시작하시는 모든 독자분들에게 사랑받는 책이 되도록 늘 곁에서 지켜보며 함께하겠습니다.

2024년 5월
김상곤

1장_회계팀, 총비상에 돌입하다

01 회장 후계자 황과장 입사하다 · 15
02 김대리, 황과장 인수인계를 맡다 · 22
03 황과장, 업무시간에 도망가다 · 29
04 김대리, 황과장의 약점을 파악하다 · 36
05 쉬운 길로 돌아가자 · 44

2장_황과장, 기초 재무상태표를 작성하다

01 기초 자산현황을 파악하다 · 53
02 기초 부채현황을 파악하다 · 65
03 자본등식을 깨우치다 · 71

3장_황과장, 손익계산서와 재무상태표를 작성하다

01 김대리! 술을 이겨라 · 77
02 지난달 수입과 지출을 파악하다 · 83
03 이번 달 수입과 지출을 파악하다 · 94
04 지난달 자산현황을 파악하다 · 104
05 이번 달 자산현황을 파악하다 · 111

4장_황과장, 현금흐름표를 작성하다

01 황과장, 수금회의에 참석하다 · 121
02 지난달 돈의 유입과 유출을 파악하다 · 130
03 이번 달 돈의 유입과 유출을 파악하다 · 143
04 진짜 돈이 있는가? · 152
05 현금흐름표를 간접법으로 작성해 보다 · 157

5장_황과장, 회계적인 마인드와 조금씩 친해지다

01 민부장, 챗GPT로 문제점을 해결하다 · 193
02 재무상태표의 안정성과 성장성을 파악하다 · 201
03 손익계산서의 이익률과 성장성을 파악하다 · 214
04 현금흐름의 이익의 질을 파악하다 · 223
05 현금순환주기를 파악하다 · 232

6장_회계는 어떻게 해야 할지 답을 알고 있다

01 크리스마스 사진 콘테스트 1등을 위하여 · 243
02 황과장, 목표를 달성할 기준을 파악하다 · 249
03 황과장의 변동비와 고정비를 구하다 · 264
04 황과장의 손익분기점 매출액을 구하다 · 269
05 황과장의 목표 손익분기점 매출액을 구하다 · 277

7장_나는 회계의 숲을 보는 회계전문가

01 크리스마스 콘테스트 사진 촬영 소동 · 289
02 황과장의 재무제표를 만들어 보다 · 294
03 재무제표의 세부적인 내용을 정리해 보다 · 313
04 황과장, 회장님께 재무제표 실적보고를 하다 · 319
05 김대리, 과장으로 승진하다 · 326

■ 참고문헌 · 331

1장

회계팀, 총비상에 돌입하다

01 회장 후계자 황과장 입사하다

땡땅땡따라 땡땅땡 땡땅땡따라 땡땅땡~

새벽 6시. 부랴부랴 휴대폰 기상알람을 껐다. 곧바로 대충 씻고 출근길을 나선다. 12월이라 새벽공기가 차갑다. 늦었다. 출근길이 멀어 차를 두 번 갈아타기에 6시 40분 전까지 버스 정류장에 도착해야 한다.

"아침은 먹고 가야지."

"갈게요."

부엌에서 들려오는 어머니의 말을 뒤로하고 급하게 나선다. 매월 첫째 주 월요일에는 아침조회가 8시에 있어 최소한 10분 전에는 정문을 통과해야 한다.

'무슨 회사가 군대식인지….'

머릿속은 불만이 가득하지만, 이 역시 자신이 선택한 곳이라 혼자 생각하며 30분 전에 정문을 통과한다.

사무실에 제일 먼저 도착했다. 평소 출근시간이 8시 30분이라 늘 1시간 전에 도착하니 매일 회계부에서 출근 1등이다. 버스시간 때문에 어쩔 수 없는 선택이다. 6시 40분 버스를 놓치면 7시 버스를 타야 한다. 그러면 차도 밀리고 출근시간 거의 다 되어서 도착한다. 마음이 불안하다. 그래서 늘 6시 40분 버스를 타고 다닌다.

사무실 PC를 켠 뒤 휴게실에 커피 한잔하러 갔다. 타부서 사람들이 삼삼오오 모여 이런저런 얘기를 나누고 있었다.

"어이, 김강산 대리 굿모닝!"

"아! 네, 안녕하세요. 신과장님."

"여기 와서 같이 차 한잔하지."

영업부 신과장이다. 영업을 하는 분이라 아래 직원을 보면 스스럼없이 인사하고 아는 척해 준다. 윗분과 아랫사람 모두 친하게 지내다보니 정보력이 빠르다. 이런저런 소문도 곧잘 아는데, 항상 '비밀인데 다른 데 얘기하면 안 돼' 하고 서두를 꺼내고 얘기한다. 으레 그렇듯 그 비밀은 돌고 돌아 나중에는 모두가 아는 정보가 되어 버린다. 그래서 신과장과 얘기할 때는 항상 할 말과 안 할 말을 가려야 한다.

"너, 그 얘기 들었어? 회장님 후계자 들어온다는 거."

"아, 그 얘기 제가 입사할 때부터 들었던 얘기라, 벌써 3년이 지났는데요. 들어온다 말만 있지 진짜 들어와야 믿을 것 같습니다."

"이번에는 확실한 정보야. 비서실에 김양 있지."

"네."

"회장님 아들과 전화로 통화한 내용을 들었다네. 회사 들어오라고."

"그럼 누가 들어옵니까? 회장님 자녀분이 아들 셋에 딸 둘인데 첫째 아드님이 들어오시는가요? 하긴 저는 누가 들어와도 상관없습니다. 어차피 저희 부서는 아닐 테니까요. 영업이나 생산관리에 들어가지 않을까요?"

신과장도 고개를 저으며 생각을 했다.

"그래. 그럼 우리 부서가 될 가능성이 높겠네."

어느새 다들 조회 참석을 위해 식당으로 가고 텅 빈 휴게실에는 둘만 남았다. 신과장은 좀 심각한 표정이었다.
"친하게 잘 지내야 할 텐데."
스피커에서 조회 5분 전 종이 울렸다.
"신과장님, 빨리 갑시다. 조회 5분 전입니다."
"오, 그래."
식당에서는 총무부 안과장이 마이크 테스트를 하고 있었다.
"아~ 아~ 마이크 테스트. 하나 둘 셋. 후후~ 잘 들립니까?"
"네."
생산직원들은 먼저 앉아서 대기 중이었다. 일찍 온 관리직원들은 뒷자리에 앉아서 서로 안부를 물으면서 주말에 있었던 일과 아침에 처리할 긴급한 사항 등 이런저런 얘기로 웅성거렸다. 첫째 줄 자리는 대부분 부장급 이상 간부들이 앉았으며, 임원은 맞은편 의자에 나란히 앉았다. 늦게 오면 둘째 줄 자리가 주로 남아 있어 다들 10분 전에는 미리 가서 뒤쪽에 앉으려고 한다.
"아, 늦었네."
김대리는 간단히 목례로 윗분들과 인사를 나누고 서둘러 둘째 줄 가운데 자리가 비어 있어 신과장과 같이 앉았다. 매월 임원들이 돌아가면서 조회 인사를 하는데 이번에 회장 순서가 되었다. 회장 조회시에는 다들 분위기가 엄숙해진다. 임원들은 눈빛부터 다르다. 회장은 평소 늦게 출근하는데 월요일만은 꼭 일찍 출근한다. 8시가 좀 지나서 회장이 식당에 들어왔다. 회장이 자리에 앉자 안과장은 조회 시작을 알렸다. 안과장은 과거 육군 장교 출신이었고 일찍 전역한 후 입사했다. 아침조회는 거의 군대 아침조회를 방불케 한다.
"지금부터 ××××년 12월 3일 아침조회를 시작하도록 하겠습니다. 모두 자리에서 일어나 주십시오. 전체 차렷! 상호간 인사!"
"반갑습니다."

이윽고 회장의 연설이 시작되었다. 나지막한 목소리에 가끔 앙칼진 음성이 섞여 있어 듣고 있으면 졸음이 오다가도 순간 확 놀라게 된다.

"제조업의 총체적 위기가 오고 있습니다. 매년 최저임금 인상과 원자재, 유가 인상 그리고 금리 인상으로 제조업을 계속 유지하기가 갈수록 어렵습니다. … 다들 경제적 위기라 생각하고 원가절감에 최선을 다하시고 영업은 수주에 더 노력하시기 바랍니다. 그리고 저의 후계 경영을 위해 아들이 다음 주에 입사합니다. 다들 잘 도와서 회사 경영에 빨리 적응하도록 협조바랍니다."

회장님께서 아드님 얘기를 다 하시다니! 식당 안 분위기는 순간 웅성거렸다. 다들 올 것이 왔다는 것을 느낀 것 같았다.

각 부서 부장들은 걱정하는 표정이 역력했다. 혹여 자기 부서에 오지 않을까 노심초사하는 분위기가 느껴졌다. 올 것이 왔다고 생각한 김대리는 옆자리의 신과장을 보며 작게 탄성을 질렀다.

"와, 과장님. 이번 정보는 정확하네요."

신과장은 심각한 얼굴로 멍하니 앉아 있었다.

사무실에 돌아와 부서원들과 인사하고 결재서류와 메일을 확인하면서 밀린 업무를 정리하기 시작했다. 여직원들은 회장 아들 입사와 관련해서 이런저런 얘기를 나누고 있었다.

평소 월요일 아침조회가 끝나면 다들 원탁에 모여 서로 간단한 안부와 업무에 대해 회의를 하고, 민부장이 이번 주 주요 업무에 대해 지시를 하고 시작하는데 오늘은 좀 늦다.

30분쯤 뒤 민부장이 오자마자 원탁에 앉아 다들 모이라고 했다. 민부장 얼굴빛이 그리 밝지 않았다. 회계부 부원은 총 7명이다. 부서장인 민부장, 자금팀 김대리, 주연씨, 은옥씨 그리고 세무팀 강차장, 송대리, 미영씨. 이렇게 총 7명이다.

민부장은 오늘 아침 회장 얘기를 꺼내더니 회장 막내아들이 다음 주에 입사하고, 회계부로 배정되었다고 말했다. 모두들 놀라는 표정이었다. 우리 부서는 아니겠지 했는데 결국은 우리 부서로 발령이 난 것이다.

"우선 서로 말조심하고, 각자 자리 정리정돈 잘하고, 김대리 맞은편에 자리 있으니 그 자리로 배치하고, PC 및 사무용품은 미리 총무부에 얘기해서 챙기고…."

"네."

모두들 체념하듯 대답했다.

김대리는 궁금한 점이 있었다.

"부장님, 회장님 막내아들에 대해 잘 아시는 거 있습니까?"

"예전에 회장님 집에 들를 일이 있어 얼굴을 본 적이 있는 거 말고는 없지. 아마 대학생이었던 것 같네."

민부장은 이어 말했다.

"어차피 우리 부서에서는 잠깐 있을 거야. 그동안 회계업무를 가르쳐야 되는데 누가 적임자일까?"

다들 눈치만 보고 아무도 나서지 않았다. 민부장은 강차장을 불렀다.

"강차장, 회계를 분담해서 가르치든지 누가 전담하든지 김대리하고 송대리하고 상의해서 정해봐."

민부장은 매우 귀찮은 표정을 짓더니 곧 자기 자리로 돌아갔다. 강차장은 한참을 고민하다가 입을 열었다.

"회계업무 시작은 자금업무부터 배워야 하니 김대리가 우선 가르치는 게 맞을 것 같은데…. 나와 송대리는 세무업무를 하니, 우선은 자금업무부터 알아야 다음 업무를 알지 않을까 싶네."

김대리 역시 한참을 고민했다.

"회장 아드님이 무슨 과 나왔는지 아십니까?"

자기 자리에서 조용히 대화를 듣고 있던 민부장이 거들었다.

"기계학과 다닌다고 했고. 아마 내 기억으로 그때가 7년 전이니 나이는 김대리와 비슷할 거다."

강차장이 맞장구쳤다.

"오, 잘됐네. 서로 나이도 비슷하니 대화도 잘 될 거고 그냥 혼자서 다 가르쳐도 되겠다."

김대리는 순간 오기가 차올랐다.

"네, 제가 희생하겠습니다. 뭐 다 해보죠!"

그 순간 강차장과 송대리가 박수를 쳤다. 안도의 표정이었다. 강차장은 김대리가 마음을 바꿀까봐 재빨리 말을 꺼냈다.

"오, 김대리 너만 믿을게. 파이팅."

뒤에서 듣고 있던 민부장도 나섰다.

"오, 김대리로 정했나? 그래 김대리라면 잘하지. 나도 김대리가 했으면 좋겠다 생각했지만, 업무가 많아서 부담스러울까봐 말 못했는데 다행이다. 참 잘됐네."

옆자리 여직원들도 박수로 응원했다. 때마침 총무부장이 들어왔다.

"회장님 아들 회계업무 가르치는 건 김대리가 하는 것으로 정해졌는가 보네."

"네, 김대리가 하기로 했어요."

민부장이 대답했다. 총무부장은 고개를 끄떡였다.

"민부장님, 회장님 아들 자리 어디로 정했나요?"

"김대리 맞은편 자리 비웠으니 그 자리로 정했습니다."

"아, 그럼 PC하고 사무용품은 지금 곧바로 준비할 테니 잘 준비하소! 그리고 김대리, 열심히 하고."

그러더니 총무부장은 회장 아들 자리를 한번 둘러보고는 휙 돌아서 나갔다.

"회장님께서 3주 만에 회계전문가 수준으로 발표할 수 있도록 하라고 했으니 준비 잘 하고."

민부장의 한마디에 김대리는 순간 머릿속이 멍해지고 말았다. 기계학과를 졸업한 사람에게 회계를 3주 만에 가르치라니….

"부장님, 이건 현실상 힘든 일입니다. 현재 업무를 진행하면서 3주 만에 인수인계는 시간이 부족해서 안 될 것 같습니다."

민부장은 잠깐 생각하더니 강차장과 송대리를 보며 말했다.

"김대리 업무 중 일부를 강차장과 송대리에게 나누어서 잠깐 인수인계하면 어떨까?"

"네, 그 부분은 저와 송대리가 인수인계받아서 하겠습니다. 김대리, 너무 걱정하지 말고 우리가 도와줄 테니 최선을 다해봐."

강차장이 민부장 눈치를 보며 말하자, 여직원들도 웃으면서 파이팅이라고 외치면서 힘을 실어주었다.

김대리는 생각했다. '젊어서 고생은 사서라도 하라고 했지. 그 말은 젊을 때 많은 경험을 해보라는 뜻이야! 파이팅! 할 수 있다. 아자!'

02 김대리, 황과장 인수인계를 맡다

어느새 소문은 퍼졌다. 회장 아들 첫 부서가 회계부이고 인수인계를 김대리가 맡기로 했다는 소문은 삽시간에 전 부서로 전파되었다. 김대리는 총무부에 회장 막내아들 정보를 얻기 위해 가던 중 영업부 신과장과 마주쳤다.

"오, 김대리. 대박! 축하해! 회장님 막내아들 맡기로 했다면서. 어떻게 할 거야? 그래도 나이는 너와 비슷하다고 하던데, 이번 기회에 잘 친해봐. 너 확실한 라인 잡는 거다."

김대리는 한편으로는 아주 좋은 기회라는 생각이 들었지만, 잘못 가르치면 어떡하지라는 고민이 이만저만이 아니었다.

총무부에 회장님 막내아들에 대해 물어보니, 극비로 전달받아 아직 이력서도 없는 상황이라 내일이나 되어야 알 수 있다고 했다.

이틀 뒤 회사 내부 공지사항에 회장 막내아들 인사발령이 공지되었다.

성명 : 황대승
직급 : 과장

발령부서 : 회계부
발령일 : 12월 10일

김대리는 사내 인터넷 게시판에 공지된 인사발령을 보고 중얼거렸다.

'헐, 직급도 나보다 위네.'

그날 이후 시간이 어떻게 갔는지도 모른다. 도서관에 가서 회계 관련 서적을 들춰 보고 어떻게 가르쳐야 할지 매일 고민했다.

'최대한 쉽게 가르쳐야 하는데…. 근데 회계는 무조건 외워야 하는데…. 걱정이네.'

금요일 점심때쯤 영업부 동기인 이대리가 저녁에 한잔하자면서 힘내라고 말했다. 그리고 잘 봐달라고 벌써부터 아부 아닌 비꼬듯 얘기를 했다. 김대리는 웃어넘겼다.

"어이구…. 그래 구매부 박대리도 함께 셋이서 한잔하자. 박대리도 불러라."

그날 오후부터 날씨가 흐려지더니 비가 내리기 시작했다. 술 마시기 좋은 날씨였다.

퇴근 30분 전 민부장이 불렀다.

"김대리, 준비는 잘되고 있나?"

김대리는 어쩐지 불안한 예감이 들었다.

"3주 만에 다 가르치려고 하니 부담스럽습니다. 회계전공도 아니고. 직급도 저보다 위네요."

"너무 부담 가지지 말고. 회계 비전공자니 기초부터 가르치고 숙제 내고 하면 3주 만에 될 거다. 회장님이 특별히 3남매 중에 막내를 선택했으면, 뭔가 특별하니까 후계자로 지명하신 거 아니겠나? 잘 가르쳐봐. 김대리, 그동안 잘해 왔잖아."

"네."

민부장과 얘기하다 보니 10분 정도 넘어서야 퇴근할 수 있었다. 하필 금요일인데 꼭 마칠 때 다 되어서 물어보고…. 구시렁거리며 영업부 이대리의 차가 있는 주차장으로 발길을 옮겼다.

이대리 차에 미리 타서 기다리고 있던 박대리가 맞이했다.

"왜 이리 늦었어?"

"부장님이 하실 말씀이 있으셔서 잡혀 있었네. 자, 출발하자! 비 오면 차 많이 막힌다."

도착한 곳은 조개구이 전문식당이었다. 이미 술집 안은 사람들로 가득했다. 비가 와서 그런지 웅성웅성 말하는 소리가 울렸다. 입구 쪽 가까운 곳에 자리가 있어 겨우 앉았다. 이대리가 평소 자주 오는 곳이라 앉자마자 조개구이 세트 메뉴를 주문하고 소주 1병과 맥주 1병을 주문했다. 곧바로 소맥을 한 잔씩 만든 후 건배를 외치고 들이켰다.

다들 김대리를 위로라도 하는 자리인 것처럼 잔을 부딪칠 때마다 '김대리 파이팅'이라는 말을 외쳤다. 비가 더 세차게 쏟아져 내렸다. 술도 술술 잘 넘어갔다. 조개를 연탄불에 올리자 조금 뒤 입을 벌리고 맛있게 구워졌다.

박대리는 옆에서 연신 술을 넘기는 김대리를 보고 걱정스런 표정으로 말했다.

"다음 주부터 회장 아드님이 오신다던데 이름이 황대승 과장이라고, 너보다 직급이 높네. 오자마자 과장이네."

"그래. 동급도 아니고 내 위라니 가르칠 때 더 부담스럽네."

이대리가 소주를 권하며 말했다.

"야, 너무 신경쓰지마. 어차피 직급에 의미가 없는 사람 아닌가. 그리고 이번이 어떻게 보면 위기지. 위험과 기회가 함께 오지. 네가 잘 선택하면 오히려 기회가 될 수 있어. 기회 아닌가?"

김대리와 박대리가 놀랐다.

"야, 너도 이런 얘기를 다 하네! 자, 건배!"
"위기는 기회다. 김대리를 위하여!"
"위하여!"
그날 비오는 만큼 마셨고 술에 취해 아쉬워 2차로 맥주 한잔 더 하고 헤어졌다.

토요일 눈을 뜨니 어제 어떻게 집에 왔는지 김대리는 전혀 기억나지 않았다. 어찌됐든 자기 방이고 누워 있으니 이보다 편할 수 없다. 시간이 11시가 넘어가고 있었다.

눈은 깜박이지만 몸은 이불 속으로 점점 더 움츠려 들어갔다. 갑자기 머릿속에 확 떠오르는 게 있었다.

'아, 월요일 날 황과장 오지! 내 정신 좀 봐.'

순간 이불을 들춰 차고 일어났다.

김대리는 언제부턴가 일어나면 꼭 침대와 이불을 정리정돈하는 습관을 들였다. 예전에 유튜브에서 미국의 한 장교가 한 연설을 보고 난 뒤부터였다. 그리고 가끔 나태해지면 연설을 찾아서 본다. 그 연설은 대략 이랬다.

"세상을 변화시키고 싶습니까? 침대 정돈부터 똑바로 하세요. 매일 아침 침대 정돈을 한다면, 여러분은 그날의 첫 번째 과업을 완수하게 되는 것입니다. 그것은 여러분에게 작은 뿌듯함을 줄 것입니다. 그리고 다음 과업을 수행할 용기를 줄 것입니다. 하루가 끝나면 완수된 과업의 수가 하나에서 여럿으로 쌓여 있을 겁니다. 침대를 정돈하는 사소한 일이 인생에서 얼마나 중요한 역할을 하는지 보여줍니다. 여러분이 사소한 일을 제대로 해낼 수 없다면 큰일 역시 절대 해내지 못할 것입니다. 그리고 혹시 비참한 하루를 보냈다면 여러분은 집에 돌아와 정돈된 침대를 보게 될 겁니다. 여러분이 정돈한 침대를요. 이것은 여러분에게 내일은 할 수 있다는 용기를 줄 것입니다."
　김대리는 혼자 되뇌었다.
　'그래, 뭐든 작은 일부터 시작하는 거야! 너무 부담 가지지 않아도 돼. 강산아, 넌 할 수 있어! 용기를 내자. 까짓것 남자로 태어났는데 못할 게 뭐가 있어. 파이팅!'
　주말 내내 도서관에서 기초회계 관련 도서와 회계실무 관련 책을 찾아서 내용을 정리하고 준비했다. 대부분 책들의 내용이 비슷했고, 내용 역시 딱딱해서 어떻게 하면 쉽게 가르칠 수 있을까 고민했다. 그러다 과거 대학 때 회계를 공부하던 생각이 떠올랐다.
　그때도 경영학을 전공하던 학생들은 회계와 원가 관련 과목은 대부분 기피하는 과목이라 인기가 없었다. 학생 중 강의신청을 늦게 해서 어쩔 수 없이 수강하는 친구들도 있었다.
　당시 회계원리 책의 기초적인 내용부터 공부하면서 차근차근 배워 나가면 되었고, 어려운 것이 있다면 친구나 선배들에게 물어봐서 배울 수 있었다. 꾸준히 하면 된다는 생각으로 하다 보니 못할 것도 없었고, 그렇게라도 해결이 안 되는 것은 교수님께 물어보면서 열심히 했던 생각이 떠올랐다.
　'그래, 회계에는 왕도가 없다. 꾸준히 차근차근 공부하면 된다.'
　김대리는 원칙적으로 정도의 방법으로 가르치면 되겠다는 결론을 내렸다.

　월요일 아침은 언제나 힘들게 시작하는 하루이다. 늘 1시간 정도 일찍 출근해서 영어책도 읽고 인터넷 신문도 읽어본다. 7시 50분에 국민체조 음악에 맞춰 체조를 하고 팔굽혀펴기 150개와 스쿼트 100개를 매일 한다. 약 30분 안에 다 하기에 얼굴에서 등까지 땀이 송송 맺힌다. 그래도 12월 추운 날씨라 이 정도지만 여름에는 온몸이 땀범벅이 된다.

8시 20분쯤 한 명씩 출근을 한다. 간단히 화장실에서 땀을 씻어 내고 자리에 오면 업무가 시작된다. 그러나 오늘은 국민체조만 하고 새로 입사할 황대승 과장이 언제 올지 몰라 앉아 기다리고 있었다. 인수인계를 어떻게 할지, 잘할 수 있을지, 마음속은 걱정이 가득했다.

10시쯤 되어서야 총무부 안과장 옆에 정장을 입은 한 청년이 회계부 사무실로 걸어오는 것이 보였다. 멀리서 봐도 누군지 짐작이 갔다. 여직원들은 총무부 친구들과 톡으로 회장 아들이 온 것에 대해 얘기를 하고 있었던 터라 미리 화장도 고친 상태로 기다리고 있었다.

총무부 안과장은 황대승 과장을 회계부 민부장에게 소개한 뒤 자리를 떴다.

회계부원은 원탁에 모여 각자 간단한 소개와 인사를 했고, 민부장은 황과장이 첫 부서로 회계부에 배정된 만큼 첫 단추가 중요하니 다들 도와서 회계업무를 잘 배우고 갈 수 있도록 부서원들에게 당부했다. 황대승 과장 또한 회계업무는 처음이라 잘 적응할 수 있게 잘 부탁한다는 인사를 했다. 민부장이 황과장을 자리로 안내해 주었다. 김대리는 황과장 외모 전체를 스캔하듯 재빠르게 보고 그의 인상을 생각했다.

'키는 나보다 좀 크고 호리호리한 몸에 눈빛은 좀 날카로운 편이네. 성격은 좀 까칠하겠는데.'

그러던 중 황과장이 김대리 앞에서 손을 내밀며 악수를 청했다. 순간 놀란 듯 가슴을 진정시키고 악수를 했다. 황과장은 잘 부탁한다는 말과 함께 얘기 많이 들었다며 맞은편 자리에 앉았다. 황과장은 미리 총무부장을 통해 회계부 업무 인수인계 담당자인 김대리의 정보를 파악해 둔 상황이었다.

'무슨 얘기를 들은 거지?'

김대리는 회사 입사 때부터 회계부에서 제일 일찍 출근하고 업무수행도 뛰어나 능력을 인정받고 있었다. 다들 자리에 앉아 일을 시작했고, 곧바로 김대리의 인수인계 업무가 시작되었다.

03 황과장, 업무시간에 도망가다

김대리는 우선 황과장에게 전년도 회사 신용평가 자료를 전해주면서 회사 전반적인 사항에 대해 읽어 보라고 권했다. 그러면서 기초 회계원리 책을 기준으로 가르칠 내용에 대해 마음속으로 되뇌며 인수인계 연습을 상상하고 있었다.

회계부 사무실은 평소보다 더 분위기가 가라앉아 있었고, 각자 업무에 열심이었다. 누구 하나 업무적인 얘기 외에는 조용히 일에 열중하고 있었다.

1시간쯤 흘렀을까 정적을 깨는 사람은 다름 아닌 황과장이었다. 황과장은 김대리에게 잠깐 차 한잔하자고 했고, 함께 휴게실로 향했다.

황과장은 회사에 대해 어느 정도 알고 있었다. 미리 3개월 전에 회장의 권유가 있었으나 황과장은 중요한 프로젝트를 진행하고 있어 계속 일정을 미루었다. 그러다 회장의 강력한 지시로 부득이 다니던 회사를 일주일 전에 그만두게 되었고, 마음의 준비 없이 왔는데 직급도 생각보다 낮고 무엇보다 첫 부서가 회계부라 당황했다고 했다.

본인은 기계학과를 졸업하고 난 뒤, 대기업에 입사해서 생산관리팀에서 근무했고, 생산 공정 관리와 공정 개선 업무를 하고 있었다고 했다. 그래서 회계에 대해서는 전혀 배운 적이 없고, 성격 또한 꼼꼼하지 못해 잘 가르쳐 달라고 했다.

김대리는 회계의 기본원리에 대해 차근차근 배우면 잘 알 수 있으니, 지금부터 자기가 가르치는 대로 하면 된다고 얘기하고 사무실로 돌아왔다. 김대리의 발걸음이 한결 가벼워졌다.

김대리는 사무실에 오자마자 황과장 자리 옆으로 가서 회계기초에 대해 교육을 시작했다. 회계원리 책을 주며 회계란 무엇인지, 거래의 8요소, 계정과목이 무엇인지 설명을 해주며 진도를 나갔다. 처음 두 시간 정도는 이해도 하고 노트에 기재도 하면서 흥미를 갖고 설명을 들었다. 그러나 내용이 점점 어려워지자 약간씩 고개를 갸우뚱거리기도 하고 차츰 흥미를 잃어가고 있는 모습이 보였다.

점심시간에 함께 회사 식당에서 식사를 했다. 직원들은 회장 아들이 누군지 궁금한 터라 지나가면서 힐끗힐끗 보기도 했다. 먼발치에서나 구석자리에서는 소곤대며 얘기하는 직원들이 많았는데, 아마 회장 아들 이야기를 하는 것 같았다.

오후에도 기초 회계원리 책으로 인수인계를 진행했다. 재무제표의 종류 및 재무상태표, 손익계산서, 현금흐름표, 자본변동표, 주석까지 각각의 역할과 특징들에 대해 설명을 했다.

다음날도 어제 했던 내용을 상기시키며 복습을 진행하고 궁금한 사항이 있으면 질문을 하라고 했다. 황과장의 무표정이 약간 마음에 걸렸지만 그냥 넘어갔다.

3일째 되던 날 분개부터 실무적인 내용까지 설명을 시작했다. 그러다 황과장이 더 이상은 못 견디겠다는 표정으로 일어서며 말했다.

"왜 이리 어려운거야? 김대리님, 잠깐 휴게실에서 차 한잔합시다."

휴게실에는 단둘뿐이었다. 황과장은 김대리를 쏘아보며 따졌다.

"김대리님, 저는 회계에 대해 잘 모르지만, 제가 배우려고 했던 것은 이런 실무적인 내용이 아닙니다. 저는 앞으로 회사를 이끌어가야 하는 사람이지, 회계의 세세한 사항까지 하는 실무자가 아닙니다. 저는 회계의 전체적인 숲을 보고 싶은 거지 나무를 보려고 이 부서에 온 게 아닙니다. 아시겠습니까?"

순간 김대리는 뒤통수를 한 대 맞은 것처럼 멍해졌다가 정신을 차렸다.

"과장님, 회계에 대해 기초가 되어야 차후 전체적인 숲을 보더라도 이해가 잘 되고 직접 분석까지 할 수 있지 않겠습니까?"

"아직 제 말을 이해 못하셨습니까? 제가 회계부에서 직접 실무를 보고 일하는 사람입니까? 저는 회계부에서 작성한 내용을 보고 회사의 실적이 잘 나왔는지, 그리고 무엇 때문에 결과가 이렇게 됐는지, 문제점이 무엇인지 확인하고 지시하면 되는 위치입니다. 분개가 잘못되었고, 계정과목 선택이 잘못되었다고 해서 전체적인 부분에서 그 영향이 얼마나 미칠까요? 아직 제 얘기를 이해 못하셨다면 한번 생각해 보세요."

그러고는 자리에서 일어나자마자 휴게실을 나갔다.

김대리는 자신의 방식에 뭐가 문제가 있는지 아직 이해가 잘 되지 않아 곰곰이 다시 생각해 보았다.

'회계를 전혀 모르니 처음부터 회계기초 수준으로 시작했고, 신입사원 입사시 교육하는 방식으로 진행했으니 기분이 상했을 거라는 생각은 드는데, 그러면 어떻게 하면 될까?'

김대리는 아무리 생각해도 딱히 마땅한 방법이 떠오르지 않았다. 사무실로 돌아오니 황과장은 자리에 없었다. 30분이 지나도 황과장은 사무실로 돌아오지 않았다. 민부장은 상황이 좀 이상하게 흘러간다고 생각했다. 가만히 지켜보던 민부장이 조심스레 말했다.

"김대리, 황과장에게 전화 좀 해봐."

신호는 가는데 전화를 받지 않았다. 김대리는 황과장을 찾아 나섰다. 휴게실, 식당, 화장실 등 갈 만한 곳을 찾아봤지만 보이지 않았다. 혹시나 싶어 경비실에 가보니 황과장이 차를 타고 나갔다고 했다.

'큰일이다. 이거 인수인계받다가 김대리가 잘못 가르쳐서 밖에 나갔다는 소문이라도 나면, 그리고 이 얘기가 회장님 귀에라도 들어간다면 그동안 나의 이미지와 쌓아둔 신뢰가 한순간에 날아가게 생겼다.'

김대리는 무작정 회사 밖으로 나가 택시를 타고 황과장이 갈 만한 곳을 생각해 보았다.

"어디로 모실까요?"

택시기사가 묻자 김대리는 앞만 보고 말했다.

"사람 많이 가는 곳 아무 곳이나요."

택시기사는 황당한 표정을 지었다.

"네?"

택시기사는 조수석의 김대리 얼굴을 보니 대략 심각한 상황임을 알아챘다.

"점심시간이 다 되어 가니 근처 식당이 많은 곳으로 가볼까요?"

"네, 어서요."

택시가 출발하자 김대리는 주연씨에게 전화를 걸어 황과장 차종이 뭔지 그리고 차량번호도 확인해서 알려달라고 했다. 조금 뒤 흰색 SUV 차량에 4×두2976 차량번호를 문자로 받았다. 기사에게 흰색 SUV 차량이 보이면 얘기해 달라고 하고 자기도 창밖으로 뚫어져라 흰색 SUV 차량을 찾았다. 그러나 그런 차는 보이지 않았다. 시계를 보니 12시 10분 전이었다. 이제 조금만 있으면 식당 주변에 차량들이 더 붐빌 것이고, 그러면 찾기가 더욱 어려운 상황이었다.

공단지역이라 가까운 식당가는 다 둘러봤지만 황과장 차량은 없었다. 택시기사가 아이디어를 냈다.

"공단에 있는 공원으로 가볼까요?"

"네."

김대리는 속이 타들어갔다. 그런데 찾으면 뭘 해야 할지, 무슨 말을 해야 할지 마땅히 떠오르는 것이 없었다. 그 사이에 택시는 공원에 다다랐다.

"어, 저기 흰색 SUV 차량 한 대가 있네요!"

공원 주차장에 2976 황과장 차량이 있었다.

"아, 찾았다."

찾아 나선 지 거의 한 시간이 흘렀다. 너무나 반가웠다. 택시비를 계산하고 기사에게 감사인사를 했다.

차량으로 가보니 황과장은 없었다. 공원으로 황과장을 찾아 다녔다. 다행히 멀지 않은 곳 벤치에 앉아 뭔가 골똘히 생각하고 있는 황과장이 보였다. 조용히 벤치 옆으로 다가갔다.

"황과장님! 업무시간에 여기 계시면 어떡합니까?"

황과장은 깜짝 놀랐다.

"김대리, 여기 있는 걸 어떻게 알고."

김대리는 무슨 용기가 났는지 황과장 옆에 덥석 앉았다.

"과장님, 제 기준으로 생각해서 인수인계를 하다 보니 제가 이해를 잘 못했던 것 같습니다. 이제부터라도 과장님께서 생각한 바대로 인수인계를 진행할 테니 제발 회사에 들어갑시다."

황과장이 피식 웃었다.

"김대리 때문만은 아니야."

황과장은 전 회사에서 생산 공정 프로젝트를 팀원들과 진행하고 있었다. 처음으로 인정받고 중요한 역할을 수행하던 중에 어쩔 수 없이 퇴사를 해야 했다. 회장의 부름 때문이었다. 게다가 형들이 두 명이나 있어 후계자에 대한 생각은 애초부터 없었다. 그는 엔지니어에 대한 꿈을 가지고 있었다. 황과장도 왜 회장이 자신을 선택했는지에 대해 궁금해했다. 마음의 준비가 안 되었던 황과장에게는 너무나 큰 부담이었던 것이다.

김대리는 조금은 안심이 되었다. 그래도 앞으로 어떻게 황과장에게 회계를 인수인계해야 할지 걱정이 태산이었다.

황과장이 일어나면서 말했다.

"김대리, 배고픈데 술이나 한잔할까?"

어느 순간부터 황과장은 김대리에게 말을 놓았다.

"배고프면 식사를 하셔야죠? 낮부터 무슨 술입니까? 그리고 아직 업무 중인데 말입니다."

"뭐, 오늘 인수인계 업무는 외근업무로 부장님께 보고하면 되지. 안 그래?"

김대리는 회계 인수인계는 앞으로 아주 힘든 일이 될 거라는 것을 직감했다.

점심식사 후 김대리와 황과장이 보이지 않자 민부장은 걱정되었다.

"아직도 황과장 찾고 있나? 강차장, 김대리에게 전화 좀 해봐."

"네."

강차장은 핸드폰을 꺼내들었다.

김대리는 강차장 전화가 오자 황과장과 멀찌감치 거리를 두고 전화를 받았다.

"네, 차장님."

"김대리, 찾았나? 부장님이 찾으신다."

"네, 옆에 있습니다. 점심을 아직 안 먹은 터라 밖에서 먹고 들어가겠습니다. 아! 황과장이 외근업무 인수인계를 받고 싶다고 하는데……."

"그래? 그럼 그렇게 해. 거래처 은행에 가서 지점장하고 담당자 만나서 인사도 하고, 머리도 좀 식히고 들어와! 무슨 얘긴지 알겠지? 내가 부장님께 잘 얘기할게. 파이팅!"

전화를 끊자 황과장이 일어섰다.

"밥 먹으러 가자."

"아, 네."

04 김대리, 황과장의 약점을 파악하다

들어간 곳은 국밥집이다. 점심시간이 끝난 뒤라 손님은 거의 없었다. 두 테이블에만 손님이 앉아 있다. 돼지국밥 두 그릇에다가 황과장이 소주 한 병과 맥주 한 병을 추가로 주문했다. 황과장이 소주와 맥주를 섞어 소맥을 만들더니 김대리에게도 권했다.

"한잔해."

"업무시간인데……."

김대리는 마지못해 받았다. 황과장이 시원하게 한 잔을 순식간에 마셨다. 김대리도 오전 내내 신경을 써서 스트레스가 이만저만이 아니었는지 한 잔을 시원하게 마셨다. 배가 고팠던 이유도 있었을 것이다. 소맥을 한 잔 더 권하다 보니 자연히 술을 마시는 자리가 되어 버렸다. 황과장이 회사 밖인 데다 나이도 동갑인데 편하게 얘기하라고 권했다. 김대리는 아직은 거리를 둬야 하기에 말을 쉽게 놓지 못했다.

가족관계, 학교 다니던 이야기, 여자 친구 이야기, 군대 이야기 등 개인적인 이야기를 나누다 보니 어느덧 두 시간이 훌쩍 지났다. 그러자 서로 조금은 편한 사이가 되었다.

"과장님, 오늘 인수인계 중에 나가시고 난 뒤 안 들어오셔서 입장이 좀 난처했습니다."

"밖인데 말 편하게 해. 나이도 동갑이고."

"아, 네."

황과장은 소주 한 잔을 들이켜고 나서 얘기를 이어 갔다.

"사실 회계가 잘 이해가 안 돼. 그리고 내용도 딱딱하고 좀 쉽게 가르쳐 줄 수 없나? 확 와 닿을 수 있게 말이야."

"그럼 누구나 다 회계하게요. 원래 회계 자체가 회계기준이라는 것이 있어 법처럼 지켜야 할 사항과 어느 정도 공부를 하고 반복해야 이해가 되는 학문이죠. 그런데 이걸 3주 안에 다 인수인계하라는 것 자체가 사실 좀 무리가 있습니다. 특히 회계와 전혀 관련 없으신 분은 더욱 힘들지요."

"그래서 유능한 김대리가 인수인계를 맡은 게 아니겠나. 자 한 잔 건배!"

"건배!"

주거니 받거니 하다 보니 대낮부터 취기가 돌았다. 황과장은 술을 마시기 시작하면 끝을 보는 사람인 것 같았다. 계속 부어라 마시라 권하니 어느새 소주 세 병을 비우고 있었다. 황과장과 김대리는 이제 더 이상 회사 동료가 아니라 술친구인 듯 이야기하고 있었다.

다른 곳에서 한잔 더 하기로 했다. 자리에 일어나서 계산을 해야 하는데, 황과장이 멍하니 앉아 있었다.

"과장님, 가시죠."

"응."

"과장님, 계산하셔야죠."

잠깐 뭔가 생각하던 황과장이 일어섰다.

"김대리, 우리 이거 더치페이해야지."

김대리는 순간 당황했다. 황과장이 가자고 했으니 당연히 계산할 줄 알았다. 역시 있는 놈이 더한 것 같다.

"아, 네. 그럼 과장님 카드로 계산하시고 나중에 돈을 드릴게요."

기분이 좀 찜찜했다. 요즘 트렌드가 그러려니라고 생각하는 것이 편했다.

식당을 찾고 있었다. 초겨울이라 나무에는 휑한 가지만 남아 있고, 아직 떨어지지 않은 나뭇잎 몇 개가 대롱대롱 매달려 있었다. 취기가 있어서인지 기분이 즐거웠다. 오후 세 시쯤이라 마땅히 갈 곳이 없었다. 마침 가까운 곳에 중국집이 있었다. 두 사람은 그곳으로 들어갔다.

황과장은 앉자마자 탕수육과 고량주를 주문했다. 그리고 서비스로 짬뽕국물을 조금 달라고 요청했다. 이미 술에 취한 상황이라 어떤 술이라도 의미가 없었다. 황과장은 벌써 독한 술을 두 잔이나 마셨다. 안주가 나오기 전에 단무지와 양파로 속을 달래고 있었다.

황과장은 술에 취했는지 속내를 얘기하기 시작했다. 사실 전 회사에 생산 공정 관리기술을 배우기 위해 어렵게 취업했고, 새로운 프로젝트를 맡아 팀원으로 최선을 다해 일하던 중이었다. 회장님의 부름을 받고 퇴사를 했지만, 후회가 된다고 했다. 형들이 두 명이나 있는데 굳이 나를 선택한 이유가 뭔지도 몰랐고, 아직 준비가 안 되었는데 어떻게 할지 모르겠다며 김대리에게 하소연했다.

"과장님, 세상을 살면서 준비를 다 하고 시작하는 일이 얼마나 되겠습니까? 저의 얘기를 들어 보시렵니까?"

김대리는 새해 목표로 75kg인 체중을 줄이기로 했다. 몸무게가 많이 늘어 늘 고민이었다. 결론은 운동을 하는 것이었다. 회사 근처에 헬스장이 있었다. 6개월에 12만원이라는 광고지를 보고 생각했다. '5kg 감량을 목표로 퇴근 후 잠깐 헬스장에 들러 운동하고 집으로 가면 되겠구나.' 매일 한 시간씩 6개월이면 충분할 것 같았다. 헬스장 등록 후 첫날부터 운동을 시작했다.

운동을 시작하면서 준비할 것들이 있었다. 운동화, 운동복, 헬스용 장갑 등이었다. 러닝머신을 뛰면서 운동화가 필요하다는 것을 알았고, 땀을 잘 흡수하는 운동복도 필요했다. 손에 굳은살이 박힐까봐 장갑도 있어야 했다. 첫날에는 간단히 운동하고 끝냈으며, 필요한 물건을 인터넷으로 주문했다. 준비물을 기다린다고 이틀을 그냥 보냈다.

3일째 되는 날 준비물이 집에 도착했다. 이제 운동을 해서 몸무게가 70kg 되는 날을 상상했다. 기분이 좋았다. 4일째 되는 날 오후에 부장님께서 갑자기 저녁회식을 하자고 했다. 강차장과 송대리도 시간이 된다고 하니, 자연스레 전체 회식이 되었다. 그날은 운동을 하지 못했다.

5일째 되는 날 헬스장에 갔다. 그러나 회사에 운동복과 운동화가 든 가방을 두고 온 것이었다. 그날은 대충 운동을 하고 나왔다.

헬스장에 등록하면 계획대로 모든 게 잘 흘러갈 것이라 생각했다. 그러나 준비해야 할 것이 계속 생겼다. 자신의 계획대로 잘 되지 않자 괜한 스트레스가 쌓이기 시작했다.

이후 개인 라커룸을 예약하고 운동복을 두고 운동하기 시작했다. 그러나 혼자 운동하는 게 재미가 없었다. 한두 번 빠지기 시작하니 잘 가지 않게 되었다. 그리고 6개월에 12만원이니 가격도 저렴해서 일주일에 두세 번만 운동하자고 계획을 변경했다. 시간이 되는 날 운동하기로 했다.

회사 결산과 감사로 바쁘다 보니 헬스장에 가는 횟수가 점점 줄어들었다. 그러다 보니 결국 한 달 뒤부터는 헬스장에 가지도 않고 있다.

목표를 달성하기 위해 어떤 조건이 만족되어야 실행할 수 있다고 생각한다면, 그 조건이 만족되기 전에는 시작을 하지 못한다. 그리고 시작되면 또 다른 조건이 발생한다.

김대리는 깨달았다. 무엇을 하기로 목표를 세웠으면 현재 상황에서 할 수 있는 작은 일부터 시작한다. 그리고 일상에서도 가능한 방법을 최대한 활용한다. 만약 아주 큰 목표라도 시작은 작은 일부터, 할 수 있는 일부터 시작한다. 중요한 것은 목표를 달성하기 위해 어떤 조건이 꼭 준비가 되어야 한다는 것은 아니다.

김대리의 생각을 전해들은 황과장은 본인이 생각했던 준비에 대한 부분이 어느 정도 이해가 되었다. 하지만 근본적인 문제는 해소되지 못했다.

"그럼 지금은 그 목표를 위해 뭘 하고 있지?"

김대리는 관심을 보이는 황과장을 보며 말을 이어갔다.

"회사 출근하면 국민체조하고 팔굽혀펴기와 스쿼트를 하고 있지요. 점심때는 탁구를 치고 있고…."

"그래, 언제부터 했는데?"

"시작한 지 5개월 되었는데 아직도 꾸준히 하고 있어요."

"목표는 달성했고?"

"3주 전인가 목표를 달성했죠. 지금 몸무게가 68~69kg 사이에서 왔다 갔다 합니다."

"와, 대단하네!"

"아니 사실 꼭 그렇지만은 않은 것 같아요."

김대리는 체중감량을 하던 날을 떠올렸다. 당시 운동과 병행해서 4개월 동안 식단을 조절하고 야식을 금했다. 그러나 몸무게는 71~73kg 사이에서 계속 왔다 갔다 했다. 목표를 채우는 데 항상 2%가 부족했다. 일상에서 꾸준히 운동을 했지만 딱 거기까지였다. 그러다 과중한 회사업무와 식단 조절로 피로가 쌓여 면역력이 떨어질 때 즈음 코로나에 걸리고 말았다. 1년 전에 코로나에 처음

감염되고 별일 없겠지 생각했는데 또 감염되고 말았다. 코로나 방역단계가 낮아지면서 이제 자가방역으로 변경되었다. 집에서 개인 스스로 방역하는 식이었다. 회사에 연락을 취하고 방 안에 혼자 침대에 누워서 보냈다. 이틀 동안은 정말 아팠다. 땀도 많이 나고 입맛도 없어서 계속 누워 있었다. 월요일 날 자가방역에서 해방되고 몸무게를 재보니 68.4kg이었다.

"아, 이거 말도 안 돼."

결국 코로나로 인해 어부지리로 목표를 달성하게 된 것이었다. 진정 전화위복이 된 상황이었다. 김대리는 이날 이후 또 한 가지를 깨달았다. 자신이 목표로 생각한 일에 대해서는 반드시 실행을 해야 하며, 실행 중 어떤 어려움이 발생하더라도 그것은 목표한 것을 달성하기 위한 변화의 과정이라는 것을 이해하고 이겨내면 자연스레 목표에 도달하게 된다는 것을 느꼈다. 그리고 지금보다 나은 삶을 생각한다면 자신의 생각부터 바꿔야 주위의 모든 것이 그에 따라 자연히 따라온다는 것을 생각하게 되었다. 결국은 어떤 것을 이루는 것은 지금 있는 현재의 나와 이루고 난 후의 나는 변화를 했기에 변화에 대해 긍정적으로 받아들여야 한다. 그것이 자의든 타의든 성장하기 위한 과정이라는 것을 알게 된 것이다. 이야기를 다 듣고 난 황과장은 탄성을 지르며 박수를 쳤다.

시간이 꽤 흘렀는지 식당에 하나둘 손님들이 들어오고 있었다. 시계를 보니 벌써 오후 5시를 넘기고 있었다.

"과장님, 오늘은 회사 들어가면 다들 퇴근하겠는데요."

"지금 우리 외근업무 인수인계 중이잖아. 오늘처럼만 하면 딱 좋은데 김대리 호호호."

"내일부터 다시 회계공부 시작하는 겁니다. 오늘 같이 이렇게 술도 마시고 다 풀었으니."

황과장은 눈을 부라렸다.

"아직 시작도 안 했는데. 이제 밤이 오니 이제부터 시작이지."

황과장은 오늘 밤을 다 지새우면서 술을 끝까지 마실 요량으로 보였다. 성격상 한번 시작하면 끝을 보는 스타일이라 적당히가 없는 것이다. 문제는 술이다.

김대리는 마지막 승부를 걸어야겠다는 생각이 문득 들었다. 이러다가 내일 출근도 못한다면 이건 더욱 심각한 상황으로 가는 것이었다. 김대리 역시 많이 취했지만, 중간중간 물과 안주를 먹으면서 취기를 달래고 있었다. 그러나 황과장은 주당인지 쉼 없이 건배를 하며 마시고 있는 것이었다. 김대리는 자신이 정신이 조금이라도 있을 때 황과장에게 약속을 받아내야 할 것이 있었다. 황과장의 눈을 똑바로 주시하면서 또박또박 얘기했다.

"앞으로 회계 배우는 거 어떻게 할 건데?"

"회계? 해야지. 근데 이해가 잘 안 돼. 재미도 없고 쉽고 재미있어야 하지."

"그럼 쉽고 재미있게 하면 무조건 하는 거다. 이번처럼 인수인계하다가 회사 나가기 없기다."

"그래, 술이나 마시자. 자 건배!"

김대리는 어느 순간 황과장과 말을 놓고 있었다. 김대리는 황과장에게 다짐을 위한 건배 제의를 하자고 했다.

"나 김강산은 오늘부터 회계를 쉽고 재미있게 가르친다!"

"나 황대승은 끝까지 열심히 배우기로 약속한다!"

"회계 마스터를 위하여!"

"위하여!"

시간이 흘러가고 취기도 오르고 있었다. 바깥은 벌써 깜깜해졌다. 저녁 7시였다. 황과장은 3차를 가자고 권했고 김대리는 이쯤에서 헤어지자고 했다. 그러나 황과장의 성화에 3차로 마무리하기로 했다.

"3차는 노래방으로 고고!"

그날 두 사람은 친구인 양 허물없이 노래방에서 신나게 놀았다. 김대리는 생각했다.

'황과장은 술이 약점이야. 술!'

05 쉬운 길로 돌아가자

다음날 아침, 김대리는 겨우 일어나 출근했다. 텅 빈 사무실에서 물을 연거푸 마셨다. 어제 취기가 계속 맴돌아 속이 불편했다. 휴게실에 가서 컵라면 한 개를 비우고 나니 속이 좀 괜찮아졌다. '역시 사람은 배가 불러야 편안해져.' 어김없이 국민체조 구령이 울려퍼졌다. 김대리는 빈 사무실에서 혼자 국민체조와 팔굽혀펴기를 했다. 힘들지만 언제부턴가 습관이 되어 있었다.

출근시간이 지났는데도 황과장은 아직 출근을 하지 않았다. 김대리는 이마에 손을 얹으며 탄식했다.

"그놈의 술 적당히 마시지. 황과장 내가 너 땜에 못 살겠다."

우려하던 일이 생기고 만 것이다.

강차장이 김대리를 회의실로 불렀다.

"어제 어떻게 된 거야? 같이 있었다며?"

김대리는 자초지종을 얘기했다.

"와! 이제 김대리 앞으로 잘 풀리겠는데. 내가 잘 보여야겠다."

"차장님, 무슨 얘깁니까? 지금 출근도 안 해서 걱정되어 죽겠는데요."

조금 뒤 황과장이 고개를 푹 숙이고 뛰어들어오면서 인사를 했다.
"죄송합니다. 차를 찾는다고 좀 늦었습니다."
그러고 보니 어제 공원에 차를 두고 술을 마신 게 생각났다. 황과장은 공원에 들러 차를 가지고 오느라 늦은 것이다.
황과장은 김대리에게 눈인사를 하고 앉았다. 김대리는 어제 다짐한 것처럼 쉽고 재미있는 회계를 설명해야 하는데 어떻게 할지 도통 생각이 나지 않았다. 술이 덜 깬 때문이었다. 머리는 어지럽고 계속 목이 말랐다. 앞자리의 황과장은 김대리보다 더 심각해 보였다. 얼굴에는 전날 술 마신 흔적이 고스란히 남아 있었고, 속이 안 좋은지 화장실을 들락거렸다.
평소 잘 오지 않는 총무부장이 회계부 사무실을 찾아왔다. 다들 인사를 하자 그는 민부장과 함께 회의실로 들어갔다. 아무래도 황과장 때문이었다. 그렇지 않고서는 총무부장이 회계부에 올 일이 거의 없었다.
총무부장이 돌아가자 민부장은 회의실로 김대리를 불렀다.
"어제 둘이 어떻게 된 거야?"
김대리는 다시 자초지종을 얘기한 뒤 죄송하다고 민부장께 고개를 숙였다.
"황과장 술 잘 하던?"
생각지도 못한 의외의 질문이 민부장 입에서 튀어나왔다.
"아, 네. 술 잘 마십니다. 완전 주당이던데요."
순간 말실수임을 깨달은 김대리는 긴장했다. 하지만 민부장은 개의치 않았다.
"아, 그래. 회식 한번 해야겠네. 그리고 회계 인수인계는 어떻게 잘 되어가나?"
"그게 걱정입니다. 황과장은 잘 이해가 안 된다고 좀 쉽고 재미있게 가르쳐 달라고 하니 어떻게 할지 방법을 생각 중입니다."

"옆에서 보니 쉽게 가르치던데. 근데 방향성이 잘못된 것 같아. 신입사원 연수처럼 실무를 가르치던데, 방법을 좀 바꿔야 할 것 같아. 과장인데 신입사원 일을 할 건 아니잖아."

김대리는 정신이 확 드는 느낌이었다. 뭐가 잘못되었는지 깨달은 것이었다. 자세하게 회계를 가르쳤지만 황과장이 이 일을 할 사람이 아니지 않은가. 자세하게 가르치다 보니 황과장이 더 어렵게 느꼈을 수도 있었다. 황과장이 말한 것처럼 나무를 보는 게 아니라 전체 숲을 파악하는 뜻이라는 건 알았는데, 어떻게 가르쳐야 할지는 도무지 좋은 생각이 떠오르지 않았다.

다행인지 불행인지 황과장이 오전 내내 화장실을 오가느라 정상적인 인수인계 업무는 진행되지 못했다. 점심도 안 먹고 숙취를 해소한다고 애를 쓰고 있다. 황과장은 그날 온종일 숙취해소에 모든 에너지를 소비했다. 김대리 역시 어떻게 쉽고 재미있게 인수인계를 할지 생각하다 퇴근했다. 어제 마신 술 때문에 퇴근 후 집에 오자마자 바로 침대에 쓰러졌다.

다음날 김대리는 개운하게 출근했다. 김대리는 황과장과 차 한 잔하면서 회계 인수인계에 대해 얘기를 했다. 김대리는 쉽고 재미있게 회계를 설명하기에는 아직 방법이 떠오르지 않아 오늘은 은행외근 업무에 대해 인수인계를 하기로 하고 주거래 은행에 함께 방문했다.

김대리는 지점장과 부지점장에게 황과장을 소개했다. 인사가 끝나고 일상적인 얘기를 주고받았다. 지점장은 최근 경제상황에 대해 얘기했고, 당사 매출현황과 시장현황에 대해 궁금해했다. 특히 황과장에 대해서는 대학은 어디서 다녔는지, 전 직장에서 무슨 일을 했는지 등 간략히 궁금한 사항들에 대해 편안하게 물어봤다. 지점장은 대출자금이 필요할 때 언제든 신청하면 저렴한 금리로 지원하겠다는 약속과 함께 퇴직연금 및 방카슈랑스 상품도 함께 소개했다.

　최근 국내 경기가 악화되면서 보유예금은 많이 있으나 기업에 대출을 진행하려고 해도 위험이 컸다. 그로 인해 신규법인이나 회사 사정이 어려운 법인은 쉽게 대출을 진행하지 못하고 있어 여유자금 운영에 어려움을 겪고 있었다. 반면 신용등급이 높거나 실적이 좋은 회사에는 저렴한 금리로 대출을 권하고 있었다.

　대부분의 은행들은 회사가 실적이 좋고 성장할 때에는 대출이 잘 되지만, 기업이 어렵고 경영상 어려움이 있는 회사는 대출이 잘 되지 않는다. 왜 그럴까? 은행이 대출을 진행하기 위해 1차적으로 검토하는 서류는 신용평가 서류이다. 기본적으로 신용평가 서류에서 가장 중요한 서류가 재무제표이다. 재무제표를 분석하여 재무평가를 진행한다. 그리고 추가로 비재무적인 평가를 고려하는데, 이는 회사 업력 및 비전, 기술력, 경영진 능력, 영업상황, 시장상황, 금융거래 등을 고려해서 추가 평가를 진행한다. 그래서 경영상 어려움이 있는 회사는 대출이 쉽지 않다.

　거래처 은행 담당자와 대출을 협의 진행하여도 대출심사부에서 통과되지 않으면 대출이 어렵다. 그래서 은행과 거래할 때에는 회사 실적을 잘 설명해야 하며, 실적이 좋지 않을 경우에는 향후 전망에 대한 미래 청사진을 항상 긍정적으로 설명해야 되고, 실제로도 회사의 비전을 잘 관리해야 한다.

　주거래 은행과 거래은행을 다닌 후 사무실로 돌아왔다. 김대리는 주거래 은행들의 여수신 현황을 보여주며 현재 차입금과 예금 현황에 대해 설명해 주었다. 황과장은 차입금의 금리를 비교하고 있었다.

　"김대리, 금리 높은 상품은 상환을 하는 게 좋지 않아? 현재 보유예금도 꽤 있는데."

"금리가 지금 현재 기준에서는 꽤 높네요. 하지만 대출상환기한이 남아 있어 지금 상환을 진행한다면 조기상환수수료가 1.5% 정도 발생해서 오히려 역효과가 발생합니다. 당시에는 자금이 필요해서 금리가 높아도 대출을 진행한 건이네요. 우선 만기가 다가오면 그때 상환을 진행하면 될 것 같습니다."

"왜 금리가 높을 때 대출을 했지? 그때 자금이 없었나?"

황과장은 혼잣말로 중얼거렸다. 지난번 국밥값도 각자 계산할 정도로 그는 돈에 대해서는 철저한 사람 같았다.

이번 주는 시간이 금방 흘러갔다. 어느 때보다 힘든 한 주였다. 그러나 김대리는 주말도 업무의 연장이었다. 다음 주가 걱정이었다. 도서관에 가서 기초회계 및 회계에 대해 아주 쉽게 설명된 책들을 찾아 읽어 보았고, 서점에 가서도 쉽고 이해가 잘 되는 회계 책을 찾아 다녔다. 그러나 쉬운 회계 관련 책들은 정말 기초적인 내용만 다루었고, 황과장이 얘기한 전체적인 숲을 보는, 쉽고 재미있는 책은 찾기 어려웠다.

저녁 늦게 집에 오니 어머니가 저녁을 차려 주었다. 오늘 성과가 별로 없던 김대리는 입맛이 없었다. 먹는 둥 마는 둥 대충 먹고 거실에서 TV를 켰다. 어머니는 가계부를 쓰면서 이달에 수입보다는 지출이 많다며 나에게 여유자금이 있으면 좀 보태라고 했다.

그간 아버지 월급으로 생활을 해 왔지만, 최근 동생 두 명이 동시에 대학을 다니면서 수입보다 지출이 많아진 것이다. 어머니는 두 달 정도만 여유자금이 있으면 빌려 달라고 했다. 김대리는 곰곰이 생각해 보았다. 현재 가진 돈이라고는 매월 정기적금으로 들어가는 예금과 주식에 투자한 자금이 전부였으며, 나머지는 월급 입금과 동시에 카드대금으로 대부분 지출되어 여유가 없는 상황이었다. 곰곰이 생각하던 김대리는 정신이 확 들었다.

그동안 자신의 재무상태에 대해 한 번도 생각해 본 적이 없다는 생각이 들자 깜짝 놀라고 말았다. 늘 하는 일이 자금업무에다 매월 결산을 정리하여 재무제표를 만들어 분석하는 김대리가 정작 자신의 보유자산현황에 대해서는 전혀 관리를 하지 않고 있었던 것이다. 그도 그럴 것이 매월 월급이 들어오면 100만원은 정기적금으로 자동이체되고, 나머지 돈은 카드대금으로 대부분 빠져나가 버리니 정리라는 것에 대해 생각도 하지 않았던 것이었다.

그러나 김대리가 누구인가? 회사의 전체 자금을 관리하면서 운영자금이 부족하면 저렴한 금리로 차입하며, 여유자금은 고금리 예금상품에 가입하여 매월 최선안을 선택해서 관리하고, 재무제표를 매월 작성하여 수익성, 안정성, 성장성 등을 분석하여 보고하는 사람이 아닌가? 그러나 중이 제 머리를 못 깎듯이 정작 자신의 자산에 대해서는 전혀 관리를 안 하고 있었던 것이다.

그리고 주식에 투자한 종목들 또한 대기업 우량주이지만, 오르기만 기다릴 뿐 별다른 관리를 하지 않고 있었다. 단지 아침에 출근하면 9시쯤 주식이 오르고 있는지 내리고 있는지 확인만 할 뿐이었다. 그것도 10% 이상 손해를 보고 있는 상황이며, 오를 때만 기다릴 뿐 별다른 조치를 하고 있지 않았다.

"그래! 바로 이거다."

자신의 자산상태를 관리하는 방법으로 인수인계를 진행하면 분명 쉽고 머릿속에 쏙쏙 들어오고 재미있을 것이라는 생각이 들었다.

문제는 자신의 자산상태를 공개하는 것을 꺼릴 수는 있지만 그건 문제가 되지 않았다. 설명을 하기 위한 소재일 뿐 금액은 자신이 알리고 싶은 대로 반영하면 되는 것이었다. 차후 전반적인 이해를 하게 된다면 말하지 않아도 분명 스스로 자신의 자산현황이 궁금해서 별도로 만들 것이므로 자연히 복습도 될 것이었다. 일석

이조의 방법을 찾은 것이다.

  그날 저녁, 어머니께 감사하다는 의미로 비상금 100만원을 계좌이체해 주었다. 오랜만에 두 발 뻗고 편히 잘 수 있었다. 꿈속에서 김대리는 황과장을 만나 인수인계를 성공적으로 마무리하면서 웃고 있었다.

2장

황과장, 기초 재무상태표를 작성하다

01 기초 자산현황을 파악하다

김대리는 휴대폰 주식 앱을 열고 장 시작 5분 전부터 종목들의 주가추이를 보고 있었다. 혹여나 투자한 종목들이 본전만 했으면 하는 기대감을 갖고 주식시장이 시작되는 초반 상황을 지켜보다 다시 업무로 돌아오곤 했다. 업무시간 중 눈치껏 주식상황을 보며 언제 오를지 속으로 되뇌기도 하고, 다른 종목들은 잘 오르는데 왜 내가 산 주식만 내리는 건지 한탄하기도 했다.

뒤에서 갑자기 황과장이 등을 두드렸다.

"뭐가 그리 심각해?"

"아, 아닙니다. 이제 회계 관련 인수인계를 해야죠."

"뭐 잘못한 거라도 있어? 놀라기는…."

깜짝 놀란 김대리는 마음을 추슬렀다. 집에서 생각한 방식대로 가르치기 위해 황과장의 자리를 마련한 뒤 인수인계 준비를 했다. 이 방식이 잘 통할까 하는 의문도 있었지만, 달리 다른 방법도 없었다.

황과장이 옆자리에 앉자 김대리는 PC에 Excel 화면을 열고 미리 준비한 화면을 보여주며 황과장에게 설명했다.

"과장님, 이제 회계적인 마인드는 버리세요. 실제 과장님이 과거 3개월간 생활하시면서 수입과 지출이 있을 겁니다. 그 자료를 기준으로 기업회계기준에서 인정하고 있는 재무제표를 만들어서 회계에 대해 쉽게 이해할 수 있도록 인수인계를 할까 합니다. 너무 부담 갖지 마시고 생각나는 대로 답변해 주시면 되고, 부족한 자료는 찾아서 보완하면 되니까 걱정할 필요는 없습니다. 오늘은 간단히 과장님의 기초자산 현황을 정리할 테니 지금부터 제가 얘기하는 자료를 오전까지 확인해서 준비해 주세요."

황과장은 약간 당황했지만 김대리 PC에 있는 양식을 보고 잠깐 생각한 뒤 대답했다.

"내 수입과 지출을 가지고 재무제표를 만든다는 게 좀 우습지 않나? 내가 사업을 하는 사장도 아니고, 직장생활만 해서 수입은 월급이 전부고, 가끔 주식으로 차익 실현하는 것 말고는 없는데 어떻게 재무제표를 만드는지 이해가 안 되네."

"정식 재무제표는 좀 무리가 있는 건 사실입니다. 그러나 생각해 보면 못할 것도 없습니다. 회사만 재무제표를 만들 수 있다는 건 고정관념이며, 개인도 규모는 작지만 회사 못지않게 수입도 있고 지출도 있습니다. 단지 재무제표로 구현하지 않았을 뿐이죠. 아마 저희가 처음일 수도 있을 겁니다. 하하하!"

황과장도 어이가 없어 김대리와 함께 웃었다.

"하하하! 그래 김대리, 일단 해보는데 내 개인적인 자료로 하는 거라 좀 부담스럽네."

"네. 그래서 공개하고 싶은 자료만 생각나는 대로 답을 해 주시면 됩니다."

"그래, 그럼 정확하지 않아도 문제는 없지?"

"네, 근데 가능하면 공개할 수 있는 것은 다 했으면 합니다. 그래야 자료의 신뢰성이 높아지거든요."

"오케이! 그럼 내가 공개할 수 있는 자료는 다 준비해 볼게. 필요한 게 뭔지 얘기해 봐."

"네."

김대리는 PC에 있는 Excel 양식을 보여주며 필요한 양식을 하나씩 설명했다.

"화면상 자산현황과 손익현황에 필요한 자료를 준비하면 됩니다. 일부 중복되는 것도 있고 해당 없는 자료는 제외하면 됩니다. 가능한 한 잘 준비해 주시고 부족하면 그때 추가로 확인 가능하니 오늘 오전까지 9월말 기준으로 자산현황 자료부터 준비해 주십시오."

황과장은 준비할 자료 리스트를 출력한 뒤 자료를 하나씩 찾아서 출력했다.

"김대리, 매출채권은 무슨 자료인지 잘 모르겠는데."

"과장님 수입은 월급이 주 수입원이고 대부분 해당 월에 일을 하면 다음 달에 급여가 나옵니다. 월급쟁이는 월급이 주 매출이고 해당 월에 월급을 못 받고 이월된 금액이 매출채권이 되는 겁니다. 그래서 급상여 금액 파악하시면 됩니다."

"오! 그렇지 월급쟁이 주 매출은 월급이지."

황과장은 인터넷으로 은행 사이트, 카드사 사이트 등 해당 필요 자료를 정리하고 출력했다. 그러다 보니 오전이 다 지나가 버렸다. 일부 부족한 것은 내일 집에서 찾아보기로 하고 대부분 준비를 마무리했다.

"그럼 제가 질문하는 것에 대해 답을 해 주시면 됩니다. 먼저 과장님 기초자산부터 정리해 보겠습니다. 기초자산 시작 기준일을 9월 30일로 하고 보유하고 있는 자산을 파악하도록 하겠습니다. 9월 30일 당시 현금을 얼마나 가지고 있었는지요?"

황과장은 지갑 안을 펼쳐 보았다.

재 무 상 태 표
XXXX년 XX월 XX일 현재

황대승 자산현황

과　목		필요한 자료
자산	현금과 예금	현금 보유액, 일반통장
	매출채권	재화나 용역을 외상으로 판매한 금액 (직장인은 받지 못한 급상여 금액)
	빌려준 돈	빌려준 돈 내역
	정기예금	1년 이상 장기 적금통장 및 청약통장 등
	투자자산(주식 외)	주식, 비트코인 등 투자하고 있는 자산현황 내역
	개인 보유 자산현황	토지, 아파트, 차, 전자제품 등 자산가액 각 100만원 초과하는 자산
	기타자산	그 외 보유자산 중 100만원 초과하는 자산 (골프채, 자전거 등)
	전월세보증금	전월세로 집을 임차한 경우 보증금으로 부동산 임대차 계약서 등
	기타	그 외 보유한 자산
부채	신용카드사용액	카드이용대금명세서
	빌린 돈	빌린 돈 내역
	대출금	은행 등 금융기관 외 대출금 현황 내역
	기타	그 외 부채

손 익 계 산 서
XXXX년 XX월 XX일 ~ XXXX년 XX월 XX일

황대승 손익현황

과　목		필요한 자료
수익	급여, 상여금	급여 및 상여금 입금 내역
	투자수입	주식 외 투자 거래 수익 내역
	기타수입	기타 거래 수입 내역
비용	현금지출	현금으로 사용한 내역
	신용카드사용액	카드이용대금명세서
	대출이자	이자지급 내역 및 차입금 상환 스케줄 외
	자동이체 외	자동이체 내역
	기타	기타 지출 내역

"그때는 잘 기억이 안 나는데 보통 현금을 잘 사용하지 않아서…. 보통 지갑에 현금 10만원 이상 가지고 있고, 지금은 현금이 15만원 있네."

김대리는 미리 준비한 Excel 양식에 현금 15만원을 입력했다.

"네. 우선 금액이 크지 않고 평소에 10만원 이상 들고 계신다고 하니 현금 15만원으로 보겠습니다. 일반 입출금통장 잔고는 얼마나 있는가요?"

"9월말 기준으로 일반 입출금 통장 잔고가 75만원이 있네."

"그럼 현금과 일반예금은 합산해서 90만원으로 입력합니다. 과장님은 월급 외에 별도 수입이 있는지요?"

"그걸 얘기해야 하나? 오케이. 생각나는 대로 하면 된다고 했지. 별도 수입은 없지."

"회사에서 받는 월급이 유일한 수입이라고 봐도 되겠네요. 그럼 9월에 세금공제 후 순수하게 통장에 입금되는 금액은 얼마인가요?"

"9월달 급여가… 세금공제 후 통장에 입금되는 월급이 500만원이네. 월급은 다음달 10일에 입금되네. 아, 그리고 추석연휴가 있어서 상여금 200만원 추가로 있었네."

"그럼 정기적인 수입은 급상여가 전부라고 보고 매출채권으로 7백만원으로 입력합니다."

"근데, 왜 월급이 매출채권이야?"

"오전에 설명했는데 다시 설명해 드릴게요. 일반 회사의 경우 제품을 만들어서 판매하면 제품매출로 인식을 하고, 돈을 다음 달에 판매처에서 받기로 한다면 외상거래로 매출채권이 됩니다. 과장님은 회사에서 일을 하면서 월급을 받습니다. 대부분의 회사는 해당 월에 일한 월급을 계산해서 다음 달 월급일에 입금해 줍니다. 결국 과장님이 9월달에 일한 월급은 10월 10일에 입금되니 그동안 못 받는 것에 대해 매출채권으로 인식하는 겁니다."

"아! 이해가 되네. 내가 마치 회사사장인 것 같은데."

"네, 굳이 비유하자면 과장님 자신이 개인회사인거죠."

"오! 개인회사라…."

"과장님, 혹시 주위 지인분이나 친구들에게 돈을 빌려 주신 거라도 있습니까?"

"내가 돈 관계는 확실해서 웬만하면 친구들과 돈거래는 안 하고 있어. 지금껏 빌려준 돈이 거의 없지. 없다고 보면 되겠다."

"그럼 빌려준 돈은 0으로 입력하고…."

김대리는 Excel 화면에 있는 양식을 기준으로 금액과 간략한 내역을 정리하면서 입력했다.

"회계상 1년 이상이면 장기로 봅니다. 과장님, 1년 이상의 정기예금이나 적금이 있습니까?"

"청약통장이 있는데, 작년에 300만원 입금하고 난 뒤 안 하고 있고, 별도 매월 정기적금 10만원씩 입금하고 있지."

"언제부터 저축했습니까?"

"잠깐 한번 보자…. 3년 만기 적금으로 가입했고, XXX2년 1월에 가입했으니 지금 납입한 금액이 210만원 입금되어 있네."

황과장은 폰뱅킹으로 정기적금 잔액을 확인해 보고 놀라며 말했다.

"와! 매월 통장에서 자동이체되어서 몰랐는데 벌써 이만큼 쌓였네."

"그럼 정기예금은 1년 이상 장기로 청약통장 300만원과 정기적금 210만원 합해서 총 510만원입니다. 과장님, 혹시 주식이나 비트코인 같은 곳에 투자하는 거 있습니까?"

"비트코인은 모두 정리해서 없고, 주식은 현재 보유하고 있지. 비트코인은 꼭 정리하고 나면 오르더라. 그냥 두었으면 좋았는데."

"그걸 알면 미리 사서 왕창 오를 때 팔죠. 저도 알고 있었는데 겁이 나서 시작도 안 합니다. 그럼 보유한 주식은 9월 30일자 기준으로 금액이 얼마인가요?"

"9월 30일자로 주식 잔고 금액 알려주면 되는 거지?"

"네."

"주식은 현재 잔액 2천 6백만원 보유하고 있네. 별도 종목까지 알려 줄 필요는 없지?"

"네. 그럼 투자자산은 2천 6백만원으로 입력하겠습니다. 이제 유형자산 파악 좀 해 볼게요. 유형자산은 일반적으로 자산의 취득 시점에 지급한 취득금액으로 산정해야 합니다. 그러나 우리는 취득일을 기준으로 자산을 파악하고 감가상각비를 반영해서 기초자산을 작성하는데 시작부터 너무 복잡하니 현재 기준으로 취득했다고 가정하고 시작하겠습니다. 과장님, 토지나 집이 있습니까?"

"아파트가 있지."

"아파트 샀나요? 아니면 전세 혹은 월세로 계신가요?"

"샀지. 5억에 구입했어."

"아파트 5억에 구입했다고 입력하고 감가상각비를 산출해 볼게요."

"감가상각비가 뭐지?"

"차를 사면 평생 차가 새 차로 있는 건 아니잖아요. 시간이 흐르면 새 차가 중고차가 되듯이 가치가 감소합니다. 이를 일정한 기준으로 매월 가치가 감소하는 부분을 합리적으로 계산하여 비용으로 처리하는 것을 말합니다. 만약 합리적인 기준 없이 구매한 차를 한 번에 전액 비용으로 처리한다면 해당 월에 손실이 엄청나게 됩니다. 그래서 매월 일정한 기준에 따라 합리적인 기준으로 계산해서 비용처리하면 손익이 일정하게 배분되어 정리됩니다."

"그럼 아파트는 건물이니 다르게 정리하는가?"

"네. 아파트는 조금 다르게 생각해 볼게요. 아파트는 일부 토지를 가지고 있습니다. 그래서 세월이 지나도 아파트 자체의 가치가 있습니다. 우선 철골 콘크리트 구조는 세법상 내용연수를 40년으로 보고 있습니다. 그리고 40년 후에 아파트를 처분한다고 했을 경우 배분된 토지가 있으나 별도 금액을 산정하기는 어려우니, 아파트에 할당된 토지자산을 포함해서 금액을 기재하고 별도 잔존가치를 매입가의 10%를 산정해서 계산해 보겠습니다."

"내용연수를 내가 조정해도 되지 않나?"

"네. 과장님이 보시고 적정한 기준으로 내용연수를 산출해도 되지만, 기본적으로 세법상 건물에 대한 내용연수 기준이 정해져 있으니 따르기로 합시다. 물론 과장님이 내용연수를 정해도 되는데 몇 년을 기준으로 하시려고요?"

"나는 내가 사는 동안만 내용연수를 정하려고 생각해 봤는데."

"그럼 몇 년 정도 사시려고요?"

"그야 결혼하기 전까지니까, 한 3년 정도…."

"과장님, 그렇게 되면 5억 자산을 3년간 나누어서 감가상각을 진행한다면 너무 많은 비용이 발생해서 매년 과장님 연봉보다 감가상각비가 더 많이 발생합니다. 그래서 회계에서는 적정한 기준으로 배부를 해서 수익과 비용이 적절하게 대응되도록 기준을 정하고 있습니다."

"아! 그렇구나. 그럼 기준에 따르도록 하고…. 그리고 잔존가치는 뭐지?"

"가령 예를 든다면 아파트가 40년이 지나면 가치가 0일까요?"

"아니지. 서울 강남에 40년이 지난 아파트도 아직 가격이 상상도 못하게 비싼데."

"네. 그래서 내용연수가 지나도 아파트는 배분된 토지가 있기에 우선 잔존가치를 10%로 산정해서 정하자는 겁니다."

"오케이!"

김대리는 간략하게 식을 정리해서 황과장에게 보여 주었다.

아파트 감가상각비 : ((5억-(5억×10%))÷40년÷12개월)
=937,500

"과장님, 아파트만 40년 동안 매월 937,500원씩 감가상각해야 합니다. 이해가 되십니까?"
"그러니까 아파트가 5억인데 40년 동안 매월 감가상각을 진행하는데 그중 10%는 자산가치가 있으니 차감하고 나머지를 매월 나누어서 계산한 거라고 생각하면 되겠네!"
"네, 정확하게 이해하셨습니다. 감가상각비는 적정하고 합리적인 방법으로 자산의 가치감소분을 정리하는 거라고 생각하면 됩니다. 저희는 월단위로 산출하기에 월로 계산했지만 대부분 재무제표에는 연단위로 계산되어 있습니다."
"오케이!"
"과장님, 타고 다니는 SUV 차량도 구입한 당시의 취득가액에 각종 부대비용(취득세, 등록세 등)을 포함한 금액으로 산출해서 현재 기준으로 감가상각비를 반영한 금액으로 기초자산을 적용해야 하나 간단히 현재 동일한 중고차를 매입했다고 가정한 금액을 적용하도록 하겠습니다. 현재 가격이 얼마 정도 하는가요?"
"잠깐 중고 사이트에서 검색해 보자. 3년 전에 새 차로 구입했고 할부금은 다 납부한 상황이니 현재 동일한 모델과 연식의 차가 얼마인지 확인하면 되겠네."
"네, 맞습니다."
"아, 지금 대략 동일차량에 동일한 옵션에 동급 연식이 대략 1천 8백만원에 거래되고 있네."
"네, 그럼 1천 8백만원으로 입력하고, 차량은 보통 5년으로 나누어서 감가상각을 하고 있고 잔존가치가 크지 않으니 없다고 보고 현재 중고시세에서 5년으로 나누어서 구하면 되겠네요. 과장님, 이해하셨나요?"

잠깐 다른 곳을 보고 있던 황과장은 놀라며 이해했다고 답했다.

"과장님, 지금 중요한 내용이니 집중하셔야 합니다. 과장님 차량 감가상각비 한번 구해 보시죠?"

"차량가액이 1천 8백만원이니 1천 8백만원 나누기 5년 나누기 12개월 하면 한 달치 감가상각비가 나오겠네. 그럼 계산하면 월 30만원이네."

"네, 계산 잘하시네요. 그럼 집에 전자제품들 중 현재기준으로 100만원 이상 가치가 있다고 생각되는 전자제품만 자산으로 잡고 나머지는 비용으로 정리하는 걸로 한다면 대략 얼마나 되는가요?"

"왜? 다 계산 안 하고?"

"금액이 적은 것은 그냥 비용으로 떠는 이유가 금액이 크지 않아서 그럽니다. 굳이 하나하나 다 한다면 너무 복잡하고요. 예를 들어 30만원짜리 전자제품을 한 대 샀다고 합시다. 이를 5년간 나누어서 감가상각비를 계산하면 30만원÷5년÷12개월, 월 5,000원이 비용으로 처리됩니다. 그리고 별도 전자제품을 3개월 할부로 구입한다면 월에 비용으로 반영되는 부분은 10만원밖에 안 됩니다. 그래서 금액이 적은 것은 굳이 감가상각할 필요 없이 비용으로 전액 입력하시면 됩니다. 그러나 본인이 세세하게 관리하고 싶다면 해도 문제는 없습니다. 근데 관리하는 데 너무 힘들 겁니다."

"아! 궁금해서 물어본 거야. 지금 집에 있는 가전제품들 대부분이 1년이 안 된 거라 구입시 100만원 넘어가는 전자제품은 노트북, 에어컨, 냉장고 정도고, 나머지는 100만원 이하에 구입했고 1년쯤 사용했으니 대략 전체 300만원 정도 보면 되겠네."

"그럼 전자제품 외 3백만원 입력하고 5년으로 균등하게 상각한

재 무 상 태 표

XXXX년 9월 30일 현재

황대승 자산현황 (단위: 원)

과 목		금 액	간략 내역
자산	현금과 예금	900,000	현금 15만원 및 입출금예금통장 75만원
	매출채권	7,000,000	주업 매출로 받지 못한 금액 - 9월 급여 5백, 상여금 2백
	빌려준 돈	0	빌려준 돈이 있는 경우
	정기예금 (장기-1년 이상)	5,100,000	청약예금 3백, 정기적금 XXX2년 1월 가입 ~ XXX5년 1월 만기(월 10만원, 21회 입금)
	투자자산(주식 외)	26,000,000	현재 보유하고 있는 잔고 금액
	토지	0	토지는 감가상각대상이 아님
	아파트	500,000,000	40년으로 균등하게 상각, 잔존가치 10% 적용 (아파트 토지분은 잔존가치에 반영)
	감가상각누계액	0	(5억 - 5천) ÷ 40년 ÷ 12개월
	개인승용차	18,000,000	5년 균등하게 상각
	감가상각누계액	0	18백 ÷ 5년 ÷ 12개월
	전자제품 외	3,000,000	노트북, 에어컨, 냉장고(100만원 이상) 5년 균등하게 상각
	감가상각누계액	0	3백 ÷ 5년 ÷ 12개월
	전월세보증금	0	전월세로 집을 임차한 경우 보증금 입력 현재는 해당 없음
	자산합계	560,000,000	재무상태표 등식 : 자산 = 부채 + 자본

다면 매월 약 5만원 정도 감가상각비가 계산되겠네요. 혹 기타자산으로 100만원 넘어가는 운동기구나 비품이 있는가요?"

"가구하고 운동기구가 있는데, 오래전에 구입해서 자산에 포함 안 시켜도 될 것 같네."

"그럼 또 다른 자산이 있는가요?"

"이제 거의 들어갈 것은 다 들어간 것 같은데. 나중에 생각나면 또 포함하면 되고."

"별도 전월세로 보증금 계약하신 거라도 있습니까?"

"따로 전월세 계약한 건 없네."

"네, 만약 월세나 전세 계약을 하게 되면 집 소유자가 보증금을 요구합니다. 이때 집 소유자에게 보증금을 지급하면 재무상태표상 전월세보증금 계정에 금액을 입력하시면 됩니다. 그리고 매월 월세를 지급할 경우 손익계산서에 지급임차료로 비용이 발생합니다. 손익계산서는 나중에 따로 설명드리겠습니다. 그럼 자산현황은 정리가 다 되었습니다."

김대리는 Excel로 정리된 황과장의 자산현황을 보여주며 얘기했다.

"그럼 자산으로 정리된 것들을 모두 합산하면… 와! 과장님이 현재 보유하고 있는 자산총액은 560,000,000원이 나오네요."

"오! 그렇게 많아!"

"네. 근데 순자산이 얼마인지 확인해 봐야겠죠. 부채를 확인해 볼까요?"

02 기초 부채현황을 파악하다

황과장은 자산총액 금액이 5억원 넘는 것에 대해 새삼 놀라고 있었다.
"김대리, 생각보다 내가 가진 자산이 많네."
"과장님, 부채를 파악해서 순자산을 파악해 보고 생각하시죠."
"순자산이라면 내가 가진 자산총액에서 부채총액을 차감하면 나오는 거 맞지."
"네, 맞습니다."
"그럼 얘기가 다르지. 어서 계산해 보자."
김대리는 집중하는 황과장을 보고 흐뭇한 마음이 들었다.
"과장님도 잘 아시다시피 부채는 말 그대로 빚입니다. 그중 신용카드는 직장인들이 가장 자주 사용하는 것입니다."
"그렇지. 요즘은 현금을 들고 다니는 사람이 별로 없지. 대부분 신용카드를 사용하지."
"아파트 관리비나 가스료, 휴대폰 요금, 인터넷비용 등 지로로 납부하는 거 있나요?"
"신용카드로 자동결제를 신청해서 할인도 받고 해서 대부분 신용카드로 결제해."

"그럼 카드이용대금명세서상 사용기한은 언제부터 언제까지로 되어 있나요?"

"매월 1일부터 말일까지 사용한 금액이 다음달 14일에 통장에서 자동이체되지."

"잘 하셨네요. 그럼 한 달 단위로 끊어서 관리하고 계시네요."

"그럼, 내가 누군데. 신용카드를 많이 써서 월별로 사용액을 관리하려고 하니 월단위로 결제할 수 있게 카드사에 연락해서 바꿔 놓았지."

"잘 하셨습니다. 9월달 카드이용대금명세서 좀 주시겠어요."

황과장은 부끄러운 듯 김대리에게 자료를 건넸다.

"술을 좀 많이 마셨네. 하하하!"

"네, 대부분 술집이네요. 좀 줄여야겠습니다. 9월달 카드사용금액 2백만원 입력합니다. 혹시 주위 친구나 지인분에게 빌린 돈이나 외상이 있는가요?"

"요즘 신용카드가 있는데 굳이 돈 빌릴 일이 있나. 마이너스통장이 있어서 아직은 돈을 빌려 쓰는 건 없어. 그리고 외상은 더더욱 없고."

"네, 빌린 돈이 없으니 0으로 입력합니다. 은행에 대출한 거 있으면 말씀해 주세요."

"우선 마이너스대출 사용하는 거 있는데, 대출한도는 5천만원이고 현재 3천 8백만원을 사용하고 있어. 처음에 필요할 때 사용하고 채워 넣으려고 했는데 어느새 대출한도 금액 가까이 쓰고 있네. 큰일이야."

"대출금리는 몇 %입니까?"

"금리는 연 6% 고정금리고 매월 이자가 자동이체되어 차감돼."

"금리가 꽤 높네요. 우선 마이너스대출 5천만원 중 3천 8백만원

사용한다고 하니, 3천 8백만원 입력합니다. 그리고 다른 대출은 없는가요?"

"아파트담보대출이 있지."

"아파트담보대출 관련 준비한 서류 좀 주시겠습니까?"

황과장은 인터넷으로 출력한 대출 상세내역과 상환스케줄을 김대리에게 건네주었다.

"작년 9월에 아파트담보로 3억 대출했고 금리는 연 4% 고정금리, 상환조건은 20년 원금균등상환조건으로 은행과 약정했네. 아, 그리고 거치기간 1년이 있어서 10월부터 상환 들어가네. 아파트대출금 3억 입력하고…."

김대리는 상환스케줄 내용을 확인한 뒤 10월부터는 자금압박이 클 것이라 예상했다.

"김대리, 이거 작성한 뒤 파일은 공유해야 하네."

"네, 당연하지요."

김대리는 부채금액 전체를 집계한 금액을 황과장에게 설명했다.

"부채합계가 340,000,000원입니다."

"와! 생각보다 대출금이 많구나."

"네. 대출금을 회계에서는 차입금이라고 부릅니다. 회계에서는 1년을 기준으로, 1년 이내를 단기라고 하고 1년 이상을 장기로 구분합니다. 이유는 자금의 유동성을 파악하기 위해 구분하는데, 자산의 경우 유동성이 좋으면 1년 이내에 현금화 자산이 많다는 얘기로 재무상태가 좋다고 보면 됩니다. 그럼 부채의 경우 유동성이 좋으면 좋을까요?"

황과장은 잠깐 생각해 보았다.

"부채가 유동성이 좋다는 것은 그만큼 차입금 상환이 빨리 돌아오는 거 아닌가? 그럼 좀 부담스럽지."

"네, 맞습니다. 부채의 경우 장기차입금을 보유하고 있으면 자금

재 무 상 태 표

XXXX년 9월 30일 현재

황대승 자산현황 (단위: 원)

과 목		금 액	간략 내역
부채	신용카드사용액	2,000,000	9월 사용한 카드이용명세서상 지급 안 한 금액
	빌린 돈	0	빌린 돈이 있는 경우
	마이너스대출 (단기차입)	38,000,000	5천만원 한도, 금리 6%, 월이자 납부
	아파트대출금 (장기차입)	300,000,000	아파트담보대출, 금리 4% 20년 매월 원금균등상환조건
	부채합계	340,000,000	

을 1년 이상 보유하고 있어서 자금 사용시 여유가 있으나, 단기차입금일 경우 1년 이내에 차입금을 상환해야 하기에 일반 회사의 경우 대부분 장기차입금을 선호합니다."

"아! 그렇구나. 근데 최근 금리가 많이 오르고 있어서 이자비용 부담이 너무 커. 금리가 계속 올라서 일부러 1년 고정금리를 선택했는데 다행인지는 몰라도 계속 금리가 올라가고 있으니 선택을 잘한 것 같아."

"통상 금리상승기에는 변동금리가 낮고 고정금리가 높습니다. 왜냐하면 금리상승기에는 은행에서 1년 고정금리로 대출을 하게 되면 금리상승으로 이윤이 줄어들기 때문에 미리 금리인상분을 반영하기에 금리가 높습니다. 그러나 변동금리는 3개월, 6개월로 금리가 변동하기에 상대적으로 금리가 낮습니다. 그러나 금리하락기에는 역전효과가 발생하기도 합니다."

"그럼 금리 상승기인지 하락기인지 분위기 잘 보고 선택해야겠네."

"네. 그것도 중요하지만 은행에서는 우대금리라는 제도가 있어서 신용카드 사용실적이나 급여이체와 자동이체 실적에 따라 금리를 인하해 주는 혜택이 있으니 이를 잘 활용하는 것도 도움이 됩니다."

"안 그래도 신용카드와 급여이체, 자동이체 모두 적용했어."

"네. 그리고 아파트담보대출 관련해서 20년 원금균등상환조건을 선택하셨는데 이유가 있습니까?"

"이자금액이 적게 부담된다고 해서 선택했지."

"네, 맞습니다. 주택담보대출 관련해서 상환조건은 일시상환, 원금균등상환, 원리금균등상환으로 나누어집니다. 그중에서 일시상환은 당연히 이자부담이 가장 적고, 다음으로는 원금균등상환조건이 원리금균등상환조건보다 이자부담이 적습니다. 원금균등상환 방식은 원금을 동일하게 상환하기에 이자부담이 갈수록 줄어듭니다. 그러나 원리금균등상환 방식은 원금과 이자금액을 합산하여 매월 동일한 금액으로 상환해서 금액은 동일하나 대신 이자금액을 더 부담하게 됩니다. 그래서 원금균등상환조건이 유리합니다. 만약 원금균등상환조건이 부담스럽다면 거치기간을 사용해서 1년 정도 뒤에 상환하는 방법도 있습니다. 중요한 건 자신의 자금보유 현황을 고려해서 선택하시면 됩니다."

황과장은 자신이 선택을 잘한 것을 느꼈다.

"금리가 높아서 이자비용을 줄이는 게 중요하지."

김대리 역시 고개를 끄떡였다.

"네, 맞습니다. 차입금은 자금의 여유가 있으면 상환하는 게 좋지요."

03 자본등식을 깨우치다

김대리는 자산합계에서 부채합계를 차감한 자본합계를 작성한 Excel 화면을 황과장에게 보여주었다.

"과장님, 자산에서 부채를 차감하면 자본은 220,000,000원입니다. 가지고 있는 모든 자산에서 부채를 차감해서 순수하게 남아 있는 금액이 순자산인 겁니다. 혹은 자기자본이라고 부르기도 합니다. 이를 회계상 자본등식이라고 하는데 자본=자산-부채로 표현합니다. 그리고 자산=부채+자본도 동일하다는 겁니다. 이를 회계상 재무상태표 등식이라고 합니다."

"아, 갑자기 회계공식이 들어가고 하니 머리가 복잡하기 시작하네."

"과장님, 이건 수학이 아니라 산수입니다. 그리고 회계 역시 기준이 있는데, 이건 묻지도 말고 그냥 그렇다고 생각하고 외워야 하는 겁니다. 기준이라는 것은 일정한 규칙을 만든 것이기에 외울 수밖에 없습니다. 그리고 익숙해지면 이해가 자연스럽게 됩니다."

"그럼 이게 내가 가지고 있는 총자산현황이라고 보면 되겠네. 그런데 왜 감가상각누계액은 입력하지 않았지? 고생하면서 계산까지 했는데."

재 무 상 태 표
XXXX년 9월 30일 현재

황대승 자산현황 (단위: 원)

	과 목	금 액	간략 내역
자산	현금과 예금	900,000	현금 15만원 및 입출금예금통장 75만원
	매출채권	7,000,000	주업 매출로 받지 못한 금액 - 9월 급여 5백, 상여금 2백
	빌려준 돈	0	빌려준 돈이 있는 경우
	정기예금 (장기-1년 이상)	5,100,000	청약예금 3백, 정기적금 XXX2년 1월 가입 ~ XXX5년 1월 만기(월 10만원, 21회 입금)
	투자자산(주식 외)	26,000,000	현재 보유하고 있는 잔고 금액
	토지	0	토지는 감가상각대상이 아님
	아파트	500,000,000	40년으로 균등하게 상각, 잔존가치 10% 적용 (아파트 토지분은 잔존가치에 반영)
	감가상각누계액	0	(5억 - 5천) ÷ 40년 ÷ 12개월
	개인승용차	18,000,000	5년 균등하게 상각
	감가상각누계액	0	18백 ÷ 5년 ÷ 12개월
	전자제품 외	3,000,000	노트북, 에어컨, 냉장고(100만원 이상) 5년 균등하게 상각
	감가상각누계액	0	3백 ÷ 5년 ÷ 12개월
	전월세보증금	0	전월세로 집을 임차한 경우 보증금 입력 현재는 해당 없음
	자산합계	**560,000,000**	재무상태표 등식 : 자산 = 부채 + 자본
부채	신용카드사용액	2,000,000	9월 사용한 카드이용명세서상 지급 안 한 금액
	빌린 돈	0	빌린 돈이 있는 경우
	마이너스대출 (단기차입)	38,000,000	5천만원 한도, 금리 6%, 월이자 납부
	아파트대출금 (장기차입)	300,000,000	아파트담보대출, 금리 4% 20년 매월 원금균등상환조건
	부채합계	**340,000,000**	
자본	자본금	220,000,000	
	당기순이익	0	손익계산서 당기순이익 누계
	자본합계	**220,000,000**	자본등식 : 자산 - 부채 = 자본(순자산, 자기자본)

"네, 잘 보셨습니다. 감가상각비는 10월부터 반영할 겁니다. 지금은 9월 30일자로 기초자산현황을 작성한 것입니다. 과장님이 9월 30일 현재 기준으로 자산총액은 560백만원이고 부채는 340백만원이며 자본은 220백만원이라고 보시면 됩니다. 이제부터 과장님은 9월 30일 기준으로 개인회사의 사장이 되었다고 생각하고 자본금은 220백만원을 가지고 사업을 시작한다고 생각하면 됩니다."

"당기순이익이 있네. 이게 왜 여기 있지?"

"잘 보셨습니다. 자본에는 여러 항목이 있는데 대표적으로 자본금과 당기순이익만 표현했습니다. 회계상으로 보면 자본에는 크게 자본금, 자본잉여금, 자본조정, 기타포괄손익누계액, 이익잉여금이 있는데, 회사 규모가 커지고 자본거래가 다양해지다 보니 거래특성에 따라 세부적으로 분류한 것입니다. 우리는 자본금과 자본에서 가장 중요한 이익잉여금의 당기순이익만 설명드릴 겁니다."

"안 그래도 복잡한데 전체적으로 보면 되지. 너무 세세하게 하면 이해가 잘 안 돼."

"네. 걱정 마시고 잘 따라오시면 됩니다. 여기까지 궁금한 게 있으면 질문하세요."

황과장은 자신의 자산현황을 보고 뿌듯한 마음이 들었다. 김대리 말대로 재무상태표를 만든 것이다.

업무 마감 종이 울리자 황과장은 기다렸다는 듯이 말했다.

"오늘 저녁 한잔하러 가자. 오늘 내가 쏘마!"

"예, 그러죠!"

민부장은 황과장과 김대리의 인수인계를 조용히 지켜보며 흐뭇한 웃음을 지었다.

재 무 상 태 표
XXXX년 9월 30일 현재

(단위: 원)

황대슝 자산현황

	과 목	금 액	간략 내역
자산	현금과 예금	900,000	현금 15만원 및 입출금예금통장 75만원
	매출채권	7,000,000	주어 매출로 받지 못한 금액 - 9월 급여 5백, 상어금 2백
	빌려준 돈	0	빌려준 돈이 있는 경우
	정기예금(장기-1년 이상)	5,100,000	정약예금 3백, 정기적금 XXX2년 1월 가입 ~ XXX5년 1월 만기(월 10만원, 21회 입금)
	투자자산(주식 외)	26,000,000	현재 보유하고 있는 잔고 금액
	토지	0	토지는 감가상각대상이 아님
	아파트	500,000,000	40년으로 균등하게 상각, 잔존가치 10% 적용(아파트 토지분은 잔존가치에 반영)
	감가상각누계액	0	(5억 - 5천) ÷ 40년 ÷ 12개월
	개인승용차	18,000,000	5년 균등하게 상각
	감가상각누계액	0	18백 ÷ 5년 ÷ 12개월
	전자제품 외	3,000,000	노트북, 에어컨, 냉장고(100만원 이상), 5년 균등하게 상각
	감가상각누계액	0	3백 ÷ 5년 ÷ 12개월
	전월세보증금	0	전월세로 집을 임차한 경우 보증금 입력, 현재는 해당 없음
	자산합계	560,000,000	재무상태표 등식 : 자산 = 부채 + 자본
부채	신용카드사용액	2,000,000	9월달 사용한 카드이용명세서상 지급 안 한 금액
	빌린 돈	0	빌린 돈이 있는 경우
	마이너스대출(단기차입)	38,000,000	5천만원 한도, 금리 6%, 월이자 납부
	아파트담보대출(장기차입)	300,000,000	아파트담보대출, 금리 4%, 20년 매월 원금균등상환조건
	부채합계	340,000,000	
자본	자본금	220,000,000	
	당기순이익	0	순익계산서 당기순이익 누계
	자본합계	220,000,000	자본등식 : 자산 - 부채 = 자본(순자산, 자기자본)

3장
황과장, 손익계산서와 재무상태표를 작성하다

01 김대리! 술을 이겨라

거울 속의 초췌한 모습을 본 김대리는 화들짝 놀랐다. 최근 들어 부쩍 황과장이 툭하면 술 마시자고 해서 갈수록 배는 나오고 얼굴은 시꺼멓게 변했다. 그리고 흰머리도 하나씩 보였다. 예전 같지 않다는 생각이 들었다. 거울 속 자신을 보며 마음속으로 되뇌었다.

'황과장 초빼이~ 다시는 같이 안 마신다. 뭘 하든 시작하면 끝을 보는데 일 좀 그렇게 하지. 어구….'

아침에 그렇게 생각하고 출근했는데 황과장과 함께 또 술집이다. 김대리는 또 습관처럼 되뇌었다.

'이 또한 내가 선택한 일이 아닌가.'

혼자 자책하며 독하지 못한 자신을 탓하고 있었다. 겨우 일어났지만 버스를 놓치고 말았다. 7시 버스를 타고 환승하는 곳에 내려 택시를 타고 출근했다. 출근길이 막히니 택시도 그리 빠르지 않았다. 겨우 출근시간에 맞춰 사무실에 도착했다.

역시 황과장은 출근 전이다. 민부장은 김대리가 평소보다 늦은 이유가 궁금했다.

"어제도 황과장과 한잔했나?"

자리에 앉자마자 민부장의 말에 어떻게 답할지 머릿속이 멍하기만 했다.

"총각 때 매일 술만 마시면 나중에 후회한다. 건강도 나빠지고 돈도 못 모은다."

그때서야 김대리는 고개 숙이며 나지막이 대답했다.

"네."

9시가 지나도 황과장은 출근하지 않았다. 총무부장이 우리 부서에 왔다. 평소 우리 부서에 올 일이 없는 총무부장은 황과장이 오고 난 뒤부터 자주 왔다. 그는 민부장을 찾았다. 총무부장과 민부장은 회의실에 들어가 10분 정도 후에 나왔다. 민부장 안색이 안 좋아 보였다.

민부장은 자리에 앉자마자 김대리를 불렀다. 김대리는 어제 황과장과 술 마신 것 때문에 황과장이 출근을 못한 것에 대해 꾸중할 것을 예상했다. 올 것이 왔다고 생각하고 민부장 책상 앞에 가서 고개를 푹 숙였다.

"네, 부장님."

민부장님은 대뜸 큰소리를 질렀다.

"김대리, 너 술도 못 이기고 이래서야 되겠어? 술을 마시고 네 몸도 주체 못하고 앞으로 어떻게 일을 하겠어. 술을 이겨야지."

김대리는 속이 거북했지만 참을 수밖에 없었다.

"네, 죄송합니다. 앞으로 적당히 마시겠습니다."

민부장은 서랍을 뒤졌다.

"그게 아니고, 술을 이기라고. 자, 이거 받아."

그러더니 김대리 손에 뭔가를 쥐어 주었다.

"이게 뭐죠?"

민부장은 옅은 웃음을 지었다.

"인진쑥이다. 인진쑥 환. 이거 먹고 술을 이겨라."
"아, 네."
김대리는 당황했다. 뭔가에 한 대 맞은 듯한 느낌이었다.
"내가 예전에 너처럼 술을 못 이겨서 힘들 때 이거 먹고 술을 이겼어. 하루에 이거 아침 먹고 난 뒤 10~20알 정도 매일 먹어봐. 단, 2~3개월 정도만 복용하고. 뭐든 장기복용하면 독이 될 수 있어. 그리고 오늘은 상태가 안 좋으니 지금 바로 사우나 가서 좀 푹 쉬고 들어와."

김대리는 고마우면서도 좀 당황스러웠다. 민부장에게 감사인사를 하고 눈치껏 사무실을 빠져나와 택시를 타고 가까운 목욕탕을 찾았다. 가던 중 속이 불편했던지 내리자마자 상가 화장실로 달렸다. 구토를 하니 어제 먹었던 안주들이 고스란히 쏟아져 나왔다. 더 이상 나올 것이 없을 때까지 화장실 변기를 부여잡고 헛구역질을 하고 있었다. 식은땀이 흐르고 온몸이 저려 왔다.

겨우 입을 헹구고 곧바로 편의점을 찾아 컨디션과 물을 샀다. 컨디션을 마신 뒤 물을 몇 모금 마셨다. 사우나를 하러 올라가던 중에 속이 울렁거리더니 다시 헛구역질이 나오는 것이었다.

'아, 이젠 진짜 이렇게 무식하게는 술 안 마신다. 다시 이렇게 마시면 나는 개보다 못한 인간이다.'

화장실에 들어서자마자 방금 마셨던 물과 컨디션이 역순으로 쏟아져 나왔다. 몇 차례 변기와 씨름을 한 뒤 겨우 사우나를 찾아 들어갔다.

옷을 모두 벗으니 온몸의 기운도 다 빠져버린 느낌이다. 간단히 샤워를 하고 난 뒤 욕탕에 들어가려고 하니 음주자 입탕금지라는 표시문구가 보인다. 그러나 김대리는 아랑곳없이 몸이 미끄러지듯 욕탕에 들어갔다. 뜨거움도 잠시 잊은 듯 반신욕으로 탕에 앉아 있으니 알코올에 절은 땀들이 밖으로 송골송골 맺히면서 빠져나왔다. 그리고 냉탕에 들어가 몸을 식히고 온탕과 냉탕을 두 차례 오고간 뒤 수면실에 들어가 몸을 뉘었다. 눕자마자 코를 골기 시작했다.

10시가 지나자 황과장이 급히 사무실로 뛰어들어 왔다.
"죄송합니다. 늦었습니다."
민부장은 조용히 황과장을 데리고 회의실로 들어갔다. 그리고 자초지종을 들었다. 김대리와 늦게까지 마신 얘기와 회계업무 인수인계에 대해 어떻게 진행되고 있는지 등 소소한 얘기를 나누고 자리로 돌아왔다. 황과장은 김대리가 없는 걸 보고 걱정이 되었다. 함께 술자리를 가진 김대리가 출근을 하지 않았다면 자기도 책임이 있기 때문이었다. 하지만 민부장이 김대리한테 잠깐 쉬고 오라고 했다는 얘기를 듣고 나서야 안심이 되었다.
김대리는 꿈속에서 민부장이 회장에게 불려가 질책을 듣는 모습에 놀라 잠에서 깼다. 시계를 보니 12시가 조금 넘었다. 배를 쓰다듬으며 중얼거렸다.
"이제 속에서 뭘 좀 받으려나?"
순간 배에서 꼬르륵하는 소리가 났다.
'식성도 좋지.'
혼자 피식 웃으며 일어나 중국집으로 향했다.
점심시간이라 사람들이 많았다. 주문한 짬뽕이 나오자 김대리는 한 그릇을 순식간에 먹어치웠다. 이마에서 땀이 주르륵 흘렀다. 몸속의 마지막 알코올 한 방울까지 다 흘러나오는 듯 개운해지는 느낌이 들었다. 이제 회사에 들어가야 한다는 생각에 또다시 우울한 느낌이 들었다. 하지만 황과장 인수인계를 생각하니 얼른 들어가야겠다는 의무감이 생겼다.
사무실에 들어가니 강차장과 여직원들은 본척만척 일만 하고 있었다. 마음이 불편했다. 황과장만 반가운 듯 눈빛을 주며 기다리고 있었다.

갑자기 민부장이 부서 전체 회식을 이야기했다. 이번 주 금요일 저녁으로 정하니 여직원들은 인상을 찌푸렸다. 한 여직원은 그날 약속이 있어서 참석이 힘들다고 얘기했다. 은옥씨였다.

"참석 가능한 사람만 하고 웬만하면 다 참석할 수 있도록. 그리고 조만간 연말 인사평가가 있으니 참고하고."

민부장이 은근하게 협박조로 이야기하자 강차장이 제일 먼저 나섰다.

"네, 참석하도록 하겠습니다. 황과장님과 처음 하는 회식이니 다들 참석하도록 시간 내고."

은옥씨는 괜히 찍혔다는 생각에 자리에 일어나 화장실로 갔다. 주연씨와 은옥씨는 톡을 하며 민부장과 강차장을 험담하기 시작했다. 은옥씨가 먼저 문자를 보냈다.

"아니, 회식에 무조건 참석하라는 소리 아니야? 미리 얘기하지. 며칠 전에 얘기하면 어떡해."

"인사평가 얘기하는 건 뭐야. 회식 참석 안 하면 인사평가에 반영한다는 얘기 아니야?"

"그러니까. 회식 참석 안 할 수도 없고 나 원 참."

"중요한 약속이야? 분위기상 웬만하면 참석하는 게 좋을 것 같아."

"남친과 만나기로 했는데…. 얘기해야겠지."

"다른 방법이 있겠냐? 이러니 우리가 강차장을 꼰대라고 얘기하는 거 아니야."

"어쩔 수 없네. 남친과 통화해 볼게. 고마워."

"알았어."

은옥씨가 자리에 돌아오자 황과장이 민부장에게 다가갔다.

"부장님, 회식일자 조정하는 게 어떨까요? 괜히 저 때문에 다른 사람이 피해 보는 게 좀 그러네요."
민부장은 잠깐 생각하고 나서 말했다.
"그럼, 황과장이 직원들 의견 취합해서 일정 잡아봐."
"네, 부장님. 감사합니다."
여직원들은 톡으로 서로 대화를 나눴다.
"와, 회장님 아들이니 부장님도 어쩌지 못하시네."
"대단하시다. 황과장님 다시 봐야겠다."
"남친과 약속 취소했는데 다시 잡아야지."
강차장은 입장이 난처해졌다. 회장 아들이라 하더라도 너무하다는 생각이 들었다. 민부장 입장도 생각해서 조용히 따로 얘기하는 게 좋았을 텐데, 황과장 혼자 영웅이 된 것 아닌가. 제일 먼저 나선 강차장은 자신만 눈 밖에 나는 것 아닌가 걱정되었다.

김대리도 회장 아들이니 다르긴 다르다며 잘 가르쳐야겠다고 생각했다. 그래야 민부장 입장이 난처해지지 않을 것이기 때문이었다. 여러 의견을 들은 끝에 회식일정은 다음 주 월요일로 정해졌다.

그제야 김대리는 황과장과 휴게실에서 커피 한잔하면서 어제 잘 들어갔는지 안부도 묻고 오늘 있었던 얘기를 주고받았다. 곧이어 오늘 배울 내용에 대해 인수인계를 시작했다.

02 지난달 수입과 지출을 파악하다

"과장님, 오늘은 과장님의 수입과 지출에 대해 인수인계를 할까 합니다. 어제 배운 자산현황은 기억이 나시는지요?"

"당연히 기억 나지."

"네, 어제 배운 내용은 과장님의 9월 30일자에 보유하고 있는 자산현황에 대해 정리를 했습니다. 우리는 보통 지금 돈이 얼마 있는지, 혹은 지금 내 자산이 얼마인지 궁금할 때가 있습니다. 어제 그것을 정리한 겁니다. 그럼 내가 한 달 동안 얼마나 벌었지 이런 것도 궁금할 겁니다. 오늘은 과장님이 지난 10월 1일부터 10월 31일까지 얼마나 벌었고 썼는지에 대해서 정리할까 합니다. 자료는 다 준비해 왔죠?"

"오늘 이 자료 챙긴다고 좀 늦었지. 버는데 남는 게 거의 없던데. 걱정이네."

김대리는 준비한 Excel 양식을 보여주며 황과장에게 질문을 이어갔다.

"우선 수입부터 정리해 봅시다. 과장님은 직장생활을 했기에 주수입원은 월급과 상여금 그리고 성과금이 될 겁니다. 이때 중요한 건 10월달에 받은 월급이 아니고 10월달에 발생한 월급이 얼마인지 구분해야 합니다. 왜냐하면 10월달에 받은 월급은 9월달에 발생한 월급을 받은 것입니다. 그래서 9월달 자산현황에서 정리한 매출채권이 7백만원으로 되어 있는 것은 9월달 월급과 9월달 추석 상여를 못 받아서 매출채권 7백만원이 되었고, 그 7백만원은 10월달에 입금되었습니다. 이것을 구분하는 것은 회계상 중요합니다. 회계용어로 발생주의와 현금주의라는 것이 있는데, 손익은 발생주의로 정리하는 것이라고만 알고 계십시오. 발생주의와 현금주의는 다음에 알려 드릴게요. 우선 이런 게 있다는 것만 알고 있으시면 됩니다. 그래서 10월달 수입은 돈이 입금된 기준이 아니고 자신이 10월달에 일을 한 수입액을 말씀하시면 됩니다."

"오케이! 그럼 10월달에 일을 한 수입액은 5백만원인데 만약 10월달에 일을 하고 10월달에 돈이 입금되면 어떻게 하지?"

"네. 그럼 10월달에 수입액이 발생한 거고 돈이 입금된 거라서, 10월달에 수입액 5백만원 발생하고 현금으로 5백만원 입금되는 것으로 정리하면 매출채권은 0원이 됩니다."

"아, 이해가 되는 것 같은데 그래도 좀 헷갈리네."

"일단 헷갈리는 부분은 나중에 다시 설명해 드릴게요. 손익 정리 후에 다시 자산현황을 정리하면 헷갈리는 부분이 해소될 겁니다. 걱정 안 하셔도 됩니다."

"아! 그래. 그럼 이 내용을 노트에 체크해 놓고 나중에 확인해야겠다."

"주식이나 비트코인으로 투자한 금액에 대해 수입이 있는가요?"

"10월달은 주식시장 상황이 안 좋아서 대부분 하락세라 투자해서 수익이 없어. 잠깐만…. 통장을 보니 이자 들어온 게 있던데. 아, 여기 있네."

황과장은 통장을 찾더니 이자가 입금된 내역을 보여주었다.

손 익 계 산 서

XXXX년 10월 1일 ~ XXXX년 10월 31일

황대승 손익현황 (단위: 원)

	과 목	금 액	간략 내역
수익	급여, 상여금	5,000,000	주업 수입(세금공제 후 실수령액)
	투자수입	0	부업 수입(주식 외 재테크)
	기타수입	15,000	10월 이자수익 15,000원
	수익합계	5,015,000	

김대리는 통장내역을 확인하고 계속 대화를 이어나갔다.

"이건 기타수입으로 보시면 됩니다. 통장에 이자가 15,000원 입금되었으니 기타수입에 입력합니다."

"오케이."

"그럼 화면에서 보는 바와 같이 10월달 수익은 급여 5백만원과 이자수익 1만 5천원이 전부입니다. 과장님, 이제 비용을 정리해 봅시다. 10월달에 사용한 비용 관련 서류들 챙겨 왔죠?"

황과장은 서류를 주섬주섬 꺼내어 보여주었다.

"집에서 찾아보니 대부분 신용카드로 결제하고, 통장에 자동이체 내역이 있고, 현금으로 쓴 것은 영수증이 없어서 기억나는 대로만 얘기할 수밖에 없더라고."

"네. 요즘 거의 신용카드를 사용해서 사용내역은 인터넷으로 다 찾을 수 있으니 확인하면 되고, 일부 각종 공과금은 통장에 자동이체로 해두기 때문에 이 또한 내용만 알고 있으면 통장 안에 입출금 내역이 다 있으니 큰 문제가 되지 않습니다. 그런데 현금으로 사용한 부분은 영수증도 없고 대부분 소액이라 미리 기록해 두지 않으면 모르는 경우가 많으니 별도로 기록해 두시는 게 좋습니다."

"좋아. 근데 현금으로 쓰는 게 거의 한정되어 있어서…. 대부분 카드 쓰거든."

"그럼 10월달 현금지출한 금액이 얼마며, 어떤 게 있는가요?"

"매월 모임회비로 10만원 나가고, 어머님 용돈 10만원 드리고, 10월달에 친구 결혼식이 있어 10만원 축의금 지출이 전부네."

"네, 그럼 현금지출로 30만원 입력합니다. 그리고 10월달 카드 사용한 내역 한번 봅시다."

황과장은 카드이용대금명세서를 보여주었다.

"신용카드 두 개 사용하고 있는데 10월달 사용한 카드금액 합산하니 240만원이네."

"생각보다 카드사용액이 많으신데요. 매일 술 드신다고 그런 건 아닌지요?"

"김대리 말대로 거의 매일 술이지. 하하하! 근데 식대, 차량유류대, 보험료, 전화요금, 아파트관리비 등 대부분 카드로 사용하니 금액이 많이 나올 수밖에 없지."

"맞습니다. 다들 휴대폰에 카드 저장해서 Pay로 결제하고 있으니 딱히 현금이 필요 없지요? 그래서 카드이용대금명세서 잘 챙기시고요. 특히 과장님처럼 사용기간을 매월 1일부터 말일까지 사용한 금액이 청구되도록 설정해 두시면 매월 비교해서 관리할 수 있으니 좋습니다. 그리고 은행대출이 있으니 이자가 있겠지요. 이자비용 얼마 나갔습니까?"

황과장은 통장내역을 보고 은행이자가 출금된 내역을 찾았다.

"10월달에 마이너스통장 대출로 18만원 출금되었고, 아파트대출금 995,830원 출금되었으니 합해서 1,175,830원이 지출되었네."

"대출이자 1,175,830원 입력합니다. 10월달에 통장에서 자동이체된 건 있으면 얘기해 주세요. 각종 자동이체 걸어둔 거 확인하시면 됩니다."

"아파트 가스비 자동이체 나간 게 있네. 61,670원이 전부네."

"자동이체로 61,670원 입력하고, 이것 말고도 돈이 지출되는 게 있습니까?"

황과장은 잠깐 생각을 했다.

"현금 쓰는 것, 카드 쓰는 것, 통장 자동이체되는 것…. 아! 그래, 송금하는 것하고 은행대출금 상환하는 게 빠졌네."

"네, 확인 잘 했습니다. 은행 송금은 어디에 하셨죠?"

"모임회비 10만원 송금했네. 아까 얘기했구나."

"네, 인터넷뱅킹으로 송금하셨네요. 근데 현금이나 일반통장예금이나 같은 현금으로 보기 때문에 현금지출로 정리하면 됩니다."

손 익 계 산 서

XXXX년 10월 1일 ~ XXXX년 10월 31일

황대승 손익현황 (단위: 원)

과 목		금 액	간략 내역
비용	현금지출	300,000	모임회비, 부모님 용돈, 경조사 등
	신용카드사용액	2,400,000	식대, 각종 물품구매, 병원비, 유류대, 통신비, 보험료, 세금과공과 등
	대출이자	1,175,830	아파트 대출이자, 마이너스대출 이자
	자동이체 외	61,670	수도광열비 등
	감가상각비	1,287,500	아파트, 개인승용차, 전자제품 외
	비용합계	5,225,000	

현금지출 때 정리했으니 지나갑니다."

"그럼 은행대출금 상환하는 건 누락된 게 맞네. 10월달에 추석 상여금이 입금되어서 마이너스통장 2백만원 상환하고 아파트대출금 원금 125만원 분할상환 들어가서 상환한 것이 빠졌네."

황과장은 보물찾기라도 해서 찾은 마냥 뿌듯해했다.

"과장님, 손익을 정리하는 것은 수입과 지출의 내역을 정리하는 것입니다. 즉 월급을 받기 위해 소비되는 지출이 비용이라고 보면 됩니다. 차입금 상환은 월급을 벌기 위해 소비되는 지출이 아니라 단지 차입금이라는 부채를 갚은 행위입니다. 이것은 손익계산서에 정리하는 것이 아니고 재무상태표에서 정리되는 부분이라고 생각하면 됩니다. 이해가 잘 되지 않으면 다음 시간에 재무상태표 정리할 때 그때 한 번 더 설명드릴게요."

"그래. 갈수록 좀 복잡하고 어렵게 느껴지네."

"걱정하지 마십시오. 처음이라 어렵게 느껴질 뿐입니다. 그래서 두 번 반복할 테니 그냥 따라오시면 됩니다."

"그럼 정리할 건 다 끝난 거네."

"한 가지 빠진 게 있습니다. 저번 시간에 자산현황 정리할 때 감가상각 정리한 거 기억나시죠. 이 감가상각비용을 추가해야 합니다. 실제 돈은 구입할 때 지출되지만 수입과 지출을 정리할 때 한 번에 모두 다 비용으로 처리하게 되면 손실이 너무 크게 발생합니다. 예를 들어 과장님 차를 10월달에 3천만원 현금으로 전액 지급해서 구입했다고 가정합시다. 매월 월급 수입은 5백만원인데, 3천만원 지출로 정리하면 손실이 2천 5백만원 발생합니다. 그런데 차량은 몇 년간 계속 사용하고 있고요. 이렇게 되면 수입과 지출이 적절하게 배부되지 않아 정확한 손익을 계산할 수가 없습니다. 그래서 차량에 대해 일정한 배부기준을 정해서 감가상각을 하는 것이죠."

"그래, 자산현황 정리할 때 설명을 들었는데 다시 들으니 조금씩 이해가 되네."

"그럼 기억을 더듬어서 감가상각비 산출한 거 기억나십니까?"

김대리는 9월 30일 현재 기준으로 정리한 자산현황 화면을 보여주며 황과장에게 보유한 자산에 대해 각각 산출을 요청했다.

황과장은 아파트와 개인차량, 전자제품에 대해 작성된 양식의 내역을 보고 감가상각비를 계산했다. 그러다 아파트와 개인차량에 계산하는 방식의 차이가 있어 궁금했다.

"김대리, 왜 아파트에는 잔존가치라는 게 있지? 기억이 잘 안 나네?"

"감가상각은 구입한 자산을 보유할 수 있는 연수에 합리적이고 체계적인 방법으로 배분하는 것을 말합니다. 그러나 이런 자산을 다 배부하고 나더라도 본질적인 자산적 가치를 가지고 있는 것을 잔존가치라고 합니다. 예를 들면 아파트의 경우 40년이 지나도 일부 토지를 보유하고 있어 자산가치를 가지고 있습니다. 그래서 잔존가치를 10% 적용한 것입니다. 그래서 자산총액에서 잔존가치를 차감하고 연수로 배부하는 것입니다. 저희는 월 단위로 손익을 계산하니 12개월을 추가로 나눈 것입니다. 보통 회사 재무제표는 연 단위로 계산을 합니다."

황과장은 고개를 끄떡였다. 그리고 각 자산항목에 대해 감가상각비를 계산해 보았다.

아파트	(5억−5천만)÷40년÷12개월 = 937,500
개인승용차	18백만÷5년÷12개월 = 300,000
전자제품 외	3백만÷5년÷12개월 = 50,000

"감가상각비 합계가 1,287,500원이네."

김대리는 황과장이 산출한 감가상각비를 확인한 후 Excel 양식에 금액을 입력했다.

"과장님, 그러면 비용 전체 합계는 5,225,000원입니다. 여기서 수익에서 비용을 차감하면 손익이 나옵니다. 10월달 수익은 5,015,000원인데 비용은 5,225,000원으로, 들어온 수익보다 차감된 비용이 더 많이 발생해서 당기순이익 (210,000)원이 발생했습니다."

황과장은 10월달 손익계산서에 왜 손실이 났는지 한참을 생각했다. 10월달에 상여금이 입금되니 카드사용액이 좀 늘어난 게 아닌가 싶었다.

"10월달은 생각보다 지출이 많았네. 이렇게 보니 내가 돈을 벌고 있는지 못 벌고 있는지 한눈에 볼 수 있어서 참 좋네."

"손익계산서는 돈의 입출금과는 차이가 있습니다. 정확히 얘기한다면 이익이 나는지 손실이 나는지 확인이 가능한 겁니다. 10월달은 당기순이익이 (210,000)원 발생했습니다."

"왜 그렇지? 상여금이 입금되어서 돈은 많이 들어왔는데 손익계산서는 손실이 났네? 돈의 입출금과 손익이 차이가 있다. 그럼 돈 입출금 관련해서 다른 거라도 있다는 얘긴데."

"와! 과장님, 하나를 가르치니 둘을 깨우치시네요. 맞습니다. 돈을 관리하는 다른 표가 있습니다. 이것은 다음에 알려드리겠습니다. 오늘은 여기까지 하고 과장님이 직접 11월달 손익계산서를 작성해 보십시오. 하시다가 궁금한 사항이 있으면 부담 갖지 말고 질문하시고요."

"그래, 근데 머리가 많이 아프네. 좀 쉬었다 하자."

"네, 쉬시고 11월달 손익계산서를 작성하고 퇴근하시는 겁니다."

"알았다니까. 너무 촉박하게 하지는 말고. 이 정도 따라온 것도 대단한 거 아닌가?"

"네, 대단하십니다. 11월달 작성만 잘 하시면 손익계산서는 다

손 익 계 산 서

XXXX년 10월 1일 ~ XXXX년 10월 31일

황대승 손익현황 (단위: 원)

과 목		금 액	간략 내역
수익	급여, 상여금	5,000,000	주업 수입(세금공제 후 실수령액)
	투자수입	0	부업 수입(주식 외 재테크)
	기타수입	15,000	10월 이자수익 15,000원
	수익합계	5,015,000	
비용	현금지출	300,000	모임회비, 부모님 용돈, 경조사 등
	신용카드사용액	2,400,000	식대, 각종 물품구매, 병원비, 유류대, 통신비, 보험료, 세금과공과 등
	대출이자	1,175,830	아파트 대출이자, 마이너스대출 이자
	자동이체 외	61,670	수도광열비 등
	감가상각비	1,287,500	아파트, 개인승용차, 전자제품 외
	비용합계	5,225,000	
이익	당기순이익	(210,000)	수익 - 비용

배우신 겁니다. 파이팅!"

　김대리는 힘들었다. 정말 힘들었다. 회장 아들만 아니라면 한 대 쥐어박을 일도 많았다. 그러나 참아야 했다. 속으로는 천불이 나지만 이 또한 자신이 선택한 길이 아닌가? 김대리는 옆에서 지켜볼 수밖에 없었다.

> **회계 관련 상식**
>
> **발생주의와 현금주의**
> 발생주의는 기업회계에서 인정하는 방법으로, 기업의 재무상태에 영향을 주는 어떤 사건이 발생한 시점에서 수익을 인식하는 방법이다. 반면, 현금주의는 특정 사건의 발생시점이 아닌, 실제로 현금이 유입된 시점에 수익을 인식하는 방법이다.
> 　따라서 발생주의 회계에서는 현금유출입이 수반되지 않는 자산과 부채 항목이 인식될 수 있고, 모든 장부를 기록할 경우 대차평균의 원리에 의해서 계정상으로는 맞으나 현금은 맞지 않는 상황이 벌어지게 된다.
> 　이는 기업이 보유하고 있는 유형자산의 감가상각비 등과 같은 현금의 유출입과 관계가 없는 거래와 외상거래의 경우와 같이 장부상 재고가 나가면서 현금의 유입은 없는 거래의 경우 현금주의와 발생주의는 일치하지 않게 된다.
>
> **수익·비용 대응의 원칙**
> 비용을 인식하는 방법도 발생주의를 기본으로 하므로 회사의 경영활동을 통해 순자산의 감소가 발생할 때마다 이를 인식해야 한다. 그러나 현실적으로 이를 엄격히 적용하는 것은 어렵기 때문에 수익이 인식된 시점에서 수익과 관련하여 비용을 인식하는데 이를 수익·비용 대응의 원칙이라고 한다.

03 이번 달 수입과 지출을 파악하다

　황과장은 김대리가 준 Excel 손익 양식을 가지고 11월달 수익과 비용을 계산하기 시작했다. 10월과 동일한 내용은 가지고 있는 증빙을 확인하여 쉽게 작성할 수 있었다. 그러나 11월달에 새로운 거래가 두 건 있었기에 어떻게 할지 고민하고 있었다.
　김대리에게 물어보면 되지만, 황과장은 어떻게든 혼자 해결하고 싶은 욕심이 들었다. 자기 책상에서 기다리던 김대리는 예상했던 종료시점이 지나도 끝나지 않자 뭔가 문제가 있다는 것을 알았다. 조심스레 황과장 자리로 가보니 화면을 켜 둔 채 끙끙대고 있었다.
　"과장님! 잘 안 됩니까?"
　"주식 중 수익이 나는 종목을 11월달에 처분했는데 어떻게 입력할지 몰라서 생각하고 있었어. 그리고 자전거를 한 대 샀는데 이것도 어디에 입력할지 몰라서 생각하고 있었어. 조금만 있으면 되는데 김대리가 말하는 바람에 까먹었네. 할 수 있었는데, 아쉽네."
　"아, 네. 가르쳐 주지도 않은 걸 도전하시다니 대단하십니다. 과장님."
　김대리는 피식 웃었다. 자기 본마음이 아닌, 사탕발림의 말이 튀어나온 것이었다. 황과장에게는 도전보다는 도움이 필요한 때였다. 모를 때에는 모른다고 하고 배워야 했다. 오히려 퇴근시간만 늦어지고 있었다. 김대리는 답답했지만 황과장은 개의치 않는 눈치였다.

"하하! 내가 좀 하지. 아쉽네, 혼자 할 수 있었는데."

김대리는 황과장의 말을 건성으로 듣고 퇴근시간을 당길 조치를 시작했다.

"과장님, 주식을 얼마에 구입해서 얼마에 처분하셨는지요?"

"4백만원에 구입해서 5백만원에 처분했지. 백만원 수익 봤다."

황과장의 목소리에는 힘이 들어 있었다.

"오! 한턱 쏘셔야겠네요."

"아, 그게 저번 달 일이라. 그리고 그 돈으로 중고 사이트에서 자전거를 한 대 샀지. 그래서 수익 난 거 다 써 버렸네."

"아니, 중고 자전거 얼마 한다고 그걸 다 써요? 차라리 한잔 사기 싫다고 하세요."

김대리가 아쉬운 표정을 짓자 황과장이 달래듯 이야기했다.

"중고 자전거 180만원 주고 샀어."

"네? 중고 자전거가 180만원요?"

김대리는 놀랐다.

"그래, 이거 싸게 산 건데. 새것으로 사려면 5백만원은 줘야 돼."

"자전거가 중고차 값이나 별 차이 없네요."

황과장은 씁쓸한 표정을 짓더니 엉뚱하게 대답했다.

"그런데 이거 타보니까 안 되겠어. 나하고 잘 안 맞고 날씨도 추워서 다시 내다팔아야겠어. 싸게 나온 게 다 이유가 있는 거야."

"이번 달에 다시 팔려고요?"

"응! 벌써 중고 사이트에 올려놨어."

"얼마에 올렸는데요?"

손 익 계 산 서

XXXX년 10월 1일 ~ XXXX년 11월 30일

황대승 손익현황 (단위: 원)

과 목		10/1~10/31	11/1~11/30	**10/1~11/30**
수익	급여, 상여금	5,000,000	5,000,000	10,000,000
	투자수입	0		0
	기타수입	15,000	0	15,000
	수익합계	5,015,000	5,000,000	10,015,000
비용	현금지출	300,000	200,000	500,000
	신용카드사용액	2,400,000	2,600,000	5,000,000
	대출이자	1,175,830	1,161,660	2,337,490
	자동이체 외	61,670	70,840	132,510
	감가상각비	1,287,500		1,287,500
	비용합계	5,225,000	4,032,500	9,257,500
이익	당기순이익	(210,000)	967,500	757,500

"2백만원에 올렸어."

"와! 한 달 사이에 산 가격보다 20만원 더 올려서 내놨네요. 팔리겠습니까?"

"이렇게 올려 내놔야 실제로 거래할 때 흥정할 수 있는 여유가 있지."

"아, 네. 좋은 가격에 팔리길 바랍니다. 팔리면 한잔 사야 합니다."

"당연하지."

자전거를 팔겠다는 이야기를 들은 김대리는 얼마에 내놓았는지 금액만 알면 되었다. 그러나 다른 방향으로 이야기가 흘러갔다. 그마저도 술이었다. 그 사이에 시간은 가고 있었고, 그만큼 또 퇴근이 늦어지는 것이었다. 김대리는 마음을 다잡고 우선 황과장이 만든 11월 손익자료를 살펴보았다.

"수익란에 급여 5백만원 동일하게 작성하셨고, 비용부분의 현금지출은 전월과 동일하네요."

"그래, 모임회비와 부모님 용돈 매월 드리고 이번에는 경조사가 없어서 20만원만 나갔네."

"카드사용액은 11월 카드이용대금명세서 금액 기재하셨죠?"

"당연하지. 11월에도 지출을 많이 했더라고. 신용카드가 이래서 무서운 거야."

"그렇죠. 대출이자는 통장에 출금된 내용 확인해서 기재하셨고, 자동이체 공과금도 통장에 있는 내역 확인하셔서 정리하셨죠?"

"응. 자료 있는 거 확인하고 입력했어."

"이자금액에 변동이 있네요?"

"아! 마이너스대출건 10월과 11월에 각 2백만원씩 상환했어. 그래서 이자가 좀 줄었어. 통장 지출내역 보고 입력했는데."

"네, 그럼 이상 없습니다."

김대리는 황과장이 정말 알 수 없는 사람이라고 생각했다. 어떤 때에는 철저한데, 또 어떤 때에는 그렇지 않았다. 김대리는 주식 처분건과 중고 자전거 매입건에 대한 자료를 황과장에게 요청했고 관련 자료를 받았다. 주식처분건은 거래한 내역과 통장 입금 내역을 준비했고 자전거 매입건은 통장에서 송금한 내역을 보여주었다.

"우선 주식은, 4백만원으로 보유하고 있던 것을 5백만원에 처분했으니, 백만원 이익을 보셨습니다. 백만원 차익은 투자자산처분이익으로 손익계산서 투자수입에 백만원 입력하면 되고, 나머지 4백만원은 재무상태표의 투자자산에서 차감하면 됩니다. 재무상태표는 손익계산서가 작성되고 난 뒤에 10월과 11월 동시에 작성해 볼게요."

"아, 손익과 자산 거래 두 개가 함께 일어나는구나. 이러니 회계가 복잡한 거네."

"처음이라 그렇지, 원리만 이해하면 쉽습니다. 예를 들면 한 달 동안 월급을 받기 위해 일을 하면서 발생한 비용은 손익계산서에 작성하고, 현 시점에 그 행위의 결과에 대해 발생한 자산이나 부채의 증감은 재무상태표에서 정리한다고 생각하면 됩니다. 그래서 손익현황을 나타내는 손익계산서는 10월 1일부터 10월 31일까지 처럼 기간으로 표시합니다. 그래서 일정기간 동안 수익과 지출을 정리해서 결과가 어떻게 나왔는지 확인하는 것이고, 자산현황을 나타내는 재무상태표는 10월 31일 현재처럼 일정시점을 표시해서 현시점의 자산의 증감 결과를 나타내고 있습니다."

황과장은 재무상태표와 손익계산서 글자 아래에 있는 날짜를 보았다.

"아…. 이래서 일자 표기가 다르구나! 별 생각 없이 봤었는데 다 이유가 있었구나!"

"네, 잘 보셨습니다. 그래서 재무상태표는 일정시점의 재무상태,

재 무 상 태 표
XXXX년 10월 31일 현재

자산현황

과 목	금 액
자산	100
부채	70
자본	30

손 익 계 산 서
XXXX년 10월 1일 ~ XXXX년 10월 31일

손익현황

과 목	금 액
수익	100
비용	70
이익	30

즉 자산, 부채, 자본의 상태를 나타내는 표라고 하고, 손익계산서는 일정기간의 경영실적인 수익과 비용의 결과 손익이 얼마인지를 나타내는 표라고 이해하시면 됩니다."

황과장은 환한 표정을 지으며 박수를 쳤다.

"아! 이제 왜 이렇게 되어 있는지 알겠다. 그래서 회사의 재무상태와 경영실적을 알기 위해서는 재무제표가 필요하다고 말했구나."

"네, 맞습니다. 이제는 재무상태표와 손익계산서에 대한 개념을 이해하셨으니 지금부터는 회계용어를 사용하도록 하겠습니다."

황과장이 갑자기 일어섰다.

"그래, 김대리. 이해했으니 좀 쉬었다 하자. 집중했더니 단 것이 땡기네. 차 한잔하자."

황과장은 김대리와 휴게실로 가서 차 한잔하며 잠깐 머리를 식혔다. 그러나 김대리 속은 타들어 가기만 했다. 앞으로 갈 길이 많은데, 황과장은 무슨 생각인지 주변 맛집을 물어보고 있으니 천하태평이었다. 20분 넘게 시간을 보내다 겨우 자리로 돌아왔다.

"과장님, 주식처분한 것은 투자수입에 입력했고, 이제 중고 자전거 구입하신 것 정리하면 되겠습니다. 중고 자전거 몇 년 정도 타실 계획입니까?"

"팔려고 하는데 굳이 계산할 필요가 있나?"

"네, 그럼 구입해서 타셨죠?"

"탔지. 근데 좀 뭔가 불편해. 평소 내가 타던 거랑 느낌이 다르다고 할까?"

"우선 타셨으니 일반적인 기준으로 판단해서 5년을 내용연수로 보고 180만원÷5년÷12개월 하면 매월 감가상각비가 3만원 발생하네요. 그럼 기존에 발생한 감가상각비 1,287,500원에 자전거 감가상각비 3만원 합산하면 1,317,500원이네요. 최종적으로 수익이 6백만원이고 비용합계가 535만원이니 차감하면 이익이 65만원이

손 익 계 산 서

XXXX년 10월 1일 ~ XXXX년 11월 30일

황대승 손익현황 (단위: 원)

과 목		10/1~10/31	11/1~11/30	**10/1~11/30**
수익	급여, 상여금	5,000,000	5,000,000	10,000,000
	투자수입	0	**1,000,000**	**1,000,000**
	기타수입	15,000	0	15,000
	수익합계	5,015,000	6,000,000	11,015,000
비용	현금지출	300,000	200,000	500,000
	신용카드사용액	2,400,000	2,600,000	5,000,000
	대출이자	1,175,830	1,161,660	2,337,490
	자동이체 외	61,670	70,840	132,510
	감가상각비	1,287,500	**1,317,500**	**2,605,000**
	비용합계	5,225,000	5,350,000	10,575,000
이익	당기순이익	(210,000)	650,000	440,000

됩니다. 과장님, 11월달에는 이익을 내셨습니다. 축하합니다."

"사실 그동안 내가 이익을 내고 있는지 손실을 내고 있는지 모르고 살았는데, 이렇게 정리해 보니 한눈에 보이네."

"그리고 추가로 10월부터 11월까지 누계로 정리하면 화면에서 보는 것과 같이 나옵니다. 2개월 동안 총수익 11,015,000원 내셨고 총비용은 10,575,000원 발생해서 440,000원 이익을 내셨습니다. 결국 보시면 주 수입원인 급여로 발생한 금액과 비용으로 발생한 금액을 비교하면 비용 지출이 더 많은 상황입니다. 대신 부수입으로 수익이 나셨네요."

황과장은 환하게 웃으며 그렇다고 대답했다.

어느새 사무실은 황과장과 김대리 둘뿐이었다. 인수인계에 집중하다 보니 퇴근시간보다 1시간이 훌쩍 지나 있었다. 황과장은 씨익 웃으며 김대리를 보고 말했다.

"저녁도 먹을 겸 간단히 해장술 한잔하지. 수익도 났는데 내가 한잔 쏘지."

"네, 그럼 간단히 한잔만!"

밖은 깜깜했다. 저녁 날씨가 제법 추웠다. 추우니 소주 한잔이 더욱 생각났다.

황과장과 김대리는 인근 돼지국밥집에서 국밥 두 그릇과 소주 한 병으로 허전한 속을 달랬다. 황과장이 술은 이만 하자고 했다. 말 그대로 한잔하고 헤어지는 것 같았다. 하지만 황과장이 김대리를 노래방으로 끌고 갔다.

황과장이 첫곡으로 '소주한잔'을 시작하자 두 사람은 하나가 되었고, 이내 서로 어깨동무를 하며 같이 불렀다. 노래는 끊임없이 이어졌고 노래에 맞지 않는 막춤과 고성이 오갔다. 가슴속에 숨겨져 있는 야수의 본능이 깨어나고 말았다.

손익계산서

XXXX년 10월 1일 ~ XXXX년 11월 30일

(단위: 원)

황대승 손익현황

	과 목	10/1~10/31	11/1~11/30	10/1~11/30	간략 내역
수익	급여, 상여금	5,000,000	5,000,000	10,000,000	주업 수입(세금공제 후 실수령액)
	투자수입	0	1,000,000	1,000,000	부업 수입(주식 26배) 11월 주식 5백 처분(장부금액 4배) - 차익 1백 수익
	기타수입	15,000	0	15,000	10월 이자수익 15,000
	수익합계	5,015,000	6,000,000	11,015,000	
비용	현금지출	300,000	200,000	500,000	모임회비, 부모님 용돈, 경조사 등
	신용카드사용액	2,400,000	2,600,000	5,000,000	카드이용대금명세서 금액
	대출이자	1,175,830	1,161,660	2,337,490	아파트 대출이자, 마이너스대출 이자
	자동이체 외	61,670	70,840	132,510	수도광열비 등
	감가상각비	1,287,500	1,317,500	2,605,000	아파트, 개인승용차, 전자제품 외, 11월 자전거 구입
	비용합계	5,225,000	5,350,000	10,575,000	
이익	당기순이익	(210,000)	650,000	440,000	수익 - 비용

04 지난달 자산현황을 파악하다

김대리는 아침부터 목이 쉬어 말이 잘 나오지 않았다. 황과장 역시 목이 쉬었는지 아침에 출근하자마자 김대리에게 목캔디를 건넸다.

"과장님, 잘 먹을게요. 목이 많이 쉬었죠?"

황과장은 목을 만지작거리며 쉰 목소리로 말했다.

"어제 우리 노래방에서 무리한 것 같다. 김대리 잘 놀던데, 내가 안 데리고 갔으면 엄청 아쉬워했을 뻔했네."

김대리가 웃으며 말했다. 황과장과 마찬가지로 쉰 목소리가 튀어나왔다.

"노래방 가자고 할 때 좀 놀겠다 싶었는데 역시 대단했습니다. 기대를 저버리지 않으십니다."

그 정도 열정을 가지고 열심히 하면 인수인계가 훨씬 수월했을 것이라고 김대리는 생각했다. 진도도 많이 나갔을 것이다. 사람들이 어렵다고 하는 회계를 3주 만에 가르친다는 것이 가당키나 한 일인가? 김대리는 황과장이 노래방에서와 같은 열정으로 일에 집중해 주길 마음속으로 당부했다. 말로 표현하면 오히려 황과장 기분을 해쳐 역효과가 날 것 같았다. 술자리에서는 말도 놓은 적이 있어 가능하기도 하겠지만, 사무실에서 그것도 직급이 낮은 김대리가 황과장에게 맨정신으로 할 말은 아니었다.

김대리는 벌써 2주차라 시간이 그리 많지 않았다. 아직 가르칠 내용은 많은데 시간은 촉박했다. 곧바로 황과장과 인수인계를 시작했다.

"오늘은 10월과 11월에 작성한 손익계산서를 참고해서 재무상태표를 작성해 볼게요. 사실 11월 기준으로 작성해도 되는데, 연습이 필요하니 우선 저번 주에 했던 9월 30일자 재무상태표로 10월말과 11월말 현재의 재무상태표를 작성해 보겠습니다. 이번에도 10월말 현재 재무상태표는 함께 작성하고 11월말 현재는 과장님이 직접 작성하시기 바랍니다."

황과장은 김대리가 준 Excel 양식에 9월말 현재 재무상태표를 보고 10월과 11월 손익계산서를 비교하면서 작업을 진행했다. 그러나 막상 하려고 하니 알 것 같으면서도 아직 이해를 완전히 못한 것이 있어 한참 생각하고 있었다.

지켜보던 김대리는 답답했다. 그에게 힌트를 주기로 했다.

"재무상태표는 10월말 현재 과장님이 가지고 있는 자산현황을 정리하는 겁니다. 그러니 Excel 양식에 있는 내용대로 증빙자료를 보고 그대로 입력하면 됩니다. 일부 증빙에 없는 자료도 있지만 그것은 손익자료를 참고하면 됩니다."

황과장은 그제야 이해를 했는지 통장잔고와 대출현황, 카드이용명세서를 확인하며 하나씩 입력하기 시작했다. 현금과 예금은 10월 31일자 현재 기준으로 통장잔고를 확인했고, 현금은 전월에 가지고 있던 현금잔고에서 손익에 있는 현금지출한 건을 확인한 후 잔고를 정리하여 입력했다. 매출채권에는 10월달 급여금액을 입력했고 정기예금은 통장잔고를 보고 입력했다.

재 무 상 태 표

XXXX년 10월 31일 현재

황대승 자산현황 (단위: 원)

과 목		9월 30일 현재	10월 31일 현재
자산	현금과 예금	900,000	1,027,500
	매출채권	7,000,000	5,000,000
	빌려준 돈	0	0
	정기예금(장기-1년 이상)	5,100,000	5,200,000
	투자자산(주식 외)	26,000,000	26,000,000
	토지	0	0
	아파트	500,000,000	500,000,000
	감가상각누계액	0	(937,500)
	개인승용차	18,000,000	18,000,000
	감가상각누계액	0	(300,000)
	전자제품 외	3,000,000	3,000,000
	감가상각누계액	0	(50,000)
	전월세보증금	0	0
	자산합계	**560,000,000**	**556,940,000**
부채	신용카드사용액	2,000,000	2,400,000
	빌린 돈	0	0
	마이너스대출(단기차입)	38,000,000	36,000,000
	아파트대출금(장기차입)	300,000,000	298,750,000
	부채합계	**340,000,000**	**337,150,000**
자본	자본금	220,000,000	220,000,000
	당기순이익	0	(210,000)
	자본합계	**220,000,000**	**219,790,000**

빌려준 돈은 없기에 입력할 내용이 없었다. 투자자산 역시 10월달에 추가 투자한 돈은 없었기에 변동 없이 동일하게 입력했다. 토지도 없었기에 0으로 입력했으나 아파트 부분부터 어떻게 입력해야 할지 감이 오지 않았다. 보고 있던 김대리가 답답했는지 끼어들었다.

"이 부분은 처음이라 설명해 드릴게요. 우선 저희는 9월 30일자에 아파트 5억원을 자산으로 인식했고, Excel 양식 화면의 간략내역에 있는 것처럼 40년으로 균등하게 상각하는 것으로 기준을 잡았습니다. 자산은 별도 증감변동이 없으면 구매한 가격 그대로 기재하고 감가상각누계액란에 10월달 손익계산서에서 계산한 감가상각비를 해당 자산항목에 입력하면 됩니다. 아파트는 1회차 감가상각비누계액을 (937,500)원 입력하시고요. 마이너스로 입력하는 이유는 아파트 자산에서 감가상각으로 차감하기 때문입니다. 그러면 499,062,500원이 아파트 순자산 금액이 됩니다. 자산은 가치가 감소하기에 감가상각을 통해서 자산의 가치를 적절히 배부한다고 생각하면 됩니다. 마찬가지로 개인승용차 (300,000)원 입력하고 전자제품 외 (50,000)원 각각 입력하면 됩니다. 재무상태표에 입력한 감가상각누계액을 합산하면 (1,287,500)원으로 손익계산서의 감가상각비 금액과 동일합니다. 그럼 PC에 있는 Excel 화면과 같이 자산합계가 556,940,000원이 산출됩니다."

갑자기 황과장은 궁금한지 질문을 했다..

"김대리, 왜 자산금액에서 바로 차감하지 않고 감가상각누계액으로 별도 표시하지?"

"네, 과장님. 좋은 질문하셨습니다. 그것은 자산의 취득가를 알기 위해서 별도 표시해서 관리합니다. 재무상태표는 자산현황을 나타내기에 자산을 취득한 금액을 기재하고 별도 감가상각누계액을 표시해야 차후 자산의 취득금액을 알 수 있지요."

"아~ 그래서 자산금액은 그대로 두고 감가상각누계액을 별도 표시하는구나."

"네, 과장님. 그럼 다음으로 부채의 경우 신용카드사용액은 해당월에 사용하고 대금을 지급하지 않은 금액을 입력합니다. 즉 외상으로 사용한 금액이라고 생각하면 됩니다. 과장님, 10월달에 신용카드명세서상 결제일이 11월 14일로 표기되어 있네요. 결제대금을 지급하지 않았으니 2,400,000원 입력하면 됩니다. 빌린 돈 역시 타인에게 돈을 빌린 경우로 1년 이내에 갚는 빚이라고 생각하면 됩니다. 마이너스대출은 10월달에 2백만원 상환했으니 현재 잔고 금액인 36,000,000원 입력하면 되고, 아파트대출금은 10월부터 매월 1,250,000원씩 상환하고 난 잔금 298,750,000원을 입력하면 됩니다. 그럼 부채합계를 합산하면 337,150,000원이 됩니다. 자본금은 9월말일자 그대로 이월되며, 당기순이익은 손익계산서상의 당기순이익 금액을 입력하면 됩니다. 현재는 당기순이익 (210,000)원을 입력하면 자본합계가 219,790,000원이 됩니다. 자산 556,940,000원＝부채 337,150,000원＋자본 219,790,000원이 되어야 합니다."

황과장은 작성된 화면을 보고 자신이 입력한 자료와 왜 차이가 나는지 생각하고 내용을 정리한 후 얘기하기 시작했다.

"재무상태표는 10월말 현재 보유하고 있는 자산현황을 파악하는 거니까 감가상각비와 당기순이익은 손익계산서 자료를 확인해서 기재하면 되고, 나머지는 10월 31일자 잔고 현황을 파악하면 되는구나!"

"정확하게 이해하셨습니다. 그리 어렵지 않죠?"

"직접 해보니 크게 어려운 건 없는데 처음 하는 사람은 개념을 모르면 어떻게 할지 알 수가 없겠다."

"네, 맞습니다. 처음이라 어려운 거지 한두 번 해보면 금방 이해됩니다. 그리고 손익계산서 자료를 잠깐 볼게요. 손익계산서상 10

월달 당기순이익이 (210,000)원 발생했습니다. 이 금액은 재무상태표의 당기순이익에 (210,000)원이 반영됩니다. 여기서 중요한 것은 손익계산서의 누계당기순이익과 재무상태표의 당기순이익은 동일하며 서로 연결해 주는 다리라고 생각하면 됩니다. 이제 과장님, 내용 이해하셨으니 11월달 재무상태표 작성해 보시죠."

"그래, 11월달 재무상태표 멋지게 작성해 본다. 파이팅!"

재무상태표
XXXX년 10월 31일 현재

항대승 자산현황

(단위: 원)

과 목		9월 30일 현재	10월 31일 현재	간략 내역
자산	현금과 예금	900,000	1,027,500	10월말 현재 현금 및 입출금예금통장 잔액
	매출채권	7,000,000	5,000,000	주업 매출로 받지 못한 금액 - 10월 급여 5백
	받을 돈	0	0	빌려준 돈이 있는 경우
	정기예금(장기-1년 이상)	5,100,000	5,200,000	청약예금 3백, 정기적금 XXX2년 1월 가입 ~ XXX5년 1월 만기(매월 10만원 입금)
	투자자산(주식 외)	26,000,000	26,000,000	현재 보유하고 있는 전근 금액
	토지	0	0	토지는 감가상각대상이 아님
	아파트	500,000,000	500,000,000	40년으로 균등하게 상각, 잔존가치 10% 적용(아파트 토지분은 잔존가치에 반영)
	감가상각누계액	0	(937,500)	(5억 - 5천) ÷ 40년 ÷ 12개월
	개인승용차	18,000,000	18,000,000	5년 균등하게 상각
	감가상각누계액	0	(300,000)	18백 ÷ 5년 ÷ 12개월
	전자제품 외	3,000,000	3,000,000	노트북, 에어컨, 냉장고(100만원 이상), 5년 균등하게 상각
	감가상각누계액	0	(50,000)	3백 ÷ 5년 ÷ 12개월
	전월세보증금	0	0	전월세로 집을 임차한 경우 보증금 입력, 현재는 해당 없음
	자산합계	560,000,000	556,940,000	재무상태표 등식 : 자산 = 부채 + 자본
부채	신용카드사용액	2,000,000	2,400,000	10월달 사용한 카드이용명세서상 지급 안 한 금액
	빌린 돈	0	0	빌린 돈이 있는 경우
	마이너스대출(단기차입)	38,000,000	36,000,000	10월 2백 상환(5천만원 한도, 금리 6%, 월이자 납부)
	아파트대출금(장기차입)	300,000,000	298,750,000	10월 1차 1.25억 상환(아파트담보대출, 금리 4%, 20년 원금균등상환조건)
	부채합계	340,000,000	337,150,000	
자본	자본금	220,000,000	220,000,000	
	당기순이익	0	(210,000)	손익계산서 당기순이익 누계
	자본합계	220,000,000	219,790,000	자본등식 : 자산 - 부채 = 자본(순자산, 자기자본)

05 이번 달 자산현황을 파악하다

황과장은 11월 손익계산서 자료와 통장내역, 대출내역, 카드이용대금명세서 등 자료를 비교하면서 정리를 시작했다. 11월 재무상태표를 정리하는데, 자산에서 부채를 차감한 금액이 자본인데 금액 차이가 맞지 않았다. 금액은 정상적으로 입력되어 있었다. 뭐가 문제인지 계속 살펴보아도 왜 1,077,500원이 차이가 나는지 알 수가 없었다. 김대리에게 물어보려고 하니 자존심이 허락하지 않았다.

시간이 꽤 흘렀는데도 황과장은 아직 그 이유를 찾지 못하고 있었다. 김대리는 예상을 했다는 듯이 작성한 자료를 보며 씽긋 웃었다.

"과장님, 잘하셨습니다. 다들 이 부분에 대해 이해를 잘 못하는 경우가 있습니다. 우선 11월 재무상태표는 잘 만드셨습니다. 그러나 자산에서 부채와 자본을 차감한 금액이 0이 되어야 하는데, 1,077,500원이 차이나는 것은 재무상태표와 손익계산서의 차이를 아직 잘 이해 못해서 그렇습니다."

황과장은 의아해했다.

"이해했는데 또 내가 모르는 것이 있나?"

"네. 손익계산서는 11월 1일부터 11월 30일까지 일정기간 동안

재 무 상 태 표

XXXX년 11월 30일 현재

황대승 자산현황 (단위: 원)

	과 목	9월 30일 현재	10월 31일 현재	11월 30일 현재
자산	현금과 예금	900,000	1,027,500	2,045,000
	매출채권	7,000,000	5,000,000	5,000,000
	빌려준 돈	0	0	0
	정기예금(장기-1년 이상)	5,100,000	5,200,000	5,300,000
	투자자산(주식 외)	26,000,000	26,000,000	22,000,000
	토지	0	0	0
	아파트	500,000,000	500,000,000	500,000,000
	감가상각누계액	0	(937,500)	**(937,500)**
	개인승용차	18,000,000	18,000,000	18,000,000
	감가상각누계액	0	(300,000)	**(300,000)**
	전자제품 외	3,000,000	3,000,000	3,000,000
	감가상각누계액	0	(50,000)	**(50,000)**
	자전거	0	0	1,800,000
	감가상각누계액	0	0	(30,000)
	전월세보증금	0	0	0
	자산합계	560,000,000	556,940,000	555,827,500
부채	신용카드사용액	2,000,000	2,400,000	2,600,000
	빌린 돈	0	0	0
	마이너스대출(단기차입)	38,000,000	36,000,000	34,000,000
	아파트대출금(장기차입)	300,000,000	298,750,000	297,500,000
	부채합계	340,000,000	337,150,000	334,100,000
자본	자본금	220,000,000	220,000,000	220,000,000
	당기순이익	0	(210,000)	**650,000**
	자본합계	220,000,000	219,790,000	220,650,000
검증	자산 - 부채 - 자본 = 0	0	0	**1,077,500**

이익이 났는지 손실을 봤는지, 그러니까 경영실적을 정리한 자료입니다. 그러나 재무상태표는 11월 30일 현재라는 일정시점의 재무상태를 정리한 자료입니다."

"그야 잘 알지. 손익계산서는 일정기간 동안 일을 해서 나온 성과가 얼마인지 누계를 정리한 것이고, 재무상태표는 일정시점에 자산, 부채, 자본이 얼마나 있는지 재무상태를 파악하는 것이잖아."

"네, 맞습니다. 그럼 차이를 아시겠습니까? 일정기간과 일정시점의 차이가 뭔지?"

황과장은 대략 이해를 했는데, 김대리가 뭘 얘기하려고 그러는지는 알지 못했다. 김대리는 Excel로 작성되어 있는 11월 30일자 재무상태표를 보고 황과장에게 말했다.

"저희는 우선 9월 30일에 기초 자산현황을 파악했습니다. 그래서 9월 30일자를 기준으로 10월 1일부터 11월 30일까지 손익계산서를 월별로 작성했습니다. 그럼 11월 30일자 현재 시점으로 된 재무상태표는 9월 30일을 기초로 하여 2달 동안 자산, 부채, 자본의 변동이 있었습니다. 손익계산서 역시 10월 1일부터 11월 30일까지 일정기간 동안 일을 해서 나온 실적을 기재하고 있습니다. 그럼 손익계산서상의 10월과 11월 손익의 변동에 대해 11월 30일자에 재무상태표 작성시 잔액을 기재하는데, 아파트의 경우 구입가는 5억원이며 10월달에 937,500원을 차감해서 순자산이 499,062,500원입니다. 그리고 11월달에도 감가상각비 937,500원을 차감하면 498,125,000원이 아파트 순자산 금액이 됩니다. 그러나 과장님은 재무상태표에 11월 30일 현재 감가상각누계액을 한 달치만 입력했습니다. 과장님, 월별로 작성하니 착각을 할 수 있는데 현금과 예금 등 잔액은 9월 30일 이후부터 발생한 거래에 대한 잔액입니다. 그렇기 때문에 감가상각누계액도 두 달치 금액 1,875,000원을 입력하면 순자산 금액 잔액이 498,125,000원이 됩니다."

재 무 상 태 표
XXXX년 11월 30일 현재

황대승 자산현황 (단위: 원)

과 목		9월 30일 현재	10월 31일 현재	11월 30일 현재
자산	현금과 예금	900,000	1,027,500	2,045,000
	매출채권	7,000,000	5,000,000	5,000,000
	빌려준 돈	0	0	0
	정기예금(장기-1년 이상)	5,100,000	5,200,000	5,300,000
	투자자산(주식 외)	26,000,000	26,000,000	22,000,000
	토지	0	0	0
	아파트	500,000,000	500,000,000	500,000,000
	감가상각누계액	0	(937,500)	**(1,875,000)**
	개인승용차	18,000,000	18,000,000	18,000,000
	감가상각누계액	0	(300,000)	**(600,000)**
	전자제품 외	3,000,000	3,000,000	3,000,000
	감가상각누계액	0	(50,000)	**(100,000)**
	자전거	0	0	1,800,000
	감가상각누계액	0	0	**(30,000)**
	전월세보증금	0	0	0
	자산합계	**560,000,000**	**556,940,000**	**554,540,000**
부채	신용카드사용액	2,000,000	2,400,000	2,600,000
	빌린 돈	0	0	0
	마이너스대출(단기차입)	38,000,000	36,000,000	34,000,000
	아파트대출금(장기차입)	300,000,000	298,750,000	297,500,000
	부채합계	**340,000,000**	**337,150,000**	**334,100,000**
자본	자본금	220,000,000	220,000,000	220,000,000
	당기순이익	0	(210,000)	440,000
	자본합계	**220,000,000**	**219,790,000**	**220,440,000**
검증	자산 - 부채 - 자본 = 0	0	0	0

손 익 계 산 서

XXXX년 10월 1일 ~ XXXX년 11월 30일

황대승 손익현황 (단위: 원)

과 목		10/1~10/31	11/1~11/30	**10/1~11/30**
수익	급여, 상여금	5,000,000	5,000,000	10,000,000
	투자수입	0	1,000,000	1,000,000
	기타수입	15,000	0	15,000
	수익합계	5,015,000	6,000,000	11,015,000
비용	현금지출	300,000	200,000	500,000
	신용카드사용액	2,400,000	2,600,000	5,000,000
	대출이자	1,175,830	1,161,660	2,337,490
	자동이체 외	61,670	70,840	132,510
	감가상각비	1,287,500	1,317,500	2,605,000
	비용합계	5,225,000	5,350,000	10,575,000
이익	당기순이익	(210,000)	650,000	**440,000**

황과장은 이마를 탁 쳤다.

"아! 맞네. 손익계산서와 동일하게 월별로 작성하니 이런 오류가 발생했구나!"

"그럼 나머지 감가상각비도 수정하시면 됩니다."

황과장은 기준을 명확히 알면 어려운 것도 아닌데, 이런 작은 차이가 큰 오류를 만든다는 것을 느꼈다.

"오케이. 그럼 감가상각누계액 전체를 수정했는데 그래도 210,000원이 차이가 나네."

"당기순이익을 한번 보십시오. 11월 30일자 기준 당기순이익 금액이 맞는지요?"

황과장은 손익계산서를 비교해 보았다. 손익계산서상 11월 1일부터 11월 30일까지 기준으로 당기순이익은 650,000원이지만 10월 1일부터 11월 30일까지 기준으로는 440,000원이었다. 순간 황과장은 깨달았다.

"아! 재무상태표는 11월 30일 현재 기준은 일정시점 기준이며 기초부터 현재까지 일어난 행위에 대한 잔액을 정리하는 것이니, 당기순이익은 누계인 440,000원이 반영되어야 한다. 아! 알고 나면 쉬운데 모르면 엄청 헷갈릴 것 같은데."

"네, 정답입니다. 드디어 11월 30일 현재까지 재무상태표를 정리하셨습니다. 고생했습니다."

황과장은 뿌듯했다. 회계라는 것이 이런 세세한 부분까지 알아야 하기에 어렵게 느껴지지만, 흐름을 잘 이해한다면 결코 어려운 것은 아니라고 생각했다.

"김대리, 고생했어!"

김대리는 마음이 편안해졌다. 참으로 오랜만에 느끼는 편안함이었다.

재무상태표
XXXX년 11월 30일 현재

(단위: 원)

황대승 자산현황

과목		9월 30일 현재	10월 31일 현재	11월 30일 현재	간단 내역
자산	현금과 예금	900,000	1,027,500	2,045,000	11월말 현재 현금 및 입출금예금통장 잔액
	매출채권	7,000,000	5,000,000	5,000,000	주된 매출로 받지 못한 금액 - 11월 금액 5백
	받려준 돈	0	0	0	빌려준 돈이 있는 경우
	정기예금(장기-1년 이상)	5,100,000	5,200,000	5,300,000	정약예금 3백, 정기적금 XXX2년 1월 가입 ~ XXX5년 1월 만기(매월 10만원 입금)
	투자자산(주식 외)	26,000,000	26,000,000	22,000,000	현재 보유하고 있는 전고 금액 - 11월 주식 5백 처분(장부금액 4백)
	토지	0	0	0	토지는 감가상각비 대상이 아님
	아파트	500,000,000	500,000,000	500,000,000	40년으로 균등하게 상각, 잔존가치 10% 적용(아파트 토지분은 잔존가치에 반영)
	감가상각누계액	0	(937,500)	(1,875,000)	(5억 - 5천) ÷ 40년 ÷ 12개월
	개인승용차	18,000,000	18,000,000	18,000,000	5년 균등하게 상각
	감가상각누계액	0	(300,000)	(600,000)	18백 ÷ 5년 ÷ 12개월
	전자제품 외	3,000,000	3,000,000	3,000,000	노트북, 에어컨, 냉장고(100만원 이상), 5년 균등하게 상각
	감가상각누계액	0	(50,000)	(100,000)	3백 ÷ 5년 ÷ 12개월
	자전거	0	0	1,800,000	11월 자전거 1.8백 구입, 5년 균등하게 상각
	감가상각누계액	0	0	(30,000)	1.8백 ÷ 5년 ÷ 12개월
	전월세보증금	0	0	0	전월세로 집을 임차한 경우 보증금 입력, 현재는 해당 없음
	자산합계	**560,000,000**	**556,940,000**	**554,540,000**	재무상태표 등식 : 자산 = 부채 + 자본
부채	신용카드사용액	2,000,000	2,400,000	2,600,000	11월달 사용한 카드이용명세서상 지급 안 한 금액
	빌린 돈	0	0	0	빌린 돈이 있는 경우
	마이너스대출(단기차입)	38,000,000	36,000,000	34,000,000	11월 2백 상환(5천만원 한도, 금리 6%, 월이자 납부)
	아파트대출(장기차입)	300,000,000	298,750,000	297,500,000	11월 1.25백 2차 상환(아파트담보대출, 금리 4%, 20년 원금균등상환조건)
	부채합계	**340,000,000**	**337,150,000**	**334,100,000**	
자본	자본금	220,000,000	220,000,000	220,000,000	
	당기순이익	0	(210,000)	440,000	손익계산서 당기순이익 누계
	자본합계	**220,000,000**	**219,790,000**	**220,440,000**	자본등식 : 자산 - 부채 = 자본(순자산, 자기자본)

손익계산서
XXXX년 10월 1일 ~ XXXX년 11월 30일

황대손 손익현황 (단위: 원)

과목		10/1~10/31	11/1~11/30	10/1~11/30	간략 내역
수익	급여, 상여금	5,000,000	5,000,000	10,000,000	주업 수입(세금공제 후 실수령액)
	투자수익	0	1,000,000	1,000,000	부업 수입(주식 26백) 11월 주식 5백 처분(장부금액 4백) - 차익 1백 수익
	기타수입	15,000	0	15,000	10월 이자수익 15,000
	수익합계	**5,015,000**	**6,000,000**	**11,015,000**	
비용	현금지출	300,000	200,000	500,000	모임회비, 부모님 용돈, 경조사 등
	신용카드사용액	2,400,000	2,600,000	5,000,000	카드이용대금명세서 금액
	대출이자	1,175,830	1,161,660	2,337,490	아파트 대출이자, 마이너스대출 이자
	자동이체 외	61,670	70,840	132,510	수도광열비 등
	감가상각비	1,287,500	1,317,500	2,605,000	아파트, 개인승용차, 전자제품 외, 11월 자전거 구입
	비용합계	**5,225,000**	**5,350,000**	**10,575,000**	
이익	**당기순이익**	**(210,000)**	**650,000**	**440,000**	수익 - 비용

4장
황과장, 현금흐름표를 작성하다

01 황과장, 수금회의에 참석하다

영업부 신과장이 회계부 사무실을 지나가면서 빼꼼하게 김대리를 쳐다보다가 눈짓으로 불렀다. 김대리도 눈인사를 한 뒤 뒤따라 휴게실로 향했다. 한동안 황과장과 인수인계로 찰떡같이 붙어 다니다 보니 신과장이 끼일 틈이 없었다. 신과장은 모든 것이 궁금한 듯 김대리에게 그동안 별일 없었는지, 황과장 성격은 어떤지, 업무 인수인계는 잘되고 있는지 등 많은 것을 물어보았다. 그리고 무엇보다도 매월 중순경 진행하는 수금회의 때 황과장이 참석하는지에 대해 궁금해했다. 이 회의는 회계부가 주최하여 영업부, 구매부와 함께 자금수지에 대해 토의하는 자리였다.

회계부에서는 자금입출금에 대한 내용을 미리 정리하여 이달의 정기입금액과 정기출금액을 정리해서 자금수지가 남는지 부족한지 정리하여 회의를 진행한다.

영업부는 수금을 담당하는데, 회계부에서 매출채권연령표를 작성하면 정기결제 입금액 중 미수되는 분에 대해 수금에 대한 진행사항을 각 영업담당자에게 확인하고, 지연사유에 대해 질의를 하며, 일부 악성채권에 대한 내용증명 송부와 채권회수를 위한 법적

절차까지 진행사항을 파악한다.

구매부는 생산에 필요한 원자재와 소모품 등 매입을 담당하며, 회계부에서 매입채무에 대해 결제일 자금부족분 중 일부 연장 및 결제조건을 현금에서 어음배서로 변경하는 등 자금결제와 관련된 협의를 진행한다.

회계부는 영업부에 자금수금을 독려하고 구매부에 자금결제 조건변경을 요청하다 보니 회의 때 논쟁이 많을 수밖에 없었다.

영업부는 자금수금을 위해 업체 연락, 방문 등 여러 가지 방법을 동원한다. 처음 거래처에서 한 달 뒤 지급을 약속한 뒤 또 한 달이 연장되고 나중에는 연락이 안 되거나 약속을 지키지 않는다. 그로 인해 6개월 이상 된 채무는 대부분 수금하기가 현실적으로 어려운 상황이 된다.

영업부 담당자들은 이에 대해 상당히 민감한 입장이다. 영업부 내부적으로도 수금에 대한 논의를 하는데, 회계부마저도 수금 독려를 하니 스트레스가 이만저만이 아니다. 그런데 황과장까지 회의에 참석한다면 영업부에서는 상당히 부담스러운 상황이었다. 수금이 잘되면 문제가 없지만, 최근 경기가 침체되어 수금상황이 많이 나빠졌기 때문이었다. 신과장은 웬만하면 황과장이 이번 회의에 참석을 못하도록 하고 싶었다. 그래서 김대리를 슬쩍 불러낸 것이었다. 신과장은 김대리에게 업무 인수인계를 핑계삼아 회의에 불참하는 게 어떤지 넌지시 말했다. 그러나 김대리는 수금회의 담당자이자 회의를 진행하는 진행자로 참석을 안 할 수 없는 입장이었다. 자연스럽게 황과장도 인수인계상 함께 움직일 수밖에 없는 상황이었다.

이달 말 예상수금액을 확인해 본 신과장은 걱정이 앞섰다. 황과장에게 비춰질 영업부와 자신의 첫인상에 대한 걱정이었다. 업체들 대부분 어렵다는 얘기가 있는 상황이라 자금부족은 불을 보듯

뻔했다.

"김대리, 이번 수금회의는 황과장 빼고 김대리만 참석해라. 아무래도 영업부도 그렇고 구매부도 다들 걱정이 많으니 괜히 안 좋은 모습 보이는 게 좋을 건 없잖아."

김대리도 난처했다. 자신의 주 업무 중 자금수지도 들어가 있어 인수인계를 안 할 수도 없는 상황이었다. 안 그래도 돈에 민감한 황과장인데 어떻게 할지 머릿속이 복잡해졌다.

사무실로 돌아와 방법을 생각해 보았다. 먼저 떠오른 것이 회의 시간에 맞춰 황과장을 외근 보내는 방법이었다. 주거래 은행에서 일을 좀 보고 오라 하면 될 것 같았다. 또 황과장에게 과제를 내주고 조용히 회의실에서 수금회의를 진행하는 방법도 생각했다. 위험부담이 있긴 하지만 전날 술을 엄청 먹여서 출근을 못하도록 하는 방법까지도 떠올렸다. 어떤 방법을 선택해야 좋을지 선뜻 떠오르지 않았다. 그러나 이내 고민하고 있던 문제가 한순간에 해결되어 버렸다. 민부장이 갑자기 김대리를 불렀다.

"김대리, 12월말은 아주 중요한 시기이니 내일 수금회의 때 황과장과 같이 회의에 참석하고, 사전 준비할 사항과 회의 때 어떻게 진행해야 하는지도 인수인계 잘하고."

김대리는 순간 간절히 부탁하던 신과장 얼굴이 떠오르면서 그가 걱정되었다. 그렇다고 그를 도와줄 별다른 뾰족한 방법도 없었다. 전반적인 경기가 좋지 않아 수금액이 적은 것은 다른 회사도 마찬가지일 것이었다. 김대리는 다짐했다. 어차피 한번은 부딪힐 수밖에 없는 상황이라면 정면 승부로 가기로 했다.

"무슨 생각을 그리 깊이 해? 내가 옆에 와도 못 알아보네."

"아, 아닙니다. 그냥 생각할 게 있어서요."

김대리는 수금회의 관련 인수인계 내용을 정리한 후, 황과장에게 전반적인 내용과 회의 시작 전에 준비해야 할 자료를 공유하며 설명해 주었다.

　황과장은 수금회의와 관련하여 많은 질문을 했다. 매출채권연령표상에 지연된 업체가 많은 것을 보고 한동안 깊은 생각을 하는 것이 느껴졌다. 김대리는 다음날 수금회의 걱정이 많이 되었다.

　다음날 오전 10시 회의실에 미리 준비한 예상자금수지현황을 PT로 준비하고 영업부, 구매부가 회의에 참석했다. 회계부에서는 황과장, 김대리, 주연씨가 참석했고, 영업부에서는 영업1팀 팀장인 신과장과 영업2팀 팀장 및 담당자 1명 그리고 구매부 팀장 박과장과 팀원 1명이 참석했다. 김대리가 예상자금수지현황을 설명하면서 회의는 시작되었다.

　12월 중순 현재 영업활동으로 인한 정기결제 조건 입금현황에서 지출현황을 차감하니 대금은 플러스였다. 그리고 영업외 활동으로 지출되는 이자비용을 추가해도 대금은 플러스였다.

　"현재 정기결제 조건으로 입금과 출금이 진행되면 자금은 문제가 없는데, 영업에서 실제 12월말까지 정기결제 조건 입금현황대로 입금이 가능한지요?"

　김대리가 이야기하자 영업부에서는 잠깐 생각한 뒤 신과장이 말을 꺼냈다.

　"우선 현재 정기결제 조건 입금현황에서 전월에 대금지급을 이월한 업체 두 군데 중에서 한 곳이 다음 달로 입금을 연기해 달라는 요청이 있었습니다. 그리고 3개월 전부터 악성으로 대금을 받지 못하는 업체가 세 군데 있는데, 현재 업체에 대금지급에 대한 내용증명을 보냈고 아직 회신을 받지 못한 상황입니다."

　"그럼 이달에 미회수 채권금액이 대략 얼마입니까?"

　김대리가 다시 묻자 신과장은 황과장을 의식했는지 낮은 톤으로 답했다.

　"네, 네 군데 모두 합산하면 대략 13억 정도 회수가 안 될 것 같습니다."

김대리는 곧바로 미회수 금액을 자금수지현황에 반영했다. 그랬더니 자금이 마이너스로 돌아섰다. 회의실 분위기가 싸늘해지기 시작했다. 김대리는 자금부족에 대한 대책방안이 무엇이고, 어떻게 진행할지 신과장에게 물었다.

"최근 경기침체로 인해 거래처들의 자금회전이 잘 되지 않아 몇몇 업체는 부도가 나는 경우가 발생하고 있습니다. 자금회수를 위해 업체를 방문해 보았지만, 사무실에 사장님과 담당책임자가 없습니다. 내용증명을 보내 진행하고 있으나 회신이 없는 업체는 가압류 신청을 진행하도록 하겠습니다. 앞으로 수금에 최선을 다하겠습니다."

김대리는 즉시 대응하기 위해 말을 이어나갔다.

"저희 회계부에서는 자금조달을 위해 은행에 차입을 진행하고 있으나, 현재 승인 나는 데 시간이 촉박한 상황입니다. 그리고 운영자금에 대해 신용대출을 진행해야 하는 입장에서 금리가 높기 때문에 이자비용에 대한 부담도 큽니다. 그래서 구매부에서 매입채무에 대해 지급결제일 연장을 협의해 주시면 감사하겠습니다."

김대리의 말이 끝나자 구매부 박과장의 표정이 어두워지면서 말을 이었다.

"지금 12월달 연말입니다. 대부분 업체에서는 12월말까지 15일을 남겨둔 상황에서 결제일을 연장해 달라고 하면 상대 거래처에서도 자금계획을 세워둔 상황이라 어려움을 느낄 것입니다. 그리고 처음도 아니고 계속 영업에서 수금이 안 되는 문제에 대해 항상 저희 쪽에서 결제기일을 연장하는 것은 앞으로 원자재 수급에 안 좋은 영향을 끼칩니다."

영업부 신과장이 언짢은 듯이 말을 받았다.

"저희도 수금에 최선을 다하고 있습니다. 자금이 부족하면 늦게 줄 수밖에 없는 상황이 될 수밖에 없는 게 아니겠습니까? 그리고 자사 생산원가에 비해 저희 경쟁업체에서는 값싼 중국산 저가상품을 수입해서 판매하고 있습니다. 그러다 보니 판매가 경쟁에서 저희가 수주하기 힘든 상황입니다. 최근 가격경쟁에서 밀리다 보니 회사 신용도가 낮은 업체에 수주를 많이 할 수밖에 없는 상황입니다. 그렇다고 저희가 수주를 안 하게 되면 생산부에서 생산할 물량이 줄어들게 될 것입니다. 그러면 고정비로 인해 원가는 더욱 상승하게 되고 최악의 경우 생산직 인력에 대한 구조조정이 발생할 수도 있습니다. 그래서 영업에서 신용도가 낮은 업체라도 수주 물량을 채우기 위해 최선을 다하고 있습니다.”

구매부 박과장도 가만있지 않았다.

“올해 초부터 원자재 값이 상승했습니다. 그리고 매년 시간당 인건비는 상승하고 있습니다. 그래서 생산라인 자동화 작업을 통해 원가절감을 진행하고 있습니다. 그리고 구매처에 자금결제를 약속한 일자에 지급해 주어야 원자재를 원활히 공급받을 수 있으며 결제조건에 따라 구매단가가 변경됩니다. 30일 결제조건과 60일 결제조건에 따라 구입단가 차이가 있습니다. 매번 이렇게 결제조건을 연장하게 된다면 원자재 구매단가는 올라가서 원가상승이 발생합니다.”

결제를 미루게 되면 박과장이 구매처에 아쉬운 소리를 해야 했다. 그 때문인지 박과장은 은근슬쩍 영업부 탓으로 돌렸다. 영업부가 수금을 잘 해서 자금이 많으면 결제를 연장할 필요도 없었다. 영업부 또한 수금을 잘 못하는 게 자기들이 책임을 질 만한 상황도 아니었다. 물론 수금을 하는 게 자기들 업무이긴 해도 거래처가 잘 돌아가면 수금에 어려움도 없었을 터였다. 경기가 전반적으로 그만큼 어려운 탓이었다.

회의 분위기가 점차 험악해지기 시작했다. 과장끼리의 다툼 아닌 다툼에 직급이 낮은 김대리는 끼어들 틈이 없었다. 전보다 더 살벌한 분위기에 중재가 필요했다. 그때 황과장이 말문을 열었다.

"영업은 수금이 잘 되지 않는 게 문제고, 그로 인해 회계부에 자금부족이 생겨서 말일자에 매입대금을 지급하지 못하고, 자연스레 구매부에서 결제기한을 연장해야 되고…. 그렇게 되면 원자재 단가 상승으로 원가가 더 올라가서 문제고 다들 각자의 입장이 있는데 그럼 대책방안이 있습니까?"

회의실이 조용해졌다. 서로 눈치만 볼 뿐 아무런 말을 하지 않았다. 이때 나지막이 김대리가 나섰다.

"우선 이런 경우를 대비해서 매출채권보험을 가입해 두었습니다. 현재 몇 개 업체가 대상이 되어 청구가 가능한 입장입니다. 그러나 영업에서는 현재 업체에서 자금회전이 되지 않아 연장을 요청한 상황이고, 매출채권보험을 실행하게 되면 상대 거래처가 채무를 이행하지 않을 경우 더욱 힘든 상황이 될 수도 있습니다. 그래서 영업에서 매출채권보험 청구를 잠깐 보류하는 업체가 있습니다. 이를 잘 판단해서 영업에서 결정해 주시면 저희 측에서 매출채권보험 청구를 진행해서 자금을 일부 보전할 수 있습니다."

김대리의 말이 끝나자 황과장이 신과장을 보며 말했다.

"신과장님, 현재 매출채권보험 청구를 보류하고 있는 업체에 대해 위에 보고를 했습니까?"

신과장은 함께 회의에 참석한 팀장들 눈치를 보며 말했다.

"네. 일부 보고한 업체도 있고 현재 검토해서 보고드릴 업체도 있습니다."

황과장은 눈을 지그시 감으면서 말했다.

"네. 그럼 지금 우리가 상대 거래처를 배려할 상황인가요?"

신과장은 고심을 하며 조심스레 말을 꺼냈다.

"현재 저희가 매출채권보험을 보류하는 업체는 당사와 10년 이상을 거래해 온 거래처입니다. 저희와 신뢰를 쌓아둔 회사라 이번 달까지 지켜보고 있는 상황입니다. 그쪽 담당자도 이번만 잘 이겨내면 괜찮다고 도움을 요청한 상황입니다."

황과장 얼굴이 심각한 표정으로 변했다.

"신과장님, 우리 물건 판매하면 마진이 몇 프로죠?"

"업체마다 차이는 있는데, 평균적으로 10% 정도 마진을 적용하고 있습니다."

"신과장님, 만약 우리가 거래하는 업체 한 곳에 물건을 팔면 10% 마진이 발생하는데, 거래업체가 부도가 나서 대금을 받지 못하게 되면 100% 손해가 발생합니다. 그러면 영업에서는 이를 보완하기 위해 10여 곳에 물건을 판매해야 만회를 할 수 있습니다. 영업부에서는 이런 생각을 하고 있는지요?"

신과장은 황과장의 말에 심각성을 느꼈다.

"황과장님, 우선 김대리가 얘기한 것처럼 매출채권보험 적용되는 업체에 대해 청구여부를 다시 검토해서 보고드린 후 회계부에 통보하겠습니다."

"그럼 악성채권에 대한 매출채권보험 청구 여부에 대해 영업부에서 1차 검토 후 회계부에 통보하시면 보험청구를 진행하고, 영업부에서는 거래처에 최대한 수금을 할 수 있도록 확인하시고, 구매부 또한 구매처에 대금지급일 연장을 협조해 주시기 바랍니다."

김대리가 뒤이어 발언을 진행했다.

"현 상황을 봤을 때 다음 달 자금수지도 보장할 수 없는 상황입니다. 구매부에서는 구매처 대금지급일 연장 관련해서 협의시 전자어음이나 외상매출채권 담보대출을 발행하는 방법도 있으니 활용하시기 바랍니다."

수금회의는 각자의 입장을 확인하는 단계에서 마무리되었다. 12월말까지 영업부에서 대금수금이 원활하지 않을 경우 부득이 구매처 대금을 지급하지 못하게 될 수밖에 없는 상황이었다. 다행히 12월말일자 만기 전자어음 대금은 지급할 여력이 있어 부도는 피할 수 있으나 다음 달이 또 문제가 될 수 있는 상황이었다.

 김대리는 수금회의 관련 보고서를 작성하여 민부장에게 보고했고, 민부장은 별도 은행을 통해 운영자금 준비를 김대리에게 지시했다.

02 지난달 돈의 유입과 유출을 파악하다

 황과장은 수금회의를 통해 각 부서별로 애로사항 및 문제점에 대해 간접적으로 느낄 수 있었고 상호간 소통과 협업이 중요하다는 점도 느꼈다. 김대리도 수금회의 후 황과장의 존재감에 대해 느낄 수 있었다. 현금흐름에 대해 어느 정도 감을 느꼈을 황과장을 생각하며, 곧바로 현금흐름에 대해 인수인계를 진행했다.
 "과장님, 오늘 수금회의 좀 살벌했지요?"
 "그 정도야 다들 회의하면 있는 일이지. 각 부서별로 업무상 애로사항이 많겠다는 생각이 들어."
 "네. 다들 열심히 하는데 생각대로 진행이 안 되는 게 문제지요. 각 부서의 입장을 들어보면 저희가 모르는 그들 나름의 애로사항이 있습니다. 다 들어주면 오늘 밤새워도 시간이 부족할 겁니다. 그럼 오늘은 현금흐름에 대해 인수인계를 진행하도록 하겠습니다."
 "그래, 어서 진행하자. 우리가 갈 길이 너무 멀어."
 김대리는 PC의 현금흐름 관련 Excel 파일을 열고 인수인계를 준비했다.
 "우리는 재무상태표와 손익계산서를 작성했습니다. 재무상태표는 일정시점의 재무상태를 나타내는 표이고, 손익계산서는 일정기간의 경영성과를 나타내는 표입니다. 재무상태표와 손익계산서는 발생주의에 따라 작성합니다. 그러나 오늘 배울 현금흐름표는 현금주의에 따라 작성합니다. 현금흐름표를 작성하는 방법에는 직접법과 간접법이 있습니다. 일반 회사의 경우 현금거래가 많아 전체적인 내용을 정리하기에는 한계가 있어 대부분 간접법으로 처리하고 있습니다. 그러나 우리는 직접 확인이 가능하니 직접법으로 정리하는 방법을 우선 배우고 간접법으로 작성하는 방법을 나중에 별도로 설명하도록 하겠습니다. 지난번처럼 10월달은 제가 설명드리며 같이 작성하고 11월부터는 과장님이 직접 작성하는 방식으로 진행하겠습니다."

"오케이!"

황과장은 자신 있는 듯이 대답했다. 김대리는 사전에 작성한 양식으로 현금흐름에 대해 간략히 설명했다.

"현금흐름표는 현금주의 기준으로 작성하기에 현금이 들어오고 나가는 상황을 사실에 근거해서 작성하시면 됩니다."

"사실에 근거한다는 게 무슨 얘긴지? 지금껏 작성한 건 사실대로 작성한 게 아니라는 얘기인가?"

"사실에 근거한다는 건 실제 현금이 입금되고 지출되는 근거에 의해 작성하라는 얘기입니다. 예를 든다면 감가상각비의 경우 실제 현금지출이 발생되는 거래가 아니지요. 그런데 재무상태표에는 감가상각누계액을 반영하고 손익계산서에는 감가상각비를 반영합니다. 즉 수익·비용 대응의 원칙에 따라 발생주의로 작성하기 때문에 기재하지만, 현금흐름표는 현금의 유입과 유출에 대해 정리하기 때문에 감가상각비는 반영하지 않습니다. 실제 현금의 유출입이 발생하지 않기 때문입니다."

황과장은 고개를 끄떡였다.

"그럼 본격적으로 10월달 현금흐름표를 작성해 보자."

김대리는 현금흐름표에 대한 기본 개념부터 간략히 설명하기 시작했다.

"현금흐름표는 현금흐름의 변동을 나타내는 표인데, 회계상 변동사항을 영업활동, 투자활동, 재무활동, 현금무관거래의 네 가지로 분류합니다. 기본적으로 이 분류방법이 처음 접하면 생소하기에 어렵게 느껴집니다. 특히 현금무관거래를 분류하는 작업은 거래내용을 알지 못하면 파악하기 어렵기 때문에 다들 현금흐름표를 어렵게들 생각합니다. 그러나 오늘 제가 알려드리는 중요한 사항과 원리만 파악하면 크게 어려울 게 없습니다. 실제 기업에서는 매년 반복되는 작업으로 루틴하게 일어나는 거래가 90% 이상을 차지하고 나머지 10% 정도가 새롭게 발생하는 경우이니 한번 제대로 배우면 다음에 그 양식을 활용해서 작성하면 됩니다."

황과장은 평소 재무상태표와 손익계산서는 자주 봐 왔기에 익숙했지만 현금흐름표는 잘 보지 않아서 생소하게 느껴졌다.

"김대리, 현금흐름표는 잘 보지 않던데…."

"네. 대부분 금융기관에서 기업 신용평가시 추정 재무제표를 요구할 경우 현금흐름표 대신 추정 자금수지를 많이 요청합니다. 현금흐름표는 현금흐름의 사실에 근거한 서류인데 추정은 현실성이 없어 작성이 어렵습니다. 현금흐름표는 재무제표를 구성하는 요소이기에 지금부터 설명하는 내용을 듣고 이해하시기 바랍니다."

황과장은 고개를 끄떡이며 집중하기 시작했다. 그리고 무언가 의문이 생겼다.

"왜 현금흐름표를 작성하지?"

"회사를 운영하면서 어떤 행위로 돈이 들어왔고 나갔는지 파악하는 것이 궁금하실 겁니다. 특히 본업의 영업활동으로 인해 들어온 돈이 얼마인지 아는 것은 정말 중요합니다. 손익계산서는 경영

성과를 알 수 있으나, 이익이 100% 현금으로 회수된다는 것을 확신할 수 없습니다. 그래서 현금이 영업활동으로 유입과 유출이 얼마나 되었는지? 혹은 투자활동이나 재무활동 등으로 유입과 유출을 파악하는 것은 미래의 현금흐름을 추정하는 데 정말 중요합니다. 세부적인 내용을 전부 설명하면 너무 길기에 간략히 중요한 사항만 추려서 설명드리겠습니다."

김대리는 잠시 심호흡을 하고 설명을 이어나갔다.

"첫째, 영업활동은 본업에서 생기는 활동으로 과장님의 급상여, 성과금, 이자수익 등의 현금 유입과 유출을 정리합니다. 둘째, 투자활동은 자산, 주식 등 투자와 처분시 발생하는 현금 유입과 유출을 정리합니다. 셋째, 재무활동은 금융거래시 발생하는 활동으로 차입과 상환시 발생하는 현금 유입과 유출을 정리한다고 간략히 생각하면 됩니다. 그리고 넷째, 현금무관거래는 현금흐름표상으로는 나타나지 않지만 현금거래와 관련이 있어 작성되고 분석되는 항목으로, 이 부분을 파악하기가 쉽지 않기 때문에 현금흐름표 작성이 어렵게 느껴집니다. 그러나 걱정하실 필요는 없습니다. 우리는 우선 직접법으로 작성한 뒤 간접법으로 작성하므로 모든 사항을 다 이해하고 넘어가기에 어렵지 않습니다. 우선 직접법으로 작성해 보겠습니다."

김대리는 우선 미리 준비된 Excel 화면을 보여주며 설명을 시작했다.

"현금흐름표상 영업활동은 대부분 손익계산서에 있는 내용을 참고하여 정리하면 됩니다. 우선 10월달 현금이 유입된 내용을 확인해 보면 9월달 급상여가 10월달에 과장님 통장에 7백만원 입금되었고, 은행 이자수익도 통장에 15,000원 입금되었습니다. 화면에 보듯이 현금흐름표상 영업활동 유입에 해당 내용을 입력합니다. 10월달에 이것 말고 현금이 유입된 내역이 있는가요? 통장 말고도 다른 곳에서 입금된 건이 있으면 해당 유입란에 현황에 맞게 입금된 현금액을 기재하면 됩니다."

황과장은 10월달에 통장에 입금된 내역을 확인하고 별도 다른 곳에서 현금유입이 있었는지 잠깐 생각해 보았다.

"통장에 입금된 급상여 금액과 이자수익이 전부네."

"그럼 10월달 현금유입은 7백만원과 이자수익 15,000원이 전부입니다. 다음으로 현금유출에 대해 정리해 보겠습니다. 10월 유출 역시 손익계산서의 비용부분을 참고해서 작성을 진행하거나 실제 지출한 증빙을 확인해서 작성합니다."

"손익계산서상 비용부분에서 실제 현금지출이 있었던 게 어떤 것인지 하나씩 차례대로 말씀해 주세요."

김대리는 손익계산서 10월분 화면을 열고 비용부분에 있는 현금지출부터 하나씩 답변을 요청했다.

"현금지출은 10월달에 발생해서 현금지급과 인터넷뱅킹으로 송금한 내용이 통장에 기재되어 있고, 신용카드사용액은 9월달 사용한 금액 2백만원이 10월달에 통장에 출금으로 되어 있고, 대출이자도 10월달에 지출된 금액 1,175,830원이 기록되어 있고, 자동이체된 수도광열비 등 금액 61,670원도 통장에 나와 있네. 근데 감가상각비는 나간 기록은 없네."

"네, 현금지출 말고는 대부분 통장에 거래내역이 다 나와 있습니다. 그래서 월급쟁이들은 월급날 통장에 돈이 스쳐지나간다고 다들 얘기하는 거 아니겠습니까?"

"그러네. 나도 월급날 지나면 통장의 돈을 찾을 일이 없고, 대부분 인터넷뱅킹과 신용카드로 결제하니 현금을 쓸 일이 별로 없네."

"네, 손익계산서 비용 내역을 현금흐름표 양식에 입력해 보십시오."

황과장은 현금흐름표 양식에 실제 현금이 지출된 내역을 확인하면서 입력해 나갔다.

손 익 계 산 서

XXXX년 10월 1일 ~ XXXX년 10월 31일

황대승 손익현황 (단위: 원)

과 목		금 액	간략 내역
수익	급여, 상여금	5,000,000	주업 수입(세금공제 후 실수령액)
	투자수입	0	부업 수입(주식 외 재테크)
	기타수입	15,000	10월 이자수익 15,000
	수익합계	5,015,000	
비용	현금지출	300,000	모임회비, 부모님 용돈, 경조사 등
	신용카드사용액	2,400,000	카드이용대금명세서 금액
	대출이자	1,175,830	아파트 대출이자, 마이너스대출 이자
	자동이체 외	61,670	수도광열비 등
	감가상각비	1,287,500	아파트, 개인승용차, 전자제품 외
	비용합계	5,225,000	
이익	당기순이익	(210,000)	수익 - 비용

현 금 흐 름 표

XXXX년 10월 1일 ~ XXXX년 10월 31일

황대승 현금입출현황 (단위: 원)

과 목		금 액	간략 내역
1. 영업활동 현금흐름(본업에서 발생하는 활동 - 급상여, 성과금, 이자수익 등 거래)			
유입	급여, 상여금	7,000,000	주업 수입(세금공제 후 실수령액)
	기타수입	15,000	10월 이자수익 15,000
	유입합계	7,015,000	
유출	현금지출	300,000	모임회비, 부모님 용돈, 경조사, 기타
	신용카드사용액	2,000,000	전월 카드이용명세서 금액이 지출
	대출이자	1,175,830	아파트 대출이자, 마이너스대출 이자
	자동이체 외	61,670	수도광열비 등
	감가상각비	0	실제 현금유출이 없음
	유출합계	3,537,500	
유입 - 유출		3,477,500	본업에서 발생하는 현금 유입과 유출

"잘 하셨습니다. 영업활동은 손익계산서에 있는 내용을 참고로 하여 작성하면 됩니다. 다음으로 투자활동에 대해 현금 유입과 유출에 대해 입력해 보겠습니다. 투자활동은 자산 및 주식 등 취득과 처분시 발생하는 거래를 입력하면 됩니다. 재무상태표상 9월말 현재와 10월말 현재의 자산증감이 있는 사항을 확인하면 되겠습니다. 과장님, 전월과 비교해서 10월달에 증감 변화가 어떤 게 있는지 얘기해 주세요."

황과장은 재무상태표를 전월과 비교해서 금액 증감이 있는 항목을 확인해 보았다.

"우선 현금이 127,500원 증가했고, 매출채권은 2백만원 감소했고, 정기예금이 10만원 증가, 감가상각누계액이 추가되었고, 부채에서 신용카드사용액은 40만원 증가했고, 마이너스대출 2백만원 상환했고, 아파트대출금 역시 125만원 상환했네. 당기순이익이 (210,000)원 발생했네."

"네, 잘 보셨습니다. 이 중에서 투자활동에 대한 현금유출입이 있는 사항은 어떤 것이지요?"

황과장은 재무상태표를 꼼꼼히 살펴보았다.

"투자활동이 자산 및 주식 등의 취득과 처분 항목이라 했으니, 재무상태표상 자산항목에서 변동이 있는 건 매출채권과 정기예금이고 감가상각누계액은 현금흐름과 관련이 없으니 제외하고, 매출채권은 급상여 금액이라 영업활동으로 현금유입에 입력했고, 그럼 정기예금은 적금을 입금했으니 투자성격으로 투자활동이 아닌가?"

"네, 잘 파악하셨습니다. 적금 입금은 투자활동으로 현금이 나갔으니 유출입니다."

"오, 예! 그리 어렵지 않네. 그럼 신용카드사용액은 영업활동에 현금유출로 정리했고, 대출건은 재무활동이네."

"네, 잘 보셨습니다."

재 무 상 태 표
XXXX년 10월 31일 현재

황대승 자산현황 (단위: 원)

	과 목	9월 30일 현재	10월 31일 현재	증 감
자산	현금과 예금	900,000	1,027,500	127,500
	매출채권	7,000,000	5,000,000	(2,000,000)
	빌려준 돈	0	0	0
	정기예금(장기-1년 이상)	5,100,000	5,200,000	100,000
	투자자산(주식 외)	26,000,000	26,000,000	0
	토지	0	0	0
	아파트	500,000,000	500,000,000	0
	감가상각누계액	0	(937,500)	(937,500)
	개인승용차	18,000,000	18,000,000	0
	감가상각누계액	0	(300,000)	(300,000)
	전자제품 외	3,000,000	3,000,000	0
	감가상각누계액	0	(50,000)	(50,000)
	전월세보증금	0	0	0
	자산합계	560,000,000	556,940,000	(3,060,000)
부채	신용카드사용액	2,000,000	2,400,000	400,000
	빌린 돈	0	0	0
	마이너스대출(단기차입)	38,000,000	36,000,000	(2,000,000)
	아파트대출금(장기차입)	300,000,000	298,750,000	(1,250,000)
	부채합계	340,000,000	337,150,000	(2,850,000)
자본	자본금	220,000,000	220,000,000	0
	당기순이익	0	(210,000)	(210,000)
	자본합계	220,000,000	219,790,000	(210,000)

"마이너스대출 2백만원과 아파트대출금 125만원 상환은 재무활동에서 현금이 나갔으니 유출로 보면 되겠다."

"네, 정확히 보셨습니다. 그럼 지금까지 정리된 내용으로 현금흐름표 양식에 입력해 보십시오."

황과장은 현금흐름표 양식을 보고 판단한 내용대로 입력을 진행했다. 10월달은 투자활동으로 적금 10만원 현금유출된 건과 재무활동인 차입금 상환으로 현금유출된 건을 정리하니 마무리가 되었다.

"이렇게 입력하면 되지."

"네, 잘하셨습니다. 영업활동, 투자활동, 재무활동을 정리하니 현금의 증감이 127,500원 증가했습니다. 그리고 재무상태표상 9월말 현재 현금과 예금 900,000원을 현금흐름표 기초의 현금잔액에 입력하니 기말의 현금잔액이 1,027,500원이 산출되었습니다. 과장님, 10월말 현금과 예금 잔액이 실제 얼마 있는지 확인해 보시겠습니까?"

황과장은 현금보유액과 통장잔고를 확인하니 10월말 기말 현금잔액이 1,027,500원이고, 재무상태표상 10월말 현재 현금과 예금 잔액과 일치했다.

"김대리, 금액이 일치하네."

"네, 잘 보셨습니다. 현금흐름표의 기말 현금잔액과 재무상태표 해당 월 현금과 예금 잔액이 동일해야 이상이 없는 겁니다. 그리고 현금흐름표의 기말 현금잔액이 재무상태표의 현금과 예금의 연결다리지요."

황과장은 현금흐름표 작성에 자신감이 생겼다. 다음 달 현금흐름표 작성을 바로 시작했다.

현 금 흐 름 표
XXXX년 10월 1일 ~ XXXX년 10월 31일

황대승 현금입출현황 (단위: 원)

과 목		금 액	간략 내역
1. 영업활동 현금흐름(본업에서 발생하는 활동 - 급상여, 성과금, 이자수익 등 거래)			
유입	급여, 상여금	7,000,000	주업 수입(세금공제 후 실수령액) - 전월분 입금
	기타수입	15,000	10월 이자수익 15,000
	유입합계	7,015,000	
유출	현금지출	300,000	모임회비, 부모님 용돈, 경조사, 기타 현금 사용
	신용카드사용액	2,000,000	전월 카드이용명세서 금액이 지출
	대출이자	1,175,830	아파트 대출이자, 마이너스대출 이자
	자동이체 외	61,670	수도광열비 등
	감가상각비	0	실제 현금유출이 없음
	유출합계	3,537,500	
유입 - 유출		3,477,500	본업에서 발생하는 현금 유입과 유출
2. 투자활동 현금흐름(유무형자산, 투자자산, 금융상품, 대여금 등 자산의 취득과 처분시 활동)			
유입	재산매각	0	
	유입합계	0	
유출	적금입금	100,000	매월 적금 10만원 입금
	재산매입	0	
	유출합계	100,000	
유입 - 유출		(100,000)	자산, 주식 등 취득과 처분시 발생 거래
3. 재무활동 현금흐름(금융거래시 발생하는 활동과 자본변동 활동)			
유입	차입금 조달	0	차입금 조달, 예적금 인출 등
	유입합계	0	
유출	차입금 상환	3,250,000	마이너스대출 2백 및 아파트대출 1.25백 상환
	유출합계	3,250,000	
유입 - 유출		(3,250,000)	금융거래시 차입과 상환시 발생 거래
현금의 증감		127,500	영업활동+투자활동+재무활동
기초의 현금잔액		900,000	재무상태표 현금과 예금 기초 잔액
기말의 현금잔액		1,027,500	재무상태표 현금과 예금 기말 잔액

손익계산서

XXXX년 10월 1일 ~ XXXX년 10월 31일

(단위: 원)

황대손 순익현황

	과 목	금 액	간략 내역
수익	급여, 상여금	5,000,000	주업 수입(세금공제 후 실수령액)
	투자수입	0	부업 수입
	기타수입	15,000	10월 이자수익 15,000
	수익합계	**5,015,000**	
비용	현금지출	300,000	모임회비, 부모님 용돈, 경조사 등
	신용카드사용액	2,400,000	카드이용대금명세서 금액
	대출이자	1,175,830	아파트 대출이자, 마이너스대출 이자
	자동이체 외	61,670	수도광열비 등
	감가상각비	1,287,500	아파트, 개인승용차, 전자제품 외
	비용합계	**5,225,000**	
이익	**당기순이익**	**(210,000)**	수익 - 비용

재 무 상 태 표
XXXX년 10월 31일 현재

황대승 자산현황 (단위: 원)

과	목	9월 30일 현재	10월 31일 현재	증 감	간략 내역
자산	현금과 예금	900,000	1,027,500	127,500	10월말 현재 현금 및 입출금예금통장 잔액
	매출채권	7,000,000	5,000,000	(2,000,000)	주인 매출로 받지 못한 금액 - 10월 금액 5백
	받린준 돈	0	0	0	빌려준 돈이 있는 경우
	정기예금(장기-1년 이상)	5,100,000	5,200,000	100,000	정약예금 3백, 정기적금 XXX2년 1월 가입 ~ XXX5년 1월 만기(매월 10만원 입금)
	투자자산(주식 외)	26,000,000	26,000,000	0	현재 보유하고 있는 잔고 금액
	토지	0	0	0	토지는 감가상각대상이 아님
	아파트	500,000,000	500,000,000	0	40년으로 균등하게 상각, 잔존가치 10% 적용(아파트 토지분은 잔존가치에 반영)
	감가상각누계액	0	(937,500)	(937,500)	(5억 - 5천) ÷ 40년 ÷ 12개월
	개인승용차	18,000,000	18,000,000	0	5년 균등하게 상각
	감가상각누계액	0	(300,000)	(300,000)	18백 ÷ 5년 ÷ 12개월
	전자제품 외	3,000,000	3,000,000	0	노트북, 에어컨, 냉장고(100만원 이상), 5년 균등하게 상각
	감가상각누계액	0	(50,000)	(50,000)	3백 ÷ 5년 ÷ 12개월
	전월세보증금	0	0	0	전월세로 집을 임차한 경우 보증금 입력, 현재는 해당 없음
	자산합계	560,000,000	556,940,000	(3,060,000)	재무상태표 등식 : 자산 = 부채 + 자본
부채	신용카드사용액	2,000,000	2,400,000	400,000	10월말 사용한 카드이용명세서상 지급 안 한 금액
	빌린 돈	0	0	0	빌린 돈이 있는 경우
	마이너스대출(단기차입)	38,000,000	36,000,000	(2,000,000)	10월 2백 상환(5천만원 한도, 금리 6%, 월이자 납부)
	아파트담보금(장기차입)	300,000,000	298,750,000	(1,250,000)	10월 1차 1.25백 상환(아파트담보대출, 금리 4%, 20년 원금균등상환조건)
	부채합계	340,000,000	337,150,000	(2,850,000)	
자본	자본금	220,000,000	220,000,000	0	
	당기순이익	0	(210,000)	(210,000)	손익계산서 당기순이익 누계
	자본합계	220,000,000	219,790,000	(210,000)	자본등식: 자산 - 부채 = 자본(순자산, 자기자본)

현 금 흐 름 표
XXXX년 10월 1일 ~ XXXX년 10월 31일

(단위: 원)

항목	현금유출입현황		과목	금 액	간략 내역
1. 영업활동 현금흐름(본업에서 발생하는 활동 - 금상여, 성과금, 이자수익 등 거래)					
	유입		급여, 상여금	7,000,000	주업 수입(세금공제 후 실수령액) - 전월분 입금
			기타수입	15,000	10월 이자수익 15,000
			유입합계	7,015,000	
	유출		현금지출	300,000	모임회비, 부모님 용돈, 경조사, 기타 현금 사용
			신용카드사용액	2,000,000	전월 카드이용명세서 금액이 지출
			대출이자	1,175,830	아파트 대출이자, 마이너스대출 이자
			자동이체 외	61,670	수도광열비 등
			감가상각비	0	실제 현금유출이 없음
			유출합계	3,537,500	
	유입 - 유출			3,477,500	본업에서 발생하는 현금 유입과 유출 - 손익계산서와 연계
2. 투자활동 현금흐름(유무형자산, 투자자산, 금융상품 대여금 등 자산의 취득과 처분시 거래)					
	유입		재산매각	0	유무형자산, 주식, 부동산 등 처분
			적금입금		매월 적금 10만원 입금
			유입합계	100,000	
	유출		재산매입	0	유무형자산, 주식, 부동산 등 취득
			유출합계	100,000	
	유입 - 유출			(100,000)	자산, 주식 등 취득과 처분시 발생하는 현금 유입과 유출 - 재무상태표와 연계
3. 재무활동 현금흐름(금융거래시 발생하는 활동과 자본변동 활동 - 은행차입과 상환거래 및 자본금 변동 거래)					
	유입		차입금 조달	0	차입금 조달, 예적금 인출 등
			유입합계	0	
	유출		차입금 상환	3,250,000	10월 마이너스대출 2백 상환 및 아파트대출 1.25백 균등상환건
			유출합계	3,250,000	
	유입 - 유출			(3,250,000)	금융거래시 차입과 상환시 발생하는 현금 유입과 유출 - 재무상태표와 연계
현금의 증감			영업활동＋투자활동＋재무활동	127,500	
기초의 현금잔액			재무상태표 현금과 예금 기초 잔액	900,000	
기말의 현금잔액			재무상태표 현금과 예금 기말 잔액	1,027,500	

03 이번 달 돈의 유입과 유출을 파악하다

황과장은 11월달 손익계산서와 재무상태표를 확인하고 실제 돈의 지출이 있는지 통장내역을 대조하면서 11월달 현금흐름표를 작성했다. 그는 우선 영업활동 현금흐름에 있는 급상여, 성과금, 이자수익 등 통장에 입금된 내역을 확인하고 현금흐름표 양식에 하나씩 채워 나갔다.

손익계산서상 투자수입 1백만원은 주식을 4백만원에 취득하여 5백만원으로 매도해서 발생한 차익이며, 통장에는 5백만원이 입금되어 있었다. 황과장은 투자수입을 보며 말했다.

"김대리, 투자수입은 어디에 입력하지?"

"투자수입은 주식처분해서 발생한 차익으로 투자활동 현금유입에 입력하면 됩니다."

황과장은 고개를 끄떡였다.

"오케이~ 그럴 것 같더라. 투자활동 작성할 때 입력하지."

황과장은 예금통장 입출금 내역을 확인하면서 입력하기 시작했다. 10월달 급여가 11월달에 5백만원 입금되었고, 회비와 부모님 용돈으로 20만원 송금한 내역이 있었다. 10월달 카드사용액 2.4백만원이 출금되었고, 은행이자는 차입금 상환과 이자비용이 있는데, 영업활동에는 대출 이자비용인 1,161,660원과 각종 공과금 등 자동이체된 금액 70,840원을 입력했다. 감가상각비는 실제 현금유출이 일어나지 않기에 제외했다.

김대리는 황과장이 작성하는 것을 지켜보며 흐뭇한 표정을 지었다. 황과장이 제법 잘하고 있었기 때문이었다. 회계는 나름 입력하는 규칙이 있는데, 그것만 주의한다면 크게 어려운 것은 아니었다. 그런데 그걸 모르면 답이 틀리게 나오니 어렵게 느껴지는 것이었다. 이 때문에 회계에서는 여러 번 반복해서 연습하는 것이 필요했다.

황과장은 재무상태표를 보며 혼자 중얼거렸다.

"손익계산서상의 내용은 다 정리했으니, 재무상태표상 거래를 확인해 봐야겠다. 매월 적금을 10만원씩 입금하고 있으니 현금이 유출되었으므로 투자활동으로 현금유출에 입력하고, 투자자산이 4백만원 감소한 건은 장부가로 매도시 5백만원 입금되어 투자활동으로 입력을 했고, 자전거를 180만원에 구입한 건은 자산매입으로 투자활동에 현금유출로 입력하면 된다. 마이너스대출 2백만원 상환했고, 아파트대출금 균등상환금 125만원 상환했으므로 재무활동에 현금유출로 325만원 입력하면 끝."

황과장은 쉽게 현금흐름표를 작성하며 마무리했다. 그리고 난 후 재무상태표를 보고 전월 대비 증감현황이 없는지 중얼거리며 자세히 확인해 보았다.

"11월달 현금과 예금 잔액은 2,045,000원이 있고 현금흐름표 잔액과 동일한지 확인해 봐야지. 맞으면 이상 없는 거라고 생각하면 돼. 현금흐름표 기말 잔액은 재무상태표의 현금과 예금 잔액과 동일하니 연결다리라고 보면 된다고 했어."

황과장은 자신이 작성한 현금흐름표의 기말 현금잔액 2,045,000

손 익 계 산 서

XXXX년 10월 1일 ~ XXXX년 11월 30일

황대승 손익현황 (단위: 원)

	과 목	10/1~10/31	11/1~11/30	10/1~11/30
수익	급여, 상여금	5,000,000	5,000,000	10,000,000
	투자수입	0	1,000,000	1,000,000
	기타수입	15,000	0	15,000
	수익합계	5,015,000	6,000,000	11,015,000
비용	현금지출	300,000	200,000	500,000
	신용카드사용액	2,400,000	2,600,000	5,000,000
	대출이자	1,175,830	1,161,660	2,337,490
	자동이체 외	61,670	70,840	132,510
	감가상각비	1,287,500	1,317,500	2,605,000
	비용합계	5,225,000	5,350,000	10,575,000
이익	당기순이익	(210,000)	650,000	440,000

현 금 흐 름 표

XXXX년 10월 1일 ~ XXXX년 11월 30일

황대승 현금입출현황 (단위: 원)

	과 목	10/1~10/31	11/1~11/30	10/1~11/30
1. 영업활동 현금흐름(본업에서 발생하는 활동 - 급상여, 이자수익 등 거래)				
유입	급여, 상여금	7,000,000	5,000,000	12,000,000
	기타수입	15,000	0	15,000
	유입합계	7,015,000	5,000,000	12,015,000
유출	현금지출	300,000	200,000	500,000
	신용카드사용액	2,000,000	2,400,000	4,400,000
	대출이자	1,175,830	1,161,660	2,337,490
	자동이체 외	61,670	70,840	132,510
	감가상각비	0	0	0
	유출합계	3,537,500	3,832,500	7,370,000
	유입 - 유출	3,477,500	1,167,500	4,645,000

재 무 상 태 표

XXXX년 11월 30일 현재

황대승 자산현황 (단위: 원)

	과 목	10월 31일 현재	11월 30일 현재	증 감
자산	현금과 예금	1,027,500	2,045,000	**1,017,500**
	매출채권	5,000,000	5,000,000	0
	빌려준 돈	0	0	0
	정기예금(장기-1년 이상)	5,200,000	5,300,000	**100,000**
	투자자산(주식 외)	26,000,000	22,000,000	**(4,000,000)**
	토지	0	0	0
	아파트	500,000,000	500,000,000	0
	감가상각누계액	(937,500)	(1,875,000)	(937,500)
	개인승용차	18,000,000	18,000,000	0
	감가상각누계액	(300,000)	(600,000)	(300,000)
	전자제품 외	3,000,000	3,000,000	0
	감가상각누계액	(50,000)	(100,000)	(50,000)
	자전거	0	1,800,000	**1,800,000**
	감가상각누계액	0	(30,000)	(30,000)
	전월세보증금	0	0	0
	자산합계	556,940,000	554,540,000	(2,400,000)
부채	신용카드사용액	2,400,000	2,600,000	200,000
	빌린 돈	0	0	0
	마이너스대출(단기차입)	36,000,000	34,000,000	**(2,000,000)**
	아파트대출금(장기차입)	298,750,000	297,500,000	**(1,250,000)**
	부채합계	337,150,000	334,100,000	(3,050,000)
자본	자본금	220,000,000	220,000,000	0
	당기순이익	(210,000)	440,000	650,000
	자본합계	219,790,000	220,440,000	650,000

현금흐름표

XXXX년 10월 1일 ~ XXXX년 11월 30일

황대승 현금입출현황 (단위: 원)

과목		10/1~10/31	11/1~11/30	10/1~11/30
1. 영업활동 현금흐름(본업에서 발생하는 활동 - 급상여, 이자수익 등 거래)				
유입	급여, 상여금	7,000,000	5,000,000	12,000,000
	기타수입	15,000	0	15,000
	유입합계	7,015,000	5,000,000	12,015,000
유출	현금지출	300,000	200,000	500,000
	신용카드사용액	2,000,000	2,400,000	4,400,000
	대출이자	1,175,830	1,161,660	2,337,490
	자동이체 외	61,670	70,840	132,510
	감가상각비	0	0	0
	유출합계	3,537,500	3,832,500	7,370,000
유입 - 유출		3,477,500	1,167,500	4,645,000
2. 투자활동 현금흐름(유무형자산, 투자자산, 대여금 등 자산의 취득과 처분시 활동)				
유입	재산매각	0	5,000,000	5,000,000
	유입합계	0	5,000,000	5,000,000
유출	적금입금	100,000	100,000	200,000
	재산매입	0	1,800,000	1,800,000
	유출합계	100,000	1,900,000	2,000,000
유입 - 유출		(100,000)	3,100,000	3,000,000
3. 재무활동 현금흐름(금융거래시 발생하는 활동과 자본변동 활동)				
유입	차입금 조달	0	0	0
	유입합계	0	0	0
유출	차입금 상환	3,250,000	3,250,000	6,500,000
	유출합계	3,250,000	3,250,000	6,500,000
유입 - 유출		(3,250,000)	(3,250,000)	(6,500,000)
현금의 증감		127,500	1,017,500	1,145,000
기초의 현금잔액		900,000	1,027,500	900,000
기말의 현금잔액		1,027,500	2,045,000	2,045,000

원이 재무상태표의 현금과 예금 잔액과 동일한 것을 확인하고 자신도 모르게 파이팅을 외쳤다. 조용하던 사무실이 갑자기 어수선해졌다. 모든 직원들의 시선이 황과장에게 쏠렸다. 황과장은 자신도 모르게 말이 튀어나온 것이 당황스러웠다.

민부장이 물었다.

"황과장, 무슨 좋은 일이라도 있어?"

"네! 현금흐름표 작성하다가 잘되어서 저도 모르게 파이팅을 외쳐 버렸네요. 죄송합니다."

민부장은 괜찮다면서 직원들에게 오늘 회식이 있음을 상기시켰다.

"그래, 오늘이 회식 날이지. 다들 시간 비워 두었지?"

"네! 다들 약속한 대로 비워 두었습니다."

강차장이 일어서며 말했다. 그제야 직원들은 어디서 회식을 할지 장소에 대해 소곤대기 시작했다.

"황과장님, 아직 시간 있으니 현금흐름표 오늘 마무리 다 하고 진하게 한잔하러 갑시다."

"그래, 김대리. 오늘 들은 얘기 중 가장 맘에 드네. 그럼 어서 마무리하자."

손익계산서
XXXX년 10월 1일 ~ XXXX년 11월 30일

(단위: 원)

황대승 순이현황

과	목	10/1~10/31	11/1~11/30	10/1~11/30	간단 내역
수익	급여, 상여금	5,000,000	5,000,000	10,000,000	주업 수입(세금공제 후 실수령액)
	투자수입	0	1,000,000	1,000,000	부업 수입(주식 26배) **11월 주식 5백 처분(장부금액 4배) - 차익 1백 수익**
	기타수입	15,000	0	15,000	10월 이자수익 15,000
	수익합계	5,015,000	6,000,000	11,015,000	
비용	현금지출	300,000	200,000	500,000	모임회비, 부모님 용돈, 경조사 등
	신용카드사용액	2,400,000	2,600,000	5,000,000	카드이용대금명세서 금액
	대출이자	1,175,830	1,161,660	2,337,490	아파트 대출이자, 마이너스대출 이자
	자동이체 외	61,670	70,840	132,510	수도광열비 등
	감가상각비	1,287,500	1,317,500	2,605,000	아파트, 개인승용차, 전자제품 외, 11월 자전거 구입
	비용합계	5,225,000	5,350,000	10,575,000	
이익	**당기순이익**	(210,000)	650,000	440,000	수익 - 비용

4장_황과장, 현금흐름표를 작성하다

재무상태표
XXXX년 11월 30일 현재

(단위: 원)

황대승 자산현황

	과목	10월 31일 현재	11월 30일 현재	증감	간략 내역
자산	현금과 예금	1,027,500	2,045,000	1,017,500	11월말 현재 현금 및 입출금예금통장 잔액
	매출채권	5,000,000	5,000,000	0	주우 매출로 받지 못한 금액 - 11월 급여 5백
	받을 돈	0	0	0	빌려준 돈이 있는 경우
	정기예금(장기-1년 이상)	5,200,000	5,300,000	100,000	청약예금 3백, 정기적금 XXX2년 1월 가입 ~ XXX5년 1월 만기(매월 10만원 입금)
	투자자산(주식 외)	26,000,000	22,000,000	(4,000,000)	현재 보유하고 있는 전고 금액 - 11월 주식 차분(장부금액 4백)
	토지	0	0	0	토지는 감가상각비 대상이 아님
	아파트	500,000,000	500,000,000	0	40년으로 균등하게 상각, 잔존가치 10% 적용(아파트 토지분은 잔존가치에 반영)
	감가상각누계액	(937,500)	(1,875,000)	(937,500)	(5억 - 5천) ÷ 40년 ÷ 12개월
	개인승용차	18,000,000	18,000,000	0	5년 균등하게 상각
	감가상각누계액	(300,000)	(600,000)	(300,000)	18백 ÷ 5년 ÷ 12개월
	전자제품 외	3,000,000	3,000,000	0	노트북, 에어컨, 냉장고(100만원 이상), 5년 균등하게 상각
	감가상각누계액	(50,000)	(100,000)	(50,000)	3백 ÷ 5년 ÷ 12개월
	자전거	0	1,800,000	1,800,000	11월 자전거 1.8백 구입, 5년 균등하게 상각
	감가상각누계액	0	(30,000)	(30,000)	1.8백 ÷ 5년 ÷ 12개월
	전월세보증금	0	0	0	전월세로 집을 임차한 경우 보증금 입력, 현재는 해당 없음
	자산합계	556,940,000	554,540,000	(2,400,000)	재무상태표 등식 : 자산 = 부채 + 자본
부채	신용카드사용액	2,400,000	2,600,000	200,000	11월말 사용한 카드이용명세서상 지급 안 한 금액
	빌린 돈	0	0	0	빌린 돈이 있는 경우
	마이너스대출(단기차입)	36,000,000	34,000,000	(2,000,000)	11월 2백 상환(5천만원 한도, 금리 6%, 월이자 납부)
	아파트대출금(장기차입)	298,750,000	297,500,000	(1,250,000)	11월 1.25백 2차 상환(아파트담보대출 금리 4%, 20년 원금균등상환조건)
	부채합계	337,150,000	334,100,000	(3,050,000)	
자본	자본금	220,000,000	220,000,000	0	
	당기순이익	(210,000)	440,000	650,000	손익계산서 당기순이익 누계
	자본합계	219,790,000	220,440,000	650,000	자본등식 : 자산 - 부채 = 자본(순자산, 자기자본)

150 회계에 답이 있다

현금흐름표
XXXX년 10월 1일 ~ XXXX년 11월 30일

(단위: 원)

황대리's 현금입출금현황

과 목		10/1~10/31	11/1~11/30	10/1~11/30	간단 내역
1. 영업활동 현금흐름(본업에서 발생하는 활동 - 금융, 성과, 이자수익 등 거래)					
유입	급여, 상여금	7,000,000	5,000,000	12,000,000	주업 수입(세금공제 후 실수령액) - 전월분 입금
	기타수입	15,000	0	15,000	10월 이자수익 15,000
	유입합계	7,015,000	5,000,000	12,015,000	
유출	현금지출	300,000	200,000	500,000	모임회비, 부모님 용돈, 경조사, 기타 현금 사용
	신용카드사용액	2,000,000	2,400,000	4,400,000	전월 카드 이용명세서 금액이 지출
	대출이자	1,175,830	1,161,660	2,337,490	아파트 대출이자, 마이너스대출 이자
	자동이체 외	61,670	70,840	132,510	수도광열비 등
	감가상각비	0	0	0	실제 현금유출이 없음
	유출합계	3,537,500	3,832,500	7,370,000	
	유입 - 유출	3,477,500	1,167,500	4,645,000	본연에서 발생하는 현금 유입과 유출 - 손익계산서와 연계
2. 투자활동 현금흐름(유무형자산, 투자자산, 금융상품, 대여금 등 자산의 취득과 처분시 활동과 자본변동 거래)					
유입	재산매각	0	5,000,000	5,000,000	11월 주식 5백 처분(장부금액 4백)
	유입합계	0	5,000,000	5,000,000	
유출	적금입금	100,000	100,000	200,000	매월 적금 10만원 입금
	재산매입	0	1,800,000	1,800,000	11월 자전거 구입
	유출합계	100,000	1,900,000	2,000,000	
	유입 - 유출	(100,000)	3,100,000	3,000,000	자산, 주식 등 취득과 처분시 발생하는 현금 유입과 유출 - 재무상태표와 연계
3. 재무활동 현금흐름(금융거래시 발생하는 활동과 자본변동 활동 - 은행차입과 상환거래 및 자본금 변동 거래)					
유입	차입금 조달	0	0	0	차입금 조달, 예적금 인출 등
	유입합계	0	0	0	
유출	차입금 상환	3,250,000	3,250,000	6,500,000	10월 & 11월 마이너스 2백 상환 및 아파트대출 1.25백 균등상환건
	유출합계	3,250,000	3,250,000	6,500,000	
	유입 - 유출	(3,250,000)	(3,250,000)	(6,500,000)	금융거래시 차입과 상환시 발생하는 현금 유입과 유출 - 재무상태표와 연계
현금의 증감		127,500	1,017,500	1,145,000	영업활동+투자활동+재무활동
기초의 현금잔액		900,000	1,027,500	900,000	재무상태표 현금과 예금 기초 잔액
기말의 현금잔액		1,027,500	2,045,000	2,045,000	재무상태표 현금과 예금 기말 잔액

04 진짜 돈이 있는가?

　날은 점점 어두워져 가고 있었다. 김대리는 황과장에게 10월에서 11월까지 현금흐름표의 합산 정리를 요청했고 간략 내역란에 세부내용을 잘 기재하라고 덧붙였다. 황과장은 현금흐름표를 작성하기 시작했고, 자신이 있는지 여유가 있어 보였다.
　황과장은 현금흐름표 합산내역을 작성하면서 기초의 현금잔액에서 약간 혼동이 있었다. 하지만 곧 이해하고 기초의 현금잔액에 10월 잔액인 90만원을 입력하니 11월말 기말잔액이 합산한 금액과 동일하게 산출되었다. 그리고 간략 내역을 확인하고 수정 보완했다.
　"과장님, 작성 잘하시네요. 이제 재무상태표, 손익계산서, 현금흐름표까지 작성해 보신 겁니다. 이해가 되십니까?"
　"물론이지! 와! 이제 회식하러 가면 되겠다. 시간 보자…. 어라, 아직 시간이 많이 남았네."
　황과장은 우쭐대며 김대리를 보았다.
　"아직 끝난 게 아닙니다. 이제 작성된 재무상태표, 손익계산서, 현금흐름표에 대해 다시 한 번 확인해 봅시다."

"아니, 아직 확인할 게 있다는 말인가?"
"네, 재무상태표와 손익계산서의 연결다리가 뭔지 기억나시는지요?"
김대리가 단호하게 말하자 황과장은 잠깐 생각에 잠겼다.
"재무상태표와 현금흐름표의 연결다리는 기억나는데…. 기억이 잘 안 나네?"
"큰일이네요. 엄청 중요한 내용인데…. 작성만 잘한다고 되는 게 아닙니다. 작성한 내용을 이해하고 분석할 수 있어야 합니다."
"이제 일주일 정도 지났는데 너무 많은 것을 요구하는 거 아닌가?"
"맞습니다. 괜한 기대를 했네요."
"아니, 아니지. 하던 얘기 계속해봐."
"재무상태표는 일정시점의 재무상태를 정리하는 표인데, 자본금의 이익잉여금 항목 안의 당기순이익과 손익계산서의 당기순이익이 동일하며 서로 연결하는 다리입니다. 그리고 재무상태표의 현금과 예금은 현금흐름표의 기말의 현금잔액과 동일하며 서로 연결하는 다리입니다. 이처럼 재무상태표, 손익계산서, 현금흐름표는 각자의 역할이 있으며 서로 유기적으로 연결되어 있다는 것을 명심하기 바랍니다. 그럼 작성한 표로 확인해 볼까요."

김대리는 황과장에게 재무제표상 연결다리에 대해 설명을 하면서 각 재무제표에 대해 세부적인 설명을 진행했다.

"손익계산서 10월부터 11월말 누계 수익은 11,015,000원이 발생했고 수익을 내기 위해 발생한 비용은 10,575,000원 투입되어 440,000원의 당기순이익이 발생했습니다. 그에 반해 현금흐름표는 영업활동으로 유입된 현금은 12,015,000원, 유출은 7,370,000원이 발생하여 4,645,000원의 현금유입이 발생했습니다. 그리고 투자활동으로 3,000,000원이 현금유입되었고, 재무활동으로 (6,500,000)원이 현금유출되어 전체 현금의 증감은 1,145,000원으로 증가했습니다. 손익계산서상의 당기순이익은 440,000원인데 현금흐름표상

재무상태표
XXXX년 11월 30일 현재

황대승 자산현황 (단위: 원)

	과 목	9월 30일 현재	10월 31일 현재	11월 30일 현재
자산	현금과 예금	900,000	1,027,500	2,045,000
	매출채권	7,000,000	5,000,000	5,000,000
	빌려준 돈	0	0	0
	정기예금	5,100,000	5,200,000	5,300,000
	투자자산(주식 외)	26,000,000	26,000,000	22,000,000
	토지	0	0	0
	아파트	500,000,000	500,000,000	500,000,000
	감가상각누계액	0	(937,500)	(1,875,000)
	개인승용차	18,000,000	18,000,000	18,000,000
	감가상각누계액	0	(300,000)	(600,000)
	전자제품 외	3,000,000	3,000,000	3,000,000
	감가상각누계액	0	(50,000)	(100,000)
	자전거	0	0	1,800,000
	감가상각누계액	0	0	(30,000)
	전월세보증금	0	0	0
	자산합계	560,000,000	556,940,000	554,540,000
부채	신용카드사용액	2,000,000	2,400,000	2,600,000
	빌린 돈	0	0	0
	마이너스대출	38,000,000	36,000,000	34,000,000
	아파트대출금	300,000,000	298,750,000	297,500,000
	부채합계	340,000,000	337,150,000	334,100,000
자본	자본금	220,000,000	220,000,000	220,000,000
	당기순이익	0	(210,000)	440,000
	자본합계	220,000,000	219,790,000	220,440,000

현금흐름표
XXXX년 10월 1일 ~ XXXX년 11월 30일

황대승 현금입출현황 (단위: 원)

	과 목	10/1~10/31	11/1~11/30	10/1~11/30
1. 영업활동 현금흐름				
유입	급여, 상여금	7,000,000	5,000,000	12,000,000
	기타수입	15,000	0	15,000
	유입합계	7,015,000	5,000,000	12,015,000
유출	현금지출	300,000	200,000	500,000
	신용카드사용액	2,000,000	2,400,000	4,400,000
	대출이자	1,175,830	1,161,660	2,337,490
	자동이체 외	61,670	70,840	132,510
	감가상각비			
	유출합계	3,537,500	3,832,500	7,370,000
	유입 - 유출	3,477,500	1,167,500	4,645,000
2. 투자활동 현금흐름				
유입	재산매각	0	5,000,000	5,000,000
	유입합계	0	5,000,000	5,000,000
유출	적금입금	100,000	100,000	200,000
	재산매입	0	1,800,000	1,800,000
	유출합계	100,000	1,900,000	2,000,000
	유입 - 유출	(100,000)	3,100,000	3,000,000
3. 재무활동 현금흐름				
유입	차입금 조달	0	0	0
	유입합계	0	0	0
유출	차입금 상환	3,250,000	3,250,000	6,500,000
	유출합계	3,250,000	3,250,000	6,500,000
	유입 - 유출	(3,250,000)	(3,250,000)	(6,500,000)
	현금의 증감	127,500	1,017,500	1,145,000
	기초의 현금잔액	900,000	1,027,500	900,000
	기말의 현금잔액	1,027,500	2,045,000	2,045,000

■ 재무제표상 연결 다리
재무상태표 현금과예금 = 현금흐름표 기말 현금잔액
재무상태표 당기순이익 = 손익계산서 당기순이익

손익계산서
XXXX년 10월 1일 ~ XXXX년 11월 30일

황대승 손익현황 (단위: 원)

	과 목	10/1~10/31	11/1~11/30	10/1~11/30
수익	급여, 상여금	5,000,000	5,000,000	10,000,000
	투자수입	0	1,000,000	1,000,000
	기타수입	15,000	0	15,000
	수익합계	5,015,000	6,000,000	11,015,000
비용	현금지출	300,000	200,000	500,000
	신용카드사용액	2,400,000	2,600,000	5,000,000
	대출이자	1,175,830	1,161,660	2,337,490
	자동이체 외	61,670	70,840	132,510
	감가상각비	1,287,500	1,317,500	2,605,000
	비용합계	5,225,000	5,350,000	10,575,000
이익	당기순이익	(210,000)	650,000	440,000

현금증가액은 1,145,000원이니 705,000원의 현금유입이 더 많이 발생했습니다. 손익계산서상의 당기순이익과 실제 현금흐름은 차이가 있다는 것을 알 수 있습니다. 마지막으로 11월말 현재 재무상태표상 현금과 예금 잔액은 2,045,000원이고 현금흐름표의 기말의 현금잔액도 2,045,000원으로 동일하며, 재무상태표상 자본의 당기순이익은 440,000원으로 손익계산서의 당기순이익 440,000원과 동일합니다. 이처럼 재무상태표는 손익계산서와 연결되고 현금흐름표와도 연결다리가 있다는 것을 알 수 있습니다."

황과장은 고개를 끄떡였다.

"손익계산서는 발생주의로 정리하고 현금흐름표는 현금주의로 해서 그런 건가?"

"네, 맞습니다. 손익계산서는 발생주의로 수익·비용 대응의 원칙에 의해서 정리하고 현금흐름표는 현금주의로 실제 현금 유입과 유출이 일어난 거래를 정리해서 차이가 발생합니다. 특히 감가상각비는 실제 현금유출이 발생하지 않기에 직접법에서는 현금흐름표에 기재하지 않습니다. 그러나 간접법에서는 감가상각비를 비현금항목의 조정으로 기재합니다."

"뭐가 이랬다저랬다 복잡한지…. 이러니 어렵지?"

"처음 접해서 어려운 겁니다. 이제 간접법을 배우면 크게 어렵지 않습니다. 단지 용어가 생소해서 그렇고 실제로는 쉽습니다. 직접법 마무리하고 좀 쉬었다 합시다."

김대리는 걱정이 되었다. 어떻게 하든 황과장이 잘 이해할 수 있도록 해야 하기에 머리가 복잡했다.

황과장은 손익계산서의 당기순이익과 현금흐름표상의 현금증가액은 동일하지 않다는 것과 손익계산서상 손실이 나더라도 현금흐름은 플러스가 될 수 있다는 것을 알았다. 결국 현금이 원활하게 돌아야 된다는 사실을 깨달았다. 황과장은 옅은 웃음을 지으며 자리에서 일어섰다.

"바람 좀 쐬었다 하자. 오늘 저녁 회식에서는 뭘 먹지?"

황과장이 지그시 김대리를 내려다보았다. 오늘 퇴근 전에 현금흐름표를 설명하고 마무리하려고 했던 김대리는 황과장 눈길을 피해 먼저 휴게실로 자리를 떴다. 황과장은 김대리 뒤를 따랐다.

05 현금흐름표를 간접법으로 작성해 보다

황과장은 매일 새로운 것을 배워나갔다. 머리는 복잡했지만 즐거웠다. 퇴근하면 친구들과 만나 술을 마시면서 쌓인 스트레스를 풀곤 했지만, 최근에는 김대리와의 술자리 외에는 도서관에 가서 인수인계받은 자료를 복습하고 있었다.

이런 사실을 모르는 김대리는 황과장이 매일 술을 마시고 다니는 건 아닌지, 인수인계한 내용을 모두 이해는 하고 있는지 걱정이 많았다. 회계에 대한 전체적인 숲을 보기 위해 간략하게 설명은 하고 있지만, 워낙 짧은 기간에 속성으로 가르치다 보니 한계가 있을 것이라는 생각도 들었다. 배울 것은 많고 복습을 해야 하지만, 퇴근하면 거의 지인들과 술을 마시니 걱정이 이만저만이 아니었다.

"과장님, 이제 절반 이상은 배웠습니다. 이제 남은 건 복습과 궁금한 사항이 있으면 물어보시고 반복적으로 연습이 필요합니다. 남은 시간에 현금흐름표 간접법을 설명하면 퇴근 후 지금까지 배운 내용을 꼭 복습하기 바랍니다."

김대리는 휴게실에 따라온 황과장에게 말했다. 황과장은 알았다는 듯이 고개만 끄덕였다. 김대리는 사무실로 돌아온 뒤 곧바로 현금흐름표 간접법에 대해 설명을 해나갔다.

"과장님, 대부분 회사들은 재무제표 작성시 현금흐름표를 간접법으로 작성합니다. 현실적으로 직접법은 현금거래에 대한 모든 거래를 확인해서 진행하기에 매일 수십 건에서 수백 건에 달하는 현금거래를 정리하고 파악하기에는 한계가 있습니다. 저희는 과장님 개인의 거래를 정리했기에 간단했지만, 실제 여러 부서의 현금거래를 모두 파악하기에는 한계가 있습니다. 그래서 간접법을 사용하고 있습니다. 재무상태의 변동에 대한 정보를 파악하기 위해 필요한 것으로 현금의 입출금 관련 내용을 재무상태표의 기초와 기말의 증감 변동을 파악해서 정리하며 손익계산서를 이용해서 관련 내용을 추정하는 방법으로 작성합니다."

"기본적으로 직접법으로 정리했으니 간접법으로 해도 내용이 파악되니 작성하기 쉽겠다."

"네. 현금흐름표는 영업활동, 투자활동, 재무활동으로 나누어 작성합니다. 각 거래행위에 대해 어떤 활동을 했는지 구분하는 것은 직접법에서 배웠습니다. 조금 전에 배워서 기억은 나시죠?"

황과장은 눈을 동그랗게 뜨면서 말했다.

"한 번 들어서 알 수가 있나? 한 번 더 설명해 줘."

김대리는 신경이 쓰였는지 갑자기 위에서 경련이 일어나는 걸 느꼈다. 매번 같은 내용을 설명하다 보면 3주 만에 회계를 가르친다는 것은 불가능했다. 그래도 달리 방법이 없었다. 어떻게든 가르쳐야 했다.

"실무상 현금흐름표를 작성할 때에는 정산표를 이용합니다. 그러나 우리는 거래가 많지 않고 세부적인 내용보다 현금흐름표가 뭔지 전체적인 흐름을 파악하기에 간략히 작성하는 방법을 선택했습니다."

황과장은 웃으며 말했다.

"그래, 간단하고 단순한 게 좋은 거야. 괜히 복잡하고 세부적으로 설명해 봤자 이해도 안 되고 전체적인 내용을 한번 보고 세부적으로 접근하는 게 이해가 빠르지."

"네. 사실 틀린 말은 아닙니다. 책에 있는 내용들은 대부분 전반적인 사항을 다루기에 범위가 넓습니다. 그중에서 우리 회사에 맞는 것만 찾아서 적용하면 됩니다. 또한 실무상 매년 동일한 거래가 90% 이상 정기적으로 발생하고 10% 내외에서 특이한 거래가 발생하는 것을 고려해 보면, 전년도 재무제표를 참고하는 것이 많은 도움이 됩니다."

"오케이! 처음이 힘들지 계속하면 그리 어렵지 않다. 그렇게 생각하면 되겠네."

"네. 맞습니다. 그리고 간접법 현금흐름표는 영업활동 현금흐름만 직접법과 차이가 있고 투자활동과 재무활동은 동일합니다. 그래서 영업활동 현금흐름만 간접법으로 작성하는 방법만 배우면 투자활동과 재무활동은 직접법으로 작성한 자료를 그대로 활용하면 됩니다."

"오~ 그래. 영업활동 현금흐름만 차이가 있다고. 왜 그렇지?"

황과장의 갑작스런 질문에 김대리는 약간 당황했다. 실무상 그렇게 해왔기에 왜 그런지에 대해서는 생각해 본 적이 없었던 것이다. 잠깐 머릿속으로 실무상 작성하는 방법을 생각해 보았다. 그리고 생각나는 대로 얘기하기 시작했다.

"과장님, 간접법의 영업활동 현금흐름은 당기순이익에서 시작해서 역으로 현금흐름을 추정하는 방식으로 작성합니다. 그래서 당기순이익에 반영되어 있는 현금흐름이 없는 손익과 영업활동과 관련 없는 손익을 차가감 조정하고 영업활동 자산과 부채 증감을 정리해서 작성하기에 직접법과 차이가 있습니다. 투자활동과 재무활동 작성방법은 동일합니다."

재 무 상 태 표

XXXX년 10월 31일 현재

현금증감 및 활동구분

XXXX년 10월 1일 ~ XXXX년 10월 31일

황대승 자산현황 (단위: 원) (단위: 원)

	과 목	9월 30일 현재	10월 31일 현재	재무상태증감	현금증감	활동구분
자산	현금과 예금	900,000	1,027,500	127,500		
	매출채권	7,000,000	5,000,000	(2,000,000)		
	빌려준 돈	0	0	0		
	정기예금	5,100,000	5,200,000	100,000		
	투자자산(주식 외)	26,000,000	26,000,000	0		
	토지	0	0	0		
	아파트	500,000,000	500,000,000	0		
	감가상각누계액	0	(937,500)	(937,500)		
	개인승용차	18,000,000	18,000,000	0		
	감가상각누계액	0	(300,000)	(300,000)		
	전자제품 외	3,000,000	3,000,000	0		
	감가상각누계액	0	(50,000)	(50,000)		
	전월세보증금	0	0	0		
	자산합계	560,000,000	556,940,000	(3,060,000)		
부채	신용카드사용액	2,000,000	2,400,000	400,000		
	빌린 돈	0	0	0		
	마이너스대출	38,000,000	36,000,000	(2,000,000)		
	아파트대출금	300,000,000	298,750,000	(1,250,000)		
	부채합계	340,000,000	337,150,000	(2,850,000)		
자본	자본금	220,000,000	220,000,000	0		
	당기순이익	0	(210,000)	(210,000)		
	자본합계	220,000,000	219,790,000	(210,000)		

"아~ 당기순이익에서 역으로 작성해서 그렇다."

"네, 맞습니다. 그래서 조정하는 작업이 들어가기에 어렵게 느껴지는 겁니다. 전체적인 원리만 알면 크게 어렵지 않습니다. 그럼 본격적으로 현금흐름표를 간접법으로 간략히 작성해 보겠습니다."

김대리는 PC에 준비된 화면을 띄우고 설명을 진행했다.

"10월말 기준으로 현금흐름표를 간접법으로 작성해 보겠습니다. 보시는 바와 같이 재무상태표에 10월말 현재 기준에서 9월말 현재 잔액을 차감하면 현금증감 및 활동구분에서 재무상태 증감이 보시는 바와 같이 산출됩니다."

황과장은 현금증감 및 활동구분 양식을 보면서 직접법에서 작성하던 방식과 차이가 있다는 것을 느꼈다.

"무얼 하겠다는 건지 이해가 잘 안 되네?"

김대리는 마음을 다잡고 설명을 시작했다.

"네, 이제부터 설명을 드릴게요. 기본적으로 현금흐름표는 말 그대로 현금흐름을 나타내는 것으로, 재무상태표상 자산=부채+자본으로 되어 있습니다. 자산을 보면 현금과 예금계정 외에 매출채권과 정기예금, 투자자산, 아파트, 개인승용차, 전자제품 외로 현재 구성되어 있습니다. 여기서 현금과 예금을 제외한 나머지 자산을 기타자산이라고 본다면 자산은 현금과 예금+기타자산으로 구성되어 있다고 볼 수 있습니다. 그럼 수식으로 표시하면 현금과 예금+기타자산=부채+자본으로 표시됩니다. 현금과 예금을 제외한 나머지 자산을 우측으로 보내면 현금과 예금=부채+자본-기타자산으로 표시됩니다. 그럼 현금과 예금이 증가하려면 부채가 증가하든지 자본이 증가하든지 기타자산이 감소해야 합니다. 예를 들어 아래 수식을 참고하면

자산 200=부채 100+자본 100

▶ 자산 200＝현금과 예금 50＋기타자산 150인 경우
　현금과 예금 50＋기타자산 150＝부채 100＋자본 100
　현금과 예금 50＝부채 100＋자본 100－기타자산 150
▶ 부채와 자본은 변동이 없고 현금과 예금이 50 증가한 경우
　현금과 예금 100＝부채 100＋자본 100－기타자산 100

따라서 부채와 자본의 증감이 없다면 기타자산이 감소되어야 현금과 예금이 증가합니다. 혹은 기타자산의 증감이 없다면 부채와 자본이 증가해야 합니다. 현금과 예금 외의 기타자산은 현금과 예금의 반대방향으로 일어난다는 것을 알 수 있습니다. 즉 부채와 자본이 증가하면 현금과 예금이 증가하고, 기타자산이 증가하면 현금과 예금은 감소한다고 이해하시면 됩니다. 이해가 안 되면 단순하게 외우는 것도 방법이니 외우시기 바랍니다."

"오케이~ 기타자산만 현금과 예금의 증감 방향이 반대라고 외우면 되겠다. 나머지는 똑같다고 생각하고."

"네, 맞습니다. 현재 과장님의 경우는 실제 거래한 내역을 파악할 수 있기에 정리해 보겠습니다. 화면에서 보는 바와 같이 현금증감 및 활동구분 양식에서 재무상태표의 10월 31일 현재에서 9월 30일 현재의 차액을 재무상태증감란 값으로 산출했습니다. 간접법 영업활동 현금흐름은 재무상태증감의 차액을 정리하기에 현금증가 및 활동구분 양식에 현금증감란과 활동구분란에 계정별로 파악해서 기재하면 됩니다. 우선 현금과 예금계정의 증감은 현금흐름표의 현금의 증감과 값이 동일하기에 127,500원 증가했으니 현금의 증가라고 기재하면 됩니다. 현금흐름표상의 현금의 증감 결과 값이 됩니다. 다음으로 매출채권이 2백만원 감소했으니 **자산감소 현금증가**로 입력합니다. 과장님, 왜 현금증가로 입력하는지 이해되십니까?"

"당연하지. 현금과 예금을 제외한 나머지 자산은 증감 방향이 반대니까. 매출채권이 감소하니 현금은 증가한다고 보면 되지."

"오늘 느낌이 좋은데요. 그럼 확인해 볼까요. 과장님의 경우 매출채권은 월급입니다. 과장님 급여나 상여금이 통장에 입금된 내역이 있습니까?"

황과장이 10월달 통장거래 내역을 확인해 보니 7백만원 입금된 내역이 있었다.

"7백만원 입금되었네."

"네. 현금과 예금이 증가했지요. 다음은 정기예금이 10만원 증가했으니 **자산증가 현금감소**로 입력합니다. 적금으로 10만원 현금이 지출되었는지 확인 바랍니다."

황과장은 통장내역을 보았다.

"10월달에 적금통장으로 10만원 자동이체되었네."

"네. 다음은 아파트 감가상각누계액이 마이너스이기에 **자산감소**. 과장님, 감가상각누계액은 감가상각비누계로 실제 현금의 증감이 발생하지 않는 항목입니다. 별도 돈이 입출금되는 거래가 아니기에 비현금항목입니다."

황과장은 통장내역에 혹시나 입출금 내역이 더 있는지 통장을 보고 있었다.

"과장님, 통장 입출금 내역을 보셔도 없습니다."

황과장은 웃으면서 말했다.

"혹시나 다른 거래가 있는지 한번 확인해 봤어."

"감가상각비는 당기순이익을 감소시키지만 현금흐름이 없는 거래입니다. 간접법에서는 당기순이익에서 현금흐름이 없는 거래와 영업활동과 관련 없는 항목인 투자활동과 재무활동에 관련된 현금흐름은 차가감 조정을 통해 영업활동 현금흐름을 계산합니다. 따라서 당기순이익은 감가상각비를 차감하여 산출했기에 다시 감가

재 무 상 태 표
XXXX년 10월 31일 현재

현금증감 및 활동구분
XXXX년 10월 1일 ~ XXXX년 10월 31일

황대승 자산현황 (단위: 원) (단위: 원)

	과 목	9월 30일 현재	10월 31일 현재	재무상태증감	현금증감	활동구분
자산	현금과 예금	900,000	1,027,500	127,500	현금의 증가	현금의 증감
	매출채권	7,000,000	5,000,000	(2,000,000)	자산감소 현금증가	영업
	빌려준 돈	0	0	0		투자
	정기예금	5,100,000	5,200,000	100,000	자산증가 현금감소	투자
	투자자산(주식 외)	26,000,000	26,000,000	0		투자
	토지	0	0	0		투자
	아파트	500,000,000	500,000,000	0		투자
	감가상각누계액	0	(937,500)	(937,500)	자산감소 비현금증가	영업
	개인승용차	18,000,000	18,000,000	0		투자
	감가상각누계액	0	(300,000)	(300,000)	자산감소 비현금증가	영업
	전자제품 외	3,000,000	3,000,000	0		투자
	감가상각누계액	0	(50,000)	(50,000)	자산감소 비현금증가	영업
	전월세보증금	0	0	0		투자
	자산합계	560,000,000	556,940,000	(3,060,000)		
부채	신용카드사용액	2,000,000	2,400,000	400,000	부채증가 현금증가	영업
	빌린 돈	0	0	0		재무
	마이너스대출	38,000,000	36,000,000	(2,000,000)	부채감소 현금감소	재무
	아파트대출금	300,000,000	298,750,000	(1,250,000)	부채감소 현금감소	재무
	부채합계	340,000,000	337,150,000	(2,850,000)		
자본	자본금	220,000,000	220,000,000	0		재무
	당기순이익	0	(210,000)	(210,000)	당기순이익	영업
	자본합계	220,000,000	219,790,000	(210,000)		

상각비를 가산하는 조정을 합니다. 우리는 이를 비현금거래로, **비현금증가**로 기재하면 됩니다. 나머지 개인승용차 감가상각누계액과 전자제품 외 감가상각누계액은 동일하니 **자산감소 비현금증가**로 기재하면 됩니다."

황과장은 대충 이해가 되면서도 왜 이렇게 하는지 감이 오지 않았다.

"과장님, 부채로 넘어가 볼게요. 10월달 신용카드사용액 240만원이 발생했는데 9월달에는 200만원으로 전월 대비해서 40만원 증가했으니 **부채증가**입니다. 과장님, 현금증감은 어떻게 되죠?"

"김대리, 계속 나를 시험에 들게 하는구먼. 당연히 현금증가지. 기타자산을 제외한 나머지는 증감 방향이 동일하니까."

"네, 맞습니다. 확인해 볼까요. 10월달 통장내역에 카드결제대금 얼마 지출되었습니까?"

황과장은 10월달 통장내역을 확인했다.

"9월달 카드대금이 10월 14일날 200만원 자동이체된 건이 있고 10월달 사용액은 11월 14일날 자동이체될 거네."

"그럼 10월달 신용카드사용액이 나가지 않으니 **현금증가**로 기재하면 됩니다. 다음은 마이너스대출 금액이 감소하였으니 **부채감소 현금감소**로 입력합니다. 과장님, 마이너스통장 확인해 보세요."

"10월달에 상여금이 입금되어서 마이너스통장에 2백만원 입금했네. 이자금액을 줄여야지."

"네, 잘했습니다. 아파트대출금도 매월 125만원 균등상환했으니 **부채감소 현금감소**로 입력합니다. 10월달 당기순이익은 (210,000)원 발생했으나, 현금흐름표 작성시 당기순이익은 영업활동 현금흐름과 동일하다고 가정하기에 그대로 **당기순이익**으로 기재합니다. 이제 현금증감 정리를 다 했고, 자산, 부채, 자본의 증감을 보고 현금이 증가했는지 감소했는지 정리했습니다. 현금증가는 양수,

현금감소는 음수로 현금흐름표에 기재하면 됩니다. 마지막으로 활동구분을 정리할 겁니다. 앞 시간에 배웠던 내용인데, 복습하는 셈 치고 말씀드릴게요. 첫째, 영업활동은 본업에서 생기는 활동으로 재무상태표상 유동자산 및 유동부채와 관련된 계정과 손익계산서와 관련된 본업에 대한 활동입니다. 투자활동과 재무활동을 제외한 모든 활동은 영업활동이라고 생각하셔도 됩니다. 둘째, 투자활동은 자산 취득과 처분, 주식 취득과 처분, 대여금(빌려준 돈) 등 투자와 관련되어 발생하는 활동입니다. 셋째, 재무활동은 금융거래시 발생하는 활동으로 차입 및 상환시에 발생하는 활동과 자본금 변동으로 발생한 활동으로 생각하면 됩니다. 그리고 마지막으로 영업활동 안에 현금흐름이 없는 거래와 영업활동과 관련 없는 투자활동과 재무활동을 파악해서 차가감 조정을 해야 합니다. 간접법에서는 당기순이익이 영업활동 현금흐름과 동일하다고 가정합니다. 즉, 당기순이익이 증가하면 현금흐름도 증가하고 당기순이익이 감소하면 현금흐름도 감소한다고 이해하시면 됩니다. 당기순이익 증감에 영향을 주는 거래인데, 실제로는 현금흐름이 없는 계정이 있습니다."

황과장은 자신에 찬 말투로 대뜸 말했다.

"감가상각비 계정이지."

"네. 감가상각비는 당기순이익에 영향을 주지만 실제 현금흐름은 일어나지 않습니다. 이런 경우 손익계산서상 수익에서 감가상각비를 차감해서 당기순이익이 산출되기에 간접법에서는 비현금 항목으로 집계해서 감가상각비를 별도로 가산 조정을 해 주어야 합니다."

황과장은 조용히 듣고 있다가 중얼거렸다.

"현금흐름 거래 내역을 모르면 힘들겠는데…. 머리가 복잡해지네."

김대리는 황과장을 달랬다. 우여곡절도 있었지만 지금까지 황과장이 잘 따라오지 않았는가? 3주라는 시간 압박이 있긴 하지만 지금대로라면 불가능할 것 같지도 않았다. 달리는 말에 채찍을 가한다는 말도 있지 않은가? 황과장에게는 다독이는 격려의 말이 필요했다.

"과장님, 이제 현금흐름표 작성 거의 다 끝나갑니다. 이것만 들으시면 11월달 작성은 식은 죽 먹기입니다."

김대리는 현금흐름표 양식 활동구분에 영업활동, 투자활동, 재무활동으로 구분해서 기재했다.

"현금과 예금은 현금의 증감 항목으로 입력하고, 매출채권은 급상여와 성과금에 대한 외상거래로 영업활동이므로 영업으로 입력하고, 빌려준 돈은 대여금 성격으로 투자활동이므로 투자로 입력합니다. 정기예금은 1년 이상 투자하는 것으로 투자활동이므로 투자로 입력하며, 투자자산과 토지, 아파트, 개인승용차, 전자제품 외, 전월세보증금 항목도 모두 투자활동이므로 투자로 입력합니다. 그리고 감가상각누계액은 손익계산서의 감가상각비누계액이며, 비현금항목으로 영업활동에서 조정항목이므로 영업으로 입력합니다."

황과장은 내용을 듣다가 궁금한 점이 생겼다.

"근데 유동자산에 대해서는 영업활동이라고 했었는데 왜 빌려준 돈은 투자활동이지?"

"네. 과장님의 경우 본업을 해서 월급을 받습니다. 만약 과장님이 금융업이나 사채업을 했다면 돈을 대여해 주는 일이 본업이므로 영업활동입니다. 그러나 과장님이 빌려준 돈은 본업이 아니기에 투자활동으로 봅니다."

"오케이! 계정만 보고 구분하는 게 좀 애매하구나. 굳이 활동을 구분할 필요가 있을까?"

"네. 사실 현금흐름에서 활동을 구분해 주는 이유는 영업활동을 통해서 현금의 증감이 어떻게 되는지, 투자를 해서 현금흐름이 어

현금증감 및 활동구분

XXXX년 10월 1일 ~ XXXX년 10월 31일

(단위: 원)

과 목	재무상태증감	현금증감	활동구분
현금과 예금	127,500	현금의 증가	현금의 증감
매출채권	(2,000,000)	자산감소 현금증가	영업
빌려준 돈	0		투자
정기예금(장기-1년 이상)	100,000	자산증가 현금감소	투자
투자자산(주식 외)	0		투자
토지	0		투자
아파트	0		투자
감가상각누계액	(937,500)	자산감소 비현금증가	영업
개인승용차	0		투자
감가상각누계액	(300,000)	자산감소 비현금증가	영업
전자제품 외	0		투자
감가상각누계액	(50,000)	자산감소 비현금증가	영업
전월세보증금	0		투자
자산합계	**(3,060,000)**		
신용카드사용액	400,000	부채증가 현금증가	영업
빌린 돈	0		재무
마이너스대출(단기차입)	(2,000,000)	부채감소 현금감소	재무
아파트대출금(장기차입)	(1,250,000)	부채감소 현금감소	재무
부채합계	**(2,850,000)**		
자본금	0		재무
당기순이익	(210,000)	당기순이익	영업
자본합계	**(210,000)**		

떻게 되는지, 재무활동을 해서 현금흐름이 어떻게 되는지를 확인하기 위해 구분하는 것입니다. 이를 통해서 본업을 통해 돈이 잘 흐르고 있는지, 투자를 통해 돈이 잘 흐르는지, 은행에 돈을 빌려서 돈이 잘 흐르는지를 알기 위함이지요. 그리고 구분을 통해 현금흐름의 이익이 어떤 활동으로 발생했는지 파악하는 것도 있지요."

"그럼 잘 구분해야겠네."

"네, 맞습니다. 다음으로 신용카드사용액은 유동부채로 대부분 본업을 위한 활동상 발생하는 비용으로 영업활동이며, 빌린 돈과 대출금, 자본금은 재무활동입니다. 당기순이익은 본업을 통해 발생하는 결과로 영업활동입니다. 그럼 이제 현금흐름표 양식으로 작성해 보겠습니다."

김대리가 황과장을 보니 꾸벅꾸벅 졸고 있었다.

"과장님, 지금 졸면 어떻게 합니까?"

김대리의 말에 황과장은 번쩍 정신이 들었다.

"아, 미안! 어제 무리를 좀 했더니…. 계속 설명해 줘."

최근 들어 황과장은 퇴근 후 도서관에 가서 배운 것을 복습하고 있었다. 인수인계 이후 회장님께 보고하는 것에 대한 스트레스가 엄청났다. 한동안 친구들을 만나서 술로 풀고 있었으나 이제는 시간이 얼마 남지 않아 정신 차리고 본격적으로 공부를 하고 있었던 것이다. 지금껏 회장님이기 전에 아버지에게 자신의 능력을 보여줄 첫 기회이기에 더욱 부담스러웠다. 이런 사정을 모르는 김대리는 황과장을 다잡아보려 했다.

"과장님, 이제 시간이 얼마 남지 않았습니다. 좀 집중해 주세요."

황과장은 기지개를 쭉 폈다.

"그래! 이제 마무리해 보자."

김대리는 미리 준비한 10월달 손익계산서를 보여주며 설명을 시작했다.

손 익 계 산 서

XXXX년 10월 1일 ~ XXXX년 10월 31일

황대승 손익현황 (단위: 원)

과 목		금 액	활동구분
수익	급여, 상여금	5,000,000	영업활동
	투자수입	**0**	**투자활동(비영업활동 거래)**
	기타수입	15,000	영업활동
	수익합계	5,015,000	
비용	현금지출	300,000	영업활동
	신용카드사용액	2,400,000	영업활동
	대출이자	1,175,830	영업활동
	자동이체 외	61,670	영업활동
	감가상각비	**1,287,500**	**영업활동(비현금 비용 거래)**
	비용합계	5,225,000	
이익	**당기순이익**	**(210,000)**	**영업활동**

※ 비용부분은 영업활동에 관련된 비용만 있다고 가정.

"과장님, 간접법의 영업활동 현금흐름은 당기순이익에서 시작해서 역으로 현금흐름을 추정하는 방식으로 작성한다고 했습니다. 손익계산서를 보시면 당기순이익이 산출되기 위해서는 수익에서 비용을 차감해야 합니다. 그런데 당기순이익이 산출되기 위해 수익과 비용 중에 현금흐름이 없는 항목과 영업활동과 관련 없는 항목을 차가감 조정을 해야 합니다. 현재 손익계산서에 활동구분을 정리하면, 수익부문에 급여, 상여금과 기타수입의 이자수익은 영업활동이며, 투자수입은 투자활동으로 영업활동이 아니기에 차가감 조정을 합니다. 비용부분은 현금지출, 신용카드사용액, 대출이자, 자동이체 외 계정은 영업활동이며, 감가상각비는 현금 지출이 없는 거래로 당기순이익에 가산 조정을 해야 합니다. 왜냐면 간접법에서는 당기순이익이 영업활동 현금흐름과 동일하다고 가정했기 때문입니다. 예를 들면 투자수입으로 이익이 발생했다면 수익이 증가하기에 당기순이익이 증가합니다. 이는 영업활동이 아닌 투자활동으로 보기에 차감 조정을 합니다. 감가상각비는 수익에서 감가상각비를 차감해서 당기순이익이 감소했습니다. 이는 현금흐름이 없는 거래로 가산 조정을 합니다."

"뭔지 알 것 같으면서도 아직 이해가 잘 안 되네."

"처음이라 그렇지 몇 번 직접 작성해 보시면 이해가 될 겁니다. 지금은 그냥 그렇다고 생각하고 그대로 받아들이세요. 자, 이제 현금흐름표 작성할 준비는 다 되었습니다. 작성해 볼게요."

김대리는 현금흐름표 양식을 보여주며 설명을 시작했다.

"10월달 현금흐름표를 작성합니다. 11월달은 과장님이 직접 작성할 예정이니 집중해 주세요."

황과장은 자세를 바로잡으며 집중하기 시작했다.

"우선 영업활동 현금흐름을 먼저 작성합니다. 손익계산서의 당기순이익 (210,000)원을 입력하고 손익계산서상 수익과 비용부문

손 익 계 산 서

XXXX년 10월 1일 ~ XXXX년 10월 31일

황대승 손익현황 (단위: 원)

과 목		금 액	활동구분
수익	급여, 상여금	5,000,000	영업활동
	투자수입	0	**투자활동(비영업활동 거래)**
	기타수입	15,000	영업활동
	수익합계	5,015,000	
비용	현금지출	300,000	영업활동
	신용카드사용액	2,400,000	영업활동
	대출이자	1,175,830	영업활동
	자동이체 외	61,670	영업활동
	감가상각비	1,287,500	**영업활동(비현금 비용 거래)**
	비용합계	5,225,000	
이익	**당기순이익**	(210,000)	**영업활동**

※ 비용부분은 영업활동에 관련된 비용만 있다고 가정.

현금증감 및 활동구분

XXXX년 10월 1일 ~ XXXX년 10월 31일

(단위: 원)

과 목	재무상태증감	현금증감	활동구분
현금과 예금	127,500	현금의 증가	현금의 증감
매출채권	(2,000,000)	자산감소 현금증가	**영업**
정기예금(장기-1년 이상)	100,000	자산증가 현금감소	**투자**
감가상각누계액	(937,500)	자산감소 비현금증가	**영업**
감가상각누계액	(300,000)	자산감소 비현금증가	**영업**
감가상각누계액	(50,000)	자산감소 비현금증가	**영업**
자산합계	(3,060,000)		
신용카드사용액	400,000	부채증가 현금증가	**영업**
마이너스대출(단기차입)	(2,000,000)	부채감소 현금감소	**재무**
아파트대출금(장기차입)	(1,250,000)	부채감소 현금감소	**재무**
부채합계	(2,850,000)		
당기순이익	(210,000)	당기순이익	**영업**
자본합계	(210,000)		

현금흐름표

XXXX년 10월 1일 ~ XXXX년 10월 31일

간접법 (단위: 원)

과 목	금 액
1. 영업활동 현금흐름	**3,477,500**
당기순이익	(210,000)
비현금항목의 조정	
- 감가상각비	1,287,500
매출채권 감소	2,000,000
카드사용액 증가	400,000
2. 투자활동 현금흐름	**(100,000)**
적금입금	(100,000)
3. 재무활동 현금흐름	**(3,250,000)**
마이너스대출 감소	(2,000,000)
아파트대출금 감소	(1,250,000)
현금의 증감	127,500
기초의 현금	900,000
기말의 현금	1,027,500

에 비영업활동이나 비현금항목이 있는지 확인합니다. 10월달 손익계산서의 감가상각비는 비현금항목으로 수익에서 감가상각비를 차감해서 당기순이익이 산출되었습니다. 간접법은 당기순이익이 현금흐름과 동일하다고 가정했기에 현금거래가 없는 감가상각비는 가산해야 합니다. 따라서 감가상각비 1,287,500원을 입력합니다. 손익계산서상 10월달 조정할 항목은 다 입력했고 다음으로 재무상태표의 현금증감 및 활동구분을 보고 영업활동으로 되어 있는 항목을 입력하면 됩니다. 매출채권 (2,000,000)원 자산감소 현금증가는 매출채권 감소 2,000,000원으로 양수로 입력합니다. 다음으로 아파트, 개인승용차, 전자제품 외 감가상각누계액은 비현금항목으로 감가상각비 조정 입력시 모두 반영했습니다. 다음으로 부채부문에 신용카드사용액 400,000원 부채증가 현금증가는 카드사용액 증가 400,000원으로 입력합니다. 당기순이익은 이미 반영되어 있고 영업활동 현금흐름을 모두 합산하면 3,477,500원이 산출됩니다. 다음으로 투자활동 현금흐름을 작성합니다. 현금증감 및 활동구분에 투자활동은 정기예금 100,000원 자산증가 현금감소는 적금입금 (100,000)원으로 음수로 입력합니다. 투자활동은 더 이상 없으니 합산하면 (100,000)원으로 산출됩니다. 다음으로 재무활동 현금흐름을 작성합니다. 재무활동은 마이너스대출 (2,000,000)원 부채감소 현금감소는 마이너스대출 감소 (2,000,000)원으로 입력하고, 아파트대출금 (1,250,000)원 부채감소 현금감소는 아파트대출 감소 (1,250,000)원으로 입력합니다. 재무활동도 더 이상 없으니 합산하면 (3,250,000)원으로 산출됩니다. 영업활동, 투자활동, 재무활동을 합산하면 127,500원 현금이 증가했습니다. 이 금액과 현금과 예금의 증감 금액이 동일하면 이상이 없는 것입니다."

황과장은 현금증감 및 활동구분의 현금과 예금 증감 금액과 현금흐름표상의 현금의 증감 금액을 확인해 보니 동일했다.

"마지막으로 기초의 현금은 9월말 현금과 예금 잔액 900,000원 입력하고 현금의 증감과 기초의 현금을 합산하면 기말의 현금이 1,027,500원이 됩니다. 이 금액 역시 10월말 현재 현금과 예금금 액 1,027,500원과 동일하니 이상 없습니다. 완성되었습니다. 과장님, 이해가 되십니까?"

"결국 답은 재무상태표의 현금과 예금에 모두 나와 있는데, 단지 영업활동, 투자활동, 재무활동으로 얼마나 발생했는지 파악하기 위해서 작성하는 거라고 생각하면 되겠네."

"네, 맞습니다. 10월달 과장님은 영업활동으로 3,477,500원의 현금유입이 있었고, 투자활동으로 적금 입금 (100,000)원 현금유출이 있었습니다. 그리고 재무활동으로 (3,250,000)원 대출금 상환이 있어서 현금유출이 발생했습니다. 이를 합산하면 127,500원의 현금증가가 있었습니다. 결론적으로 영업해서 돈을 벌었고, 투자도 하고 대출금도 상환하고…. 현금흐름이 참 좋습니다."

황과장은 흐뭇해했다.

"10월달 손익계산서상 당기순이익이 (210,000)원 발생했지만 현금흐름은 좋았네. 손익계산서와 현금흐름이 다를 수가 있구나."

"네, 맞습니다. 그래서 현금흐름을 파악하는 것이 상당히 중요합니다. 수금회의 역시 이것 때문에 회의를 한다고 보면 됩니다. 이제 11월달 기준으로 현금흐름표를 간접법으로 작성해 보십시오."

황과장은 마뜩지 않았으나 다시금 마음을 가다듬었다. 배운 대로 하면 별로 힘들 것도 없었다. 아무것도 모르던 상태에서 김대리 덕분에 벌써 이만큼이라도 오지 않았는가. 배운 대로 해보자! 황과장은 힘이 났다. 인수인계받은 Excel 파일을 열어 11월달 현금흐름표 작성을 시작했다.

재무상태표의 11월말 현재 기준에서 9월말 현재 기준을 차감하여 현금증감 및 활동구분 양식을 작성해 나갔다. 재무상태 증감을

재무상태표

XXXX년 11월 30일 현재

황대승 자산현황 (단위: 원)

	과 목	9월 30일 현재	11월 30일 현재
자산	현금과 예금	900,000	2,045,000
	매출채권	7,000,000	5,000,000
	빌려준 돈	0	0
	정기예금	5,100,000	5,300,000
	투자자산(주식 외)	26,000,000	22,000,000
	토지	0	0
	아파트	500,000,000	500,000,000
	감가상각누계액	0	(1,875,000)
	개인승용차	18,000,000	18,000,000
	감가상각누계액	0	(600,000)
	전자제품 외	3,000,000	3,000,000
	감가상각누계액	0	(100,000)
	자전거	0	1,800,000
	감가상각누계액		(30,000)
	전월세보증금	0	0
	자산합계	560,000,000	554,540,000
부채	신용카드사용액	2,000,000	2,600,000
	빌린 돈	0	0
	마이너스대출	38,000,000	34,000,000
	아파트대출금	300,000,000	297,500,000
	부채합계	340,000,000	334,100,000
자본	자본금	220,000,000	220,000,000
	당기순이익	0	440,000
	자본합계	220,000,000	220,440,000

현금증감 및 활동구분

XXXX년 10월 1일 ~ XXXX년 11월 30일

(단위: 원)

재무상태증감	현금증감	활동구분
1,145,000	현금의 증가	현금의 증감
(2,000,000)	자산감소 현금증가	영업
0		투자
200,000	자산증가 현금감소	투자
(4,000,000)	자산감소 현금증가	투자
0		투자
0		투자
(1,875,000)	자산감소 비현금증가	영업
0		투자
(600,000)	자산감소 비현금증가	영업
0		투자
(100,000)	자산감소 비현금증가	영업
1,800,000	자산증가 현금감소	투자
(30,000)	자산감소 비현금증가	영업
0		투자
(5,460,000)		
600,000	부채증가 현금증가	영업
0		재무
(4,000,000)	부채감소 현금감소	재무
(2,500,000)	부채감소 현금감소	재무
(5,900,000)		
0		재무
440,000	당기순이익	영업
440,000		

현금흐름표

XXXX년 10월 1일 ~ XXXX년 11월 30일

간접법 (단위: 원)

과 목	금 액
1. 영업활동 현금흐름	**5,645,000**
당기순이익	440,000
비현금항목의 조정	
- 감가상각비	2,605,000
매출채권 감소	2,000,000
카드사용액 증가	600,000
2. 투자활동 현금흐름	**2,000,000**
적금입금	(200,000)
주식처분	**4,000,000**
자전거 매입	**(1,800,000)**
3. 재무활동 현금흐름	**(6,500,000)**
마이너스대출 감소	(4,000,000)
아파트대출금 감소	(2,500,000)
현금의 증감	**1,145,000**
기초의 현금	900,000
기말의 현금	**2,045,000**

※ 주식처분이익 누락 및 주식처분 금액 오류 있음.

보고 자산증감과 현금증감을 작성하고, 활동구분도 각각 나누어 작성했다.

배운 대로 작성해 보니 황과장은 생각보다 쉽다는 걸 느꼈다. 10월말 기준으로 작성한 현금증감 및 활동구분을 참고하니 크게 어려움 없이 현금증감 및 활동구분을 작성할 수 있었다. 그런 다음 현금흐름표 양식에 정리한 내용대로 옮겨서 정리하기 시작했다. 이해가 잘 되지 않는 부분은 10월달 현금흐름표를 참고했다. 현금흐름 작성 후 현금의 증감액과 기말의 현금금액을 재무상태표와 비교해서 검증도 해보았다. 황과장은 자신 있는 얼굴로 김대리를 보고 웃으며 말했다.

"김대리, 11월말 기준 현금흐름표 작성 완료했어."

김대리는 황과장이 작성한 현금흐름표를 훑어보았다.

"잘 작성하셨습니다. 그런데 좀 이상한 부분이 있지 않은가요?"

"주식처분 관련해서 좀 이상하다고 생각은 했는데, 기말의 현금금액이 재무상태표와 같아서 이상 없는 것 아닌가?"

황과장은 약간 애매한 건이 있긴 있었지만 결론적으로 현금의 증감금액과 기말의 현금금액이 재무상태표와 같아서 이상 없다고 생각했다.

"과장님, 혹시 11월 손익계산서 활동구분 검토하셨나요?"

"아니. 재무상태표 현금증감 및 활동구분만 확인해도 크게 문제 없는 것 같아서 확인 안 했는데."

"역시. 손익계산서상 활동구분을 확인해야 뭐가 잘못되었는지 찾을 수가 있습니다. 11월 손익계산서상 활동구분을 지금 작성해 보세요."

황과장은 11월 손익계산서에 활동구분을 작성했다. 10월달에는 없던 투자수입에 주식처분으로 발생한 이익 1백만원이 있었다. 황과장은 손으로 이마를 때렸다.

손 익 계 산 서

XXXX년 10월 1일 ~ XXXX년 11월 30일

황대승 손익현황 (단위: 원)

	과 목	10/1~10/31	11/1~11/30	10/1~11/30	활동구분
수익	급여, 상여금	5,000,000	5,000,000	10,000,000	영업활동
	투자수입	0	1,000,000	1,000,000	**투자활동** (비영업활동 거래)
	기타수입	15,000	0	15,000	영업활동
	수익합계	5,015,000	6,000,000	11,015,000	
비용	현금지출	300,000	200,000	500,000	영업활동
	신용카드사용액	2,400,000	2,600,000	5,000,000	영업활동
	대출이자	1,175,830	1,161,660	2,337,490	영업활동
	자동이체 외	61,670	70,840	132,510	영업활동
	감가상각비	1,287,500	1,317,500	2,605,000	**영업활동** (비현금 비용 거래)
	비용합계	5,225,000	5,350,000	10,575,000	
이익	**당기순이익**	(210,000)	650,000	440,000	영업활동

손익계산서

XXXX년 10월 1일 ~ XXXX년 11월 30일

황대승 손익현황 (단위: 원)

과 목		10/1~10/31	11/1~11/30	10/1~11/30	활동구분
수익	급여, 상여금	5,000,000	5,000,000	10,000,000	영업활동
	투자수입	0	1,000,000	1,000,000	투자활동 (비영업활동 거래)
	기타수입	15,000	0	15,000	영업활동
	수익합계	5,015,000	6,000,000	11,015,000	
비용	현금지출	300,000	200,000	500,000	영업활동
	신용카드사용액	2,400,000	2,600,000	5,000,000	영업활동
	대출이자	1,175,830	1,161,660	2,337,490	영업활동
	자동이체 외	61,670	70,840	132,510	영업활동
	감가상각비	1,287,500	1,317,500	2,605,000	영업활동 (비현금 비용 거래)
	비용합계	5,225,000	5,350,000	10,575,000	
이익	당기순이익	(210,000)	650,000	440,000	영업활동

현금증감 및 활동구분

XXXX년 10월 1일 ~ XXXX년 11월 30일

(단위: 원)

과 목	재무상태증감	현금증감	활동구분
현금과 예금	1,145,000	현금의 증가	현금의 증감
매출채권	(2,000,000)	자산감소 현금증가	**영업**
정기예금(장기-1년 이상)	200,000	자산증가 현금감소	**투자**
투자자산(주식 외)	**(4,000,000)**	자산감소 현금증가	**투자**
감가상각누계액	(1,875,000)	자산감소 비현금증가	**영업**
감가상각누계액	(600,000)	자산감소 비현금증가	**영업**
감가상각누계액	(100,000)	자산감소 비현금증가	**영업**
자전거	1,800,000	자산증가 현금감소	**투자**
감가상각누계액	(30,000)	자산감소 비현금증가	**영업**
자산합계	**(5,460,000)**		
신용카드사용액	600,000	부채증가 현금증가	**영업**
마이너스대출(단기차입)	(4,000,000)	부채감소 현금감소	**재무**
아파트대출금(장기차입)	(2,500,000)	부채감소 현금감소	**재무**
부채합계	**(5,900,000)**		
당기순이익	440,000	당기순이익	**영업**
자본합계	**440,000**		

현금흐름표

XXXX년 10월 1일 ~ XXXX년 11월 30일

간접법 (단위: 원)

과 목	금 액
1. 영업활동 현금흐름	**4,645,000**
당기순이익	440,000
비현금항목의 조정	
- 감가상각비	2,605,000
- 주식처분이익	**(1,000,000)**
매출채권 감소	2,000,000
카드사용액 증가	600,000
2. 투자활동 현금흐름	**3,000,000**
적금입금	(200,000)
주식처분	**5,000,000**
자전거 매입	(1,800,000)
3. 재무활동 현금흐름	**(6,500,000)**
마이너스대출 감소	(4,000,000)
아파트대출금 감소	(2,500,000)
현금의 증감	**1,145,000**
기초의 현금	900,000
기말의 현금	**2,045,000**

"맞다. 주식처분해서 발생한 이익 1백만원이 있었지."

황과장은 11월 손익계산서상 주식처분으로 발생한 이익 1백만원은 투자활동으로 영업활동 거래가 아니기에 영업활동 현금흐름표 당기순이익에서 차감해야 한다는 것을 이해했다. 곧바로 현금흐름표상 영업활동 현금흐름에 비현금항목의 조정에 주식처분이익 (1,000,000)원을 입력했다.

"과장님, 11월달 통장입출금 내역을 확인해 보시죠. 주식처분으로 통장에 얼마가 입금되었습니까?"

"응, 5백만원 입금되어 있지. 아까 현금흐름표 작성할 때 5백만원 입금된 내역을 확인했는데 재무상태표 현금증감 및 활동구분의 현금증감 금액 (4,000,000)원이 자산감소 현금증가로 되어 있어서 주식처분 5,000,000원으로 입력하니 현금의 증감 금액이 2,145,000원 나와 현금과 예금 증감 금액 1,145,000원과 차이가 나서 4,000,000원으로 수정했지."

"네, 솔직히 말씀해 주서서 감사합니다. 현금흐름표 투자활동과 재무활동 현금흐름은 직접법과 간접법이 동일합니다. 그래서 거래한 금액 총액으로 입력합니다. 투자활동 현금흐름에 주식처분 5백만원을 반영합니다."

황과장은 투자활동 현금흐름에 주식처분 5,000,000원을 입력했다. 현금의 증감 금액이 2,145,000원으로 재무상태표 현금과 예금 증감 금액과 차이가 발생했다.

"재무상태표상 투자자산(주식 외) 금액은 장부가인 4백만원만 감소하지만 실제 주식 처분시 현금 거래는 5백만원이 발생합니다. 그래서 손익계산서상 활동구분을 반드시 확인해야 주식처분이익 1백만원을 찾을 수 있습니다."

김대리가 영업활동 현금흐름의 비현금항목의 조정에 주식처분이익 (1,000,000)원을 입력하니, 현금의 증감 금액이 1,145,000원이 되었다.

황과장은 고개를 끄덕였다.

"그래, 주식처분이익을 어떻게 해야 하나 생각했는데. 이건 손익계산서상 활동구분을 확인해야 놓치지 않고 정리가 가능하겠구나."

"맞습니다. 현금흐름표 영업활동 현금흐름 작성시 당기순이익에서 시작해서 역으로 현금흐름을 추정하기에 당기순이익에 반영되어 있는 영업활동이 아닌 거래(비영업활동 거래)와 실제 현금유출입이 없는 거래(비현금 거래)는 확인해서 차가감 조정을 하기에 금액이 차이가 나기도 하고 어렵다고들 합니다. 그래서 실무상 업무처리시 특이한 거래는 별도 정리를 해 두어야 합니다. 영업활동 현금흐름 작성시 전체적으로 정리한다면 먼저 재무상태표 현금증감 및 활동구분을 작성해서 자산의 증감과 활동구분을 파악합니다. 다음으로 손익계산서상 활동구분을 작성해서 비영업활동 거래와 비현금 손익 거래를 파악합니다. 당기순이익에서 영업활동이 아닌 거래와 실제 현금유출입이 없는 거래를 확인해서 차가감 조정을 합니다. 마지막으로 영업활동으로 발생한 자산과 부채 변동을 작성하면 영업활동 현금흐름은 완료되며, 투자활동 현금흐름과 재무활동 현금흐름은 직접법과 동일하게 재무상태표의 현금증감 및 활동구분을 활용해서 정리하면 됩니다."

"와우~ 오늘은 여기까지! 너무 많이 배운 것 같다."

"네, 과장님. 시간이 다 됐네요."

황과장은 회계부에 발령받아 처음으로 부서원들과 회식하는 날이다. 긴장도 되고, 오늘 받은 스트레스를 한잔 술로 풀어야겠다는 생각으로 기대감이 있었다. 다들 퇴근시간이 되어가니 회식장소가 어딘지 궁금해했다.

> **TIP** **현금흐름표**
>
> 간접법으로 현금흐름표를 작성하면 재무상태표상 기말잔액에서 기초 잔액을 차감해서 자산의 증감을 가지고 현금흐름표를 작성한다. 그런데 당해연도에 유형자산을 매입하고 처분하는 거래와 이와 유사한 거래는 자산의 증감이 나타나지 않기에 현금흐름 정산표를 작성해도 찾기가 쉽지 않다.
>
> 그래서 현금흐름 정산표 작성 후 차이건에 대해 당해연도에 증감이 일어난 거래는 별도로 확인해서 정리하면 차액을 찾기가 쉽다.

재무상태표
XXXX년 10월 31일 현재

황대송 자산현황 (단위: 원)

	과목	9월 30일 현재	10월 31일 현재
자산	현금과 예금	900,000	1,027,500
	매출채권	7,000,000	5,000,000
	벌력준 등	0	0
	정기예금(장기-1년 이상)	5,100,000	5,200,000
	투자자산(주식 외)	26,000,000	26,000,000
	토지	0	0
	아파트	500,000,000	500,000,000
	감가상각누계액	0	(937,500)
	개인승용차	18,000,000	18,000,000
	감가상각누계액	0	(300,000)
	전자제품 외	3,000,000	3,000,000
	감가상각누계액	0	(50,000)
	전월세보증금	0	0
	자산합계	560,000,000	556,940,000
부채	신용카드사용액	2,000,000	2,400,000
	빌린 돈	0	0
	마이너스대출(단기차입)	38,000,000	36,000,000
	아파트대출금(장기차입)	300,000,000	298,750,000
	부채합계	340,000,000	337,150,000
자본	자본금	220,000,000	220,000,000
	당기순이익	0	(210,000)
	자본합계	220,000,000	219,790,000

현금증감 및 활동구분
XXXX년 10월 1일 ~ XXXX년 10월 31일 (단위: 원)

재무상태증감	현금증감	활동구분
127,500	현금의 증감	현금의 증감
(2,000,000)	자산감소 현금증가	영업
0		투자
100,000	자산증가 현금감소	투자
0		투자
0		투자
0		투자
(937,500)	자산감소 비현금감소	영업
0		투자
(300,000)	자산감소 비현금증가	영업
0		투자
(50,000)	자산감소 비현금증가	영업
0		투자
(3,060,000)		
400,000	부채증가 현금증가	영업
0		재무
(2,000,000)	부채감소 현금감소	재무
(1,250,000)	부채감소 현금감소	재무
(2,850,000)		
0		재무
(210,000)	당기순이익	영업
(210,000)		

손익계산서

XXXX년 10월 1일 ~ XXXX년 10월 31일

(단위: 원)

황대승 손익현황

	과 목	10/1~10/31	활동구분	간략 내역
수익	급여, 상여금	5,000,000	영업활동	주업 수입(세금공제 후 실수령액)
	투자수입	0	투자활동(비영업활동 거래)	부업 수입(주식 외 재테크)
	기타수입	15,000	영업활동	10월 이자수익 15,000
	수익합계	5,015,000		
비용	현금지출	300,000	영업활동	모임회비, 부모님 용돈, 경조사 등
	신용카드사용액	2,400,000	영업활동	카드이용대금명세서 금액
	대출이자	1,175,830	영업활동	아파트 대출이자, 마이너스대출 이자
	자동이체 외	61,670	영업활동	수도광열비 등
	감가상각비	1,287,500	영업활동(비현금 비용 거래)	아파트, 개인승용차, 전자제품 외
	비용합계	5,225,000		
이익	당기순이익	(210,000)	영업활동	수익 - 비용

※ 비용부분은 영업활동에 관련된 비용만 있다고 가정.

현금흐름표

XXXX년 10월 1일 ~ XXXX년 10월 31일

간접법 (단위: 원)

과 목	금 액	
1. 영업활동 현금흐름		**3,477,500**
당기순이익	(210,000)	
비현금항목의 조정		
- 감가상각비	1,287,500	
매출채권 감소	2,000,000	
카드사용액 증가	400,000	
2. 투자활동 현금흐름		**(100,000)**
적금입금	(100,000)	
3. 재무활동 현금흐름		**(3,250,000)**
마이너스대출 감소	(2,000,000)	
아파트대출금 감소	(1,250,000)	
현금의 증감		**127,500**
기초의 현금		900,000
기말의 현금		**1,027,500**

재무상태표
XXXX년 11월 30일 현재

현금증감 및 활동구분
XXXX년 10월 1일 ~ XXXX년 11월 30일

(단위: 원)

황대승 자산현황

	과목	9월 30일 현재	11월 30일 현재	재무상태증감	현금증감	활동구분
	현금과 예금	900,000	2,045,000	1,145,000	현금의 증가	현금의 증감
	매출채권	7,000,000	5,000,000	(2,000,000)	자산감소 현금증가	영업
	빌려준 돈	0	0	0		투자
	정기예금(장기-1년 이상)	5,100,000	5,300,000	200,000	자산증가 현금감소	투자
	투자자산(주식 외)	26,000,000	22,000,000	(4,000,000)	자산감소 현금증가	투자
자산	토지	500,000,000	500,000,000	0		투자
	아파트	0	0	0		영업
	감가상각누계액	0	(1,875,000)	(1,875,000)	자산감소 비현금증가	투자
	개인승용차	18,000,000	18,000,000	0		영업
	감가상각누계액	0	(600,000)	(600,000)	자산감소 비현금증가	투자
	전자제품 외	3,000,000	3,000,000	0		영업
	감가상각누계액	0	(100,000)	(100,000)	자산감소 비현금감소	투자
	자전거	0	1,800,000	1,800,000	자산증가 현금감소	영업
	감가상각누계액	0	(30,000)	(30,000)	자산감소 비현금증가	투자
	전월세보증금	0	0	0		
	자산합계	560,000,000	554,540,000	(5,460,000)		
	신용카드사용액	2,000,000	2,600,000	600,000	부채증가 현금증가	영업
	빌린 돈	0	0	0		재무
부채	마이너스대출(단기차입)	38,000,000	34,000,000	(4,000,000)	부채감소 현금감소	재무
	아파트대출금(장기차입)	300,000,000	297,500,000	(2,500,000)	부채감소 현금감소	재무
	부채합계	340,000,000	334,100,000	(5,900,000)		
	자본금	220,000,000	220,000,000	0		재무
자본	당기순이익	0	440,000	440,000	당기순이익	영업
	자본합계	220,000,000	220,440,000	440,000		

손익계산서

XXXX년 10월 1일 ~ XXXX년 11월 30일

(단위: 원)

황대손 손익현황

과목		10/1~10/31	11/1~11/30	10/1~11/30	활동구분	간략 내역
수익	급여, 상여금	5,000,000	5,000,000	10,000,000	영업활동	주업 수입(세금공제 후 실수령액)
	투자수입	0	1,000,000	1,000,000	투자활동(비영업활동 거래)	부업 수입(주식 26백) 11월 주식 5백 처분(장부금액 4백) - 차익 1백
	기타수입	15,000	0	15,000	영업활동	10월 이자수익 15,000
	수익합계	5,015,000	6,000,000	11,015,000		
비용	현금지출	300,000	200,000	500,000	영업활동	모임회비, 부모님 용돈, 경조사 등
	신용카드사용액	2,400,000	2,600,000	5,000,000	영업활동	카드이용대금명세서 금액
	대출이자	1,175,830	1,161,660	2,337,490	영업활동	아파트 대출이자, 마이너스대출 이자
	자동이체 외	61,670	70,840	132,510	영업활동	수도광열비 등
	감가상각비	1,287,500	1,317,500	2,605,000	영업활동(비현금 비용 거래)	아파트, 개인승용차, 전자제품 외, 11월 자전거 구입
	비용합계	5,225,000	5,350,000	10,575,000		
이익	당기순이익	(210,000)	650,000	440,000	영업활동	수익 - 비용

※ 비용부분은 영업활동에 관련된 비용만 있다고 가정.

현금흐름표

XXXX년 10월 1일 ~ XXXX년 11월 30일

간접법 (단위: 원)

과 목	금 액
1. 영업활동 현금흐름	**4,645,000**
당기순이익	440,000
비현금항목의 조정	
- 감가상각비	2,605,000
- 주식처분이익	**(1,000,000)**
매출채권 감소	2,000,000
카드사용액 증가	600,000
2. 투자활동 현금흐름	**3,000,000**
적금입금	(200,000)
주식처분	**5,000,000**
자전거 매입	(1,800,000)
3. 재무활동 현금흐름	**(6,500,000)**
마이너스대출 감소	(4,000,000)
아파트대출금 감소	(2,500,000)
현금의 증감	**1,145,000**
기초의 현금	900,000
기말의 현금	**2,045,000**

5장

황과장, 회계적인 마인드와 조금씩 친해지다

01 민부장, 챗GPT로 문제점을 해결하다

강차장은 오늘 저녁 회식을 위해 인터넷으로 장소를 찾고 있었다. 최근 코로나로 인해 부서회식을 오랜만에 하는 것도 있지만, 처음으로 황과장과 함께하는 자리라 의미가 있었다.

민부장은 코로나 전에 있었던 가장 최근의 부서회식을 잠시 회상해 보았다. 그날 삼겹살집에서 민부장과 강차장 그리고 김대리와 함께 앉아서 소주를 마시고 있었다. 바로 옆 테이블에는 송대리, 주연씨, 은옥씨, 미영씨가 앉아 있었다. 여직원들은 음료를 마시면서 수다를 떨고 있었고, 송대리는 조용히 고기를 굽고 얘기만 듣고 있었다. 같은 부서회식이지만 완전히 따로 분리되어 있는 느낌이었다. 민부장은 다들 회사일로 고생 많다며 건배 제의를 했고, 강차장과 김대리는 연거푸 마셨다.

민부장은 회사업무 얘기를 하면서 강차장에게 업무진행은 잘 되고 있는지 확인하며 궁금한 사항이나 어려운 사항이 있으면 지원하겠다는 얘기를 주고받았다. 그리고 예전에 민부장이 근무하던 시절의 어려웠던 회사 이야기와 이를 극복하기 위해 직원들과 협업하여 업무를 잘 수행했던 일을 떠올리며 직원들에게 한 이야기도 생각났다. 대략 이런 내용이었다.

"요즘 젊은 세대들은 우리라는 얘기를 잘 안 하는 것 같다. 내가 일하던 때에는 동기들과 함께 저녁 늦게까지 일하고, 자주 모여서 술도 마시고, 주말이면 같이 낚시나 등산도 가고 했는데, 요즘은 워라밸이 중요하다며 땡~ 하면 퇴근해서 개인적인 취미나 행복을 위해 자유롭게 지내고 하는데, 이는 너무 개인화되는 것 같다. 우리 때는 힘들면 서로 돕고 의지하며 끈끈한 정이 있었는데 이런 게 없어서서 걱정이다. 그런 의미에서 다들 잔을 채우고 내가 '우리 회계부는 모두 하나다' 하면 다같이 '하나다' 하고 외치면 됩니다."

강차장과 김대리는 소주잔을 가득 채웠고 옆 테이블의 송대리와 여직원들은 사이다를 소주잔에 채웠다. 민부장이 건배제의를 시작했다.

"우리 회계부는 모두 하나다!"

"하나다!"

그날 민부장은 2차로 맥주라도 한잔하자고 했지만, 동의하는 사람이 없어 1차 이후 모두 뿔뿔이 흩어졌다. 회상을 끝낸 민부장은 입맛을 다셨다.

이후 갑자기 시작된 코로나로 인해 한동안 회식을 못하게 되자 민부장 역시 회식자리가 불편하게 느껴졌다. 그리고 코로나로 인해 회식문화가 많이 바뀌게 되었다. 예전처럼 술을 마시며 상사가 전달하고자 하는 얘기를 경청하던 시대는 이제 아니었다.

민부장은 어떻게 하면 요즘 젊은 세대와 공감대를 형성하고 분위기 좋게 회식을 할 수 있을지 고민이 되었다. 좋은 생각이 떠오르지 않자 회의실로 들어가 고등학교 친구인 진호에게 전화를 걸었다. 그는 서비스 영업직에서 일하고 있어 사람들과 대면이 많은 친구였다.

한참 전화벨이 울린 뒤 그가 전화를 받았다.

"어, 오래간만이네. 어떻게 전화를 다 하고."

민부장은 진호에게 그간 어떻게 지냈는지 안부도 묻고 회사일에 대해서도 이런저런 얘기를 나누었다. 진호는 민부장이 전화한 이유가 궁금했다.

"그래, 무슨 일 있어?"

"그게 말이야. 오늘 저녁 회식하는데 요즘 젊은 직원들하고 대화가 잘 안 되어서 무슨 얘기를 해야 하는 게 좋을지? 너야 영업을 하고 가끔 젊은 사람들과 자리가 많을 테니 조언 좀 얻으려고."

진호는 한바탕 웃으며 말했다. 그는 목소리가 큰 사람이었다.

"야, 천하의 철민이가 회식하는데 이런 조언을 다 부탁하고…. 참 오래 살다 보니 이런 일도 다 있네."

철민은 민부장의 이름이었다. 서울 강남의 2호선 역삼역처럼 앞에서 읽으나 뒤에서 읽으나 같은 발음이었다. 이름 때문에 어릴 때에는 놀림도 받았다. 하지만 사회생활을 한 후에는 사람들에게 웃음을 주었다. 자기 이름을 처음 들은 사람들은 이상한 미소를 지으며 이름을 되묻곤 했다. 이제는 그런 것에 신경을 쓰지 않는 민부장이었다.

"웃지 마! 최근 코로나 때문에 회식도 못했고 회장 아들이 우리 부서에 와 있는데, 처음 하는 회식이야. 아무튼 요즘 젊은 직원들과 대화가 잘 안 되니 회식자리가 좀 불편해. 그렇다고 가만히 술만 마시고 있자니 내가 눈치 보이고. 또 대부분 술도 잘 안 마셔."

"나도 그래. 옛날 얘기하면 라떼 얘기 그만하라고 유행처럼 번지는 바람에 그마저 하는 것도 없으니 얘기할 거리가 잘 없지. 우리 때는 윗분들 눈치 본다고 분위기 맞춰주고 하는 게 당연했는데, 요즘 젊은 세대들은 회식자리 함께 있는 것도 고마워해야 할 정도니까. 예전에는 1차만 함께하고 카드 주고 사라지는 게 최고의 상사였는데 지금은 회식을 점심으로 간단히 하는 게 최고의 상

사라고나 할까."

"그래! 예전에 노래방 가서 상사 앞에서 재롱 떨고 하던 때가 얼마 안 된 것 같은데, 점점 우리 설 자리가 없어지는 것 같아."

수화기 너머에서 잠시 적막이 흘렀다. '음…'이라는 말이 한두 번 흘러나왔다. 진호가 뭔가 생각하는 듯했다.

"철민아! 그럼 우선 네가 장소부터 좋은 곳으로 정해 봐. 요즘 애들 잘 가는 곳으로 생각해 보고…. 꼭 술을 마셔야 할 필요는 없으니 다양하게 회식장소 정할 수 있을 거야."

"그렇게 얘기하면 내가 잘 모르니 그냥 몇 군데 추천해 줘!"

진호는 답답하다는 듯 말했다.

"너 요즘 신문 안 보냐? 챗GPT에 물어보면 돼. 질문하면 다 알려줘. 나도 요즘 챗GPT 잘 활용하고 있어. 물론 아직까지는 약간 부족한 게 있지만 네가 찾고자 하는 정보는 충분할 거야. 철민아, 미안한데, 나 지금 손님이 와서 나중에 통화해야겠다. 미안…."

"어, 그래. 고마워!"

민부장은 전화를 끊고 자리에 돌아와 챗GPT를 검색해 보았다. 챗GPT와 관련된 내용을 읽고 사이트에 접속했다. 회원가입을 하고 나서 '요즘 젊은 세대들이 좋아하는 회식장소가 어디지?'라고 질문을 해 보았다. 질문을 하자마자 답변이 올라왔다.

'요즘 젊은 세대가 선호하는 회식장소는 지역과 문화에 따라 다를 수 있지만, 일반적으로 다음과 같은 장소들이 인기가 있습니다. 카페와 와인바, 이자카야, 퓨전레스토랑 등' 순으로 답변이 나왔다. 민부장은 신기한 듯 또 다른 질문을 했다.

'회식장소에서 이야기 주제는 무엇이 좋을까?'

'회식장소에서 즐겁고 유익한 대화를 위한 다양한 이야기 주제를 고려해 보세요. 아래는 회식에서 유용한 이야기 주제 아이디어 몇 가지입니다. 여행경험, 음식과 레스토랑, 취미와 관심사, 좋아하는 책, 영화, TV프로그램, 문화 및 예술이야기 등…. 주의할 점은 이 주제가 모든 사람들에게 적합하지 않을 수 있다는 것입니다. 민감한 주제나 논쟁적인 주제를 피하고, 다른 사람들의 의견을 존중하는 것이 중요합니다. 그리고 여러 주제를 돌아가면서 이야기하여 다양한 관점을 들어 보세요.'

민부장은 챗GPT 글을 보고 속으로 감탄을 아끼지 않았다. 세상 많이 좋아졌다는 말이 무심코 나올 정도였다. 앞으로 궁금한 게 있으면 여기 질문하면 되겠다고 생각했다. 그리고 오늘 회식장소를 어디로 하면 될지 생각해 두었다. 업무 종료 30분 전이었다.

"강차장, 오늘 저녁 회식장소 어디로 갈지 정했나요?"

민부장이 물어보자 강차장은 이때다 싶어 답했다.

"네, 부장님. 오늘 저녁은 제주 흑돼지 삼겹살 잘하는 곳으로 예약할까 하는데요? 여기 엄청 유명한 맛집입니다."

김대리는 삼겹살에 소주라서 한껏 기대에 부풀었다. 그러나 여직원들은 그게 아닌 것 같았다. 여기저기서 나지막하게 탄식이 흘러나왔다.

"또 삼겹살이네."

"옷에 냄새 배겠네."

여직원들은 체념할 수밖에 없었다. 하지만 곧이어 민부장 말에 탄성을 질렀다.

"이탈리안 레스토랑 잘하는 곳이 있는데 오늘은 여기로 가지. 와인도 유명한 곳이야. 우리 그동안 회식을 못해서 회식비 많이 남아 있지?"

"네, 부장님. 회식비 충분합니다. 와인 좋아하는 거 어떻게 아시고…."

여직원들은 한껏 들떠 있었다. 이탈리안 레스토랑에 인터넷으로 접속해서 어떤 메뉴를 먹을지 기대하며 웃고 있었다. 강차장과 황과장, 김대리는 못내 아쉬워했다. 남자 직원 중에서는 송대리만 유일하게 웃고 있었다. 결국 민부장이 얘기한 이탈리안 레스토랑으로 회식장소가 정해졌다.

　이탈리안 레스토랑은 은은한 조명을 갖추고 고급스러우면서도 차분한 분위기의, 평소 회식 분위기와는 완전히 다른 곳이었다. 여직원들은 SNS에 올려야겠다고 웃으며 수다를 떨었다.

　민부장은 이탈리안 레스토랑이 어색했다. 메뉴를 고르는 데 익숙지 않았다. 자연스럽게 여직원들에게 넘겼다.

　"알아서 시켜."

　여직원들은 나란히 메뉴를 보고 나서 스테이크와 파스타, 피자 및 샐러드와 음료를 나누어서 주문했다. 그 후 민부장이 메뉴판을 받아 보고 까베르네 소비뇽 레드와인을 주문했다. 그러면서 말했다.

　"스테이크에는 이 와인이 궁합이 잘 맞지."

　평소 같지 않은 민부장을 보고 다들 눈이 동그래졌다. 이 모습을 본 민부장은 속으로 쾌재를 불렀다. 챗GPT와 대화하면서 몰래 메모해둔 것을 써먹은 것이다.

　"부장님, 평소 와인을 자주 드시는가 보네요."

　"오늘은 레스토랑에 왔으니 분위기 잡고 와인을 마시는 거니 여기까지."

　황과장이 물어본 말에 민부장은 엉뚱한 말로 얼버무렸다. 삼겹살과 소주를 기대한 강차장과 김대리도 이탈리안 레스토랑이 익숙지 않았다. 서먹하게 앉아 있을 수밖에 없었다. 가끔 TV에서나 보던 레스토랑 분위기였다.

　분위기가 이상해지자 민부장이 여행에 관한 얘기를 자연스럽게 꺼냈다. 과거 젊었을 때 보루네오 섬에 해외파견을 갔던 얘기였다. 하지만 오래전 일이라 젊은 사람들에게는 어색한 이야기였다. 2, 30년 전이라면 여직원의 경우 아장아장 걸음마를 배울 때였다.

그때 태어나지도 않은 여직원도 있었다. 그 때문에 공감대가 형성되기는 어려웠다. 송대리는 메뉴판을 이리저리 넘겨보고 있었고 여직원들은 듣는 둥 마는 둥 딴짓을 하고 있었다. 간혹 옆에 있는 강차장이 날이 더워 고생했겠다는 추임새 정도만 넣을 뿐이었다. 민부장보다 몇 년 후배인 강차장은 그 당시를 기억하고 있었다.

황과장이 작년에 태국 파타야 해변에 가서 석양을 보면서 맥주 마시던 얘기를 꺼내자 분위기가 달라지기 시작했다. 모두 여행경험이 있기에 자신의 경험을 자연스레 이야기했다. 강차장은 태국의 밤문화에 대해 이야기하고, 주연씨는 대만으로 자유여행을 갔던 얘기, 은옥씨는 온천으로 유명한 일본 유후인에서 있었던 얘기 등 다들 해외여행 다녀온 경험담을 얘기했다. 중간중간에 그곳에 가보았던 사람들은 함께 맞장구를 쳤다. 이를 지켜보던 민부장은 한 번 더 챗GPT에게 고마운 마음을 가졌다.

김대리는 조용히 듣고 있다가 자신은 제주도 배낭여행을 시작으로 대학교 때 전국 무전여행을 가서 겪었던 일화를 얘기했다. 다들 아직도 무전여행을 하는 사람이 있느냐고 했지만, 나름 중간중간 버스도 타고 저렴한 게스트하우스에서 쉬기도 했다며, 완전 무전여행은 아니고 아주 저렴하게 배낭여행을 다녀왔다고 했다.

그 사이에 음식이 나왔다. 음식에 대한 질문과 대화가 이어지면서 자연스레 와인까지 잔에 따르고 건배를 하다 보니 분위기는 더욱 무르익었다. 스테이크와 레드와인을 곁들여 마시니 입안 고기가 와인향을 머금으면서 오묘한 맛을 냈다. 순식간에 스테이크를 다 먹어버려 추가로 스테이크를 주문을 했다. 레드와인 역시 한 잔씩 나누다 보니 한 병이 순식간에 없어져 추가로 한 병을 더 주문했다.

"부장님, 다른 와인도 마셔봅시다."

강차장의 말에 민부장은 잠깐 주춤했다. 그러더니 메뉴판을 보고 저렴한 레드와인을 주문했다. 강차장과 황과장, 김대리는 와인을 소주 마시듯 마셨다. 음미하며 마시는 것이 아니라 한꺼번에 들이켰다. 황과장도 와인을 이런 식으로 마셔보기는 처음이라며 즐겁게 웃었다.

민부장은 황과장이 회계부에 온 것을 환영하며 앞으로 회계부에서 지내면서 업무를 잘 배우고 잘 적응하기를 바란다며 건배를 제의했다. 강차장과 황과장, 김대리가 소주처럼 들이켜자 와인은 금방 동이 났다. 민부장은 세 번째 와인을 주문하면서 말했다.

"와인은 이게 마지막이다."

강차장과 황과장, 김대리는 아쉬워했다. 옆자리의 주연씨가 너무 시끄럽다며 좀 조용히 해달라고 했지만, 그럴수록 목소리는 더 올라가기만 했다.

회식 전 고심했던 민부장의 우려와 달리 다행히 모두들에게 즐거운 회식이었다. 다들 한마음이 된 듯 즐거워했다. 주문한 음식을 다 먹고 나서도 회식은 한 시간 더 이어졌다.

민부장은 여직원들 택시를 잡아준 후 자신도 택시를 타고 떠났다. 술을 마시지 못하는 송대리도 힘들다며 자리를 떴다. 이제 세 사람만 남았고 모두 뭔가 아쉬운 눈치였다. 황과장이 2차를 가자고 권하니 자연스레 강차장과 김대리도 따라나섰다. 세 사람은 근처 삼겹살집에서 소주를 마시며 부족한 알코올을 다시 채웠다. 그렇게 겨울밤은 흘러가고 있었다.

02 재무상태표의 안정성과 성장성을 파악하다

　다행히 어제 삼총사들은 2차를 끝으로 헤어졌다. 김대리가 버스 시간을 핑계로 먼저 자리를 떴다. 김대리가 집으로 가자 자연스레 자리는 끝나게 되었다. 황과장이나 강차장도 둘이서만 술 마시는 게 아직은 어색했다.

　김대리는 부쩍 몸무게가 늘어 건강검진시 과체중이라는 판정을 받았다. 술을 줄이고 건강을 위해 식단을 조절하기 시작했다. 안주를 많이 먹는 습관 때문에 술자리가 잦아지면 과식을 하게 되는 것이었다. 자신과의 약속도 있고 해서 최대한 술을 줄이고 있는 것이다.

　술자리가 많아지니 신용카드 결제액도 증가했다. 카드이용대금 명세서를 보니 저녁 술자리로 쓴 비용과 택시비가 평소보다 두 배 정도 증가한 것을 알았다. 김대리는 황과장 재무상태를 점검할 게 아니라 자신의 재무상태도 관리가 필요하다는 것을 느끼고, 본인의 재무상태표와 손익계산서도 작성해 보기로 했다.

　12월도 얼마 남지 않은 상황에서 김대리는 황과장에게 12월 예상 재무제표를 작성해 보고 3개월 동안 발생한 재무상태표와 손익계산서, 그리고 현금흐름표를 분석해 보라고 했다. 황과장은 그동안 배운 방법으로 자신의 12월 예상 재무제표를 작성하기 시작했다. 지금 현재 기준으로 사용한 비용과 앞으로 10여일 남은 비용을 예상해서 검토했다.

황과장은 검토 중에 새로운 사실 하나를 발견했다. 매월 반복적으로 일정한 금액이 발생하는 비용이 있다는 것과, 쓴 만큼 금액이 늘어나는 비용, 그리고 특정한 일이 발생할 때 생기는 비용이 있다는 것을 알았다.

급상여는 매월 정해진 금액이 입금되며, 모임회비나 부모님 용돈은 매월 정해진 금액이 발생했고, 감가상각비 또한 매월 발생했다. 그리고 대출이자는 자신이 사용한 금액만큼 이자비용의 증감이 있고 각종 공과금 역시 사용분에 대해 매월 발생하는 비용이었다. 한 가지 특이한 것은 카드사용액은 가장 큰 비중을 차지하면서 자신이 조정 가능한 비용들이 많았다는 것이다. 대부분 생활비로 지출하는 것이 많았으며, 특히 술자리로 인해 지출하는 비용이 가장 크게 작용하고 있었다.

황과장은 생활패턴에 따라 지출현황을 파악하고 매월 일정하게 발생하는 비용은 그대로 적용하고 사용한 만큼 증가하는 비용은 대략적인 사용액을 고려해서 금액을 적용했다. 마지막으로 신용카드사용액을 예상할 때에는 변수가 많았다. 남은 10여일을 어떻게 보내는지에 따라 금액의 증감이 좌우되는 것이었다. 특히나 12월 말은 송년회 등 모임자리가 많아 지출이 가장 많은 시기였다. 작년 12월 크리스마스와 연말 송년회 때 친구들과의 술자리 등으로 지출이 아주 컸던 기억이 났다.

과거에는 자신의 자산을 체계적으로 관리하지 않았고 카드한도가 있으면 돈에 대해서는 크게 의식하지 않고 사용해 왔다. 그러나 지금은 앞으로 자신이 어떻게 하는지에 따라 결과가 결정되는 것이었다.

김대리는 황과장이 너무 깊이 생각하는 모습을 보고 한마디 던졌다.

"과장님, 재무제표 작성하는 데 모르는 것이 있는가요? 뭘 그리 심각하게 생각하세요?"

황과장은 잠시 주춤했다.

"아, 뭐 좀 생각한다고. 괜찮아. 예상비용을 산출하는데 쉽지가 않네."

"과장님, 불과 10여일 동안 발생할 비용을 생각하는데도 쉽지 않은데, 저희는 내년도 사업계획을 작성할 때 얼마나 머리가 아플지 상상이 가시죠."

황과장은 입을 쩍 벌렸다.

"내년도 사업계획이라 정말 쉽지 않겠다. 고작 남은 10여일 동안 뭘 할지 생각하는데도 머리가 아픈데."

황과장은 남은 10여일간 스케줄을 확인하면서 적정한 선에서 예상금액을 산출하여 재무제표를 작성해 나갔다. 김대리도 자신의 재무제표를 작성하면서 자산현황 및 손익현황을 파악하고 있었다.

황과장은 재무제표를 완성하고 난 뒤 기지개를 힘껏 펼치며 자랑스레 김대리를 보았다. 김대리는 황과장이 작성한 재무제표를 하나씩 검토하기 시작했다.

잠시 뒤 김대리는 12월 예상 재무상태표를 확인한 결과를 황과장에게 설명했다.

"과장님, 정리 잘 하셨습니다. 12월 예상 재무상태표는 9월말일자와 대비해서 자산은 매출채권이 2백만원 감소했고 투자자산 주식처분으로 4백만원 감소 및 감가상각누계액으로 약 4백만원 감소해서 전반적으로 자산이 감소했습니다. 부채는 아파트대출금과 마이너스대출금 상환으로 약 9백만원이 감소했습니다. 결론은 3

개월 동안 일을 해서 들어온 수입보다 지출이 많아 자본금이 230,000원 감소한 결과가 나왔습니다. 이제 월별로 안정성에 대해 분석해 보겠습니다. 아! 그 전에 재무상태표상 자산은 유동자산과 비유동자산으로 구분되어 있습니다. 이 구분은 1년 이내에 현금화할 수 있는가, 아닌가에 따라 유동자산과 비유동자산으로 구분합니다. 과장님의 재무상태표를 보면 1년 이내에 현금화 가능한 자산과 그렇지 않은 자산이 있습니다. 예금 같은 경우 3개월 이내에 현금화가 가능합니다. 보통 적금 만기가 3개월 이내인 것이라고 보면 되고, 보통예금은 모두 현금과 예금으로 보면 됩니다. 매출채권도 현재 저희는 다음 달에 모두 현금이 입금되기에 1년 이내에 현금화가 됩니다. 빌려준 돈 역시 대부분 1년 이내에 돌려받습니다. 정기예금은 현재 3년 약정으로 만기가 1년 넘게 남아 있어 비유동자산입니다. 투자자산은 1년 이상 투자를 하고 있어서 비유동자산이며, 토지, 아파트, 개인승용차, 전자제품 외, 자전거는 유형자산으로 1년 이상 보유하고 있는 자산으로 비유동자산입니다. 부채의 경우도 동일하게 1년을 기준으로 1년 이내에 지급해야 하는 채무는 유동부채, 1년을 초과해서 지급하는 채무는 비유동부채로 보면 됩니다. 현재 신용카드사용액은 익월에 결제하고, 빌린 돈 역시 1년 이내에 갚을 돈이며, 마이너스대출은 1년 약정으로 1년 이내에 모두 상환해야 하는 단기차입금으로 유동부채입니다. 아파트대출금은 20년 장기 대출로 1년 이상으로 비유동부채입니다. 재무상태표 과목에 유동과 비유동을 구분하면 보시는 화면과 같이 나누어집니다."

황과장은 PC 화면상 보이는 내용을 보며 생각을 얘기했다.

"1년이라는 기준이 매우 중요하구나! 근데 자전거는 1달 만에 팔았는데?"

"네, 물론 자전거를 구매해서 1달 만에 정리를 했지만, 일반적으로 회계에서는 자산을 매입하면 1년 이상 사용하는 것으로 판단합니다. 그래서 내용연수를 기준으로 감가상각을 하고 있지요? 그리고 팔려고 구매했다면 상품으로 봐야겠지요."

"그냥 궁금해서 물어봤는데 또 새로운 개념이 나오네."

"아직 더 많은 개념을 배워야 하는데, 오늘은 안정성과 성장성 분석에 대해 배워야 하니 여기까지 하겠습니다. 우선 11월 30일 수식을 적용한 내용을 참고해 보기 바랍니다."

김대리는 황과장이 작성한 재무상태표에 미리 준비한 Excel 양식을 추가해서 금액을 산출했다. 황과장은 산출된 비율과 숫자가 무엇을 뜻하는지 알 수 없었으나 일단 높으면 좋을 것이라 생각했다.

"과장님, 안정성은 시장상황이 변할 때 기업의 재무적 대응능력을 나타내는 지표입니다. 이것을 보면 기업의 부채지급능력과 경기변동 대처능력을 확인할 수 있습니다. 현재 산출된 안정성 관련 각각의 산출된 비율들은 보시는 표와 같습니다. 통상 기업은 사업을 위해 자금이 필요합니다. 이때 재무제표를 기준으로 신용평가를 진행합니다. 그러나 개인은 재무제표가 없습니다. 그렇기 때문에 개인의 신용은 현재 다니고 있는 회사가 안전한지, 연봉은 얼마나 받고 있는지, 근속연수가 오래되었는지, 직위가 어떻게 되는지, 개인 자산과 부채는 얼마나 있는지 등을 활용해서 평가합니다. 저희는 회계상 참고하기 위해 산출한 것이니 이해만 하면 됩니다. 그리고 수치가 높다고 해서 좋은 것은 아니니 각 부분별로 내용을 이해하셔야 합니다."

황과장은 뜨끔했다. 김대리가 자신의 속마음을 읽고 있는 것 같았다. 그래도 황과장은 태연하게 말했다.

"수식이 있으니 참고하면 되겠네."

김대리는 사전에 작성한 간략 내역을 보여주었다.

"간략 내역에 별도 일반적인 기업의 예시를 기준으로 정리했습니

재 무 상 태 표
XXXX년 12월 31일 예상

황대승 자산현황 (단위: 원)

과 목		9월 30일 현재	10월 31일 현재	11월 30일 현재	12월 31일 예상
유동자산	현금과 예금	900,000	1,027,500	2,045,000	1,482,500
	매출채권	7,000,000	5,000,000	5,000,000	5,000,000
	빌려준 돈	0	0	0	0
비유동자산	정기예금(장기-1년 이상)	5,100,000	5,200,000	5,300,000	5,400,000
	투자자산(주식 외)	26,000,000	26,000,000	22,000,000	22,000,000
	토지	0	0	0	0
	아파트	500,000,000	500,000,000	500,000,000	500,000,000
	감가상각누계액	0	(937,500)	(1,875,000)	(2,812,500)
	개인승용차	18,000,000	18,000,000	18,000,000	18,000,000
	감가상각누계액	0	(300,000)	(600,000)	(900,000)
	전자제품 외	3,000,000	3,000,000	3,000,000	3,000,000
	감가상각누계액	0	(50,000)	(100,000)	(150,000)
	자전거	0	0	1,800,000	0
	감가상각누계액			(30,000)	0
	전월세보증금	0	0	0	0
	자산합계	560,000,000	556,940,000	554,540,000	551,020,000
유동부채	신용카드사용액	2,000,000	2,400,000	2,600,000	3,000,000
	빌린 돈	0	0	0	0
	마이너스대출(단기차입)	38,000,000	36,000,000	34,000,000	32,000,000
비유동부채	아파트대출금(장기차입)	300,000,000	298,750,000	297,500,000	296,250,000
	부채합계	340,000,000	337,150,000	334,100,000	331,250,000
자본	자본금	220,000,000	220,000,000	220,000,000	220,000,000
	당기순이익	0	(210,000)	440,000	(230,000)
	자본합계	220,000,000	219,790,000	220,440,000	219,770,000
손익	대출이자	0	1,175,830	2,337,490	3,484,990

안정성 분석

구 분	11월 30일	11월 30일 수식 적용
유동비율	19.2%	유동비율 = $\dfrac{\text{유동자산}}{\text{유동부채}} \times 100\%$ $19.2\% = \dfrac{(2,045,000 + 5,000,000 + 0)}{(2,600,000 + 0 + 34,000,000)} \times 100\%$
부채비율	151.6%	부채비율 = $\dfrac{\text{부채}}{\text{자본}} \times 100\%$ $151.6\% = \dfrac{334,100,000}{220,440,000} \times 100\%$
차입금의존도	59.8%	차입금의존도 = $\dfrac{(\text{단기차입} + \text{장기차입})}{\text{자산}} \times 100\%$ $59.8\% = \dfrac{(34,000,000 + 297,500,000)}{554,540,000} \times 100\%$
자기자본비율	39.8%	자기자본비율 = $\dfrac{\text{자본}}{\text{자산}} \times 100\%$ $39.8\% = \dfrac{220,440,000}{554,540,000} \times 100\%$
총자본이익잉여금 비율	0.08%	총자본이익잉여금 비율 = $\dfrac{\text{당기순이익}}{\text{자산}} \times 100\%$ $0.08\% = \dfrac{440,000}{554,540,000} \times 100\%$
이자보상배율	0.19	이자보상배율 = $\dfrac{\text{당기순이익 *}}{\text{이자비용}} \times 100\%$ $0.19 = \dfrac{440,000}{2,337,490}$ * 당기순이익으로 적용한 기준이며 원칙은 영업이익임

안정성 분석

구 분	09월 30일	10월 31일	11월 30일	12월 31일 예상
유동비율	19.8%	15.7%	19.2%	18.5%
높을수록 안정적임(유동성 : 1년 이내에 자산을 현금으로 전환할 수 있는 능력) 기업의 경우 100% 이하는 위기시 유동성 문제 발생 가능성 있음				
부채비율	154.5%	153.4%	151.6%	150.7%
낮을수록 안정적임 자신이 가진 순자산 대비 부채가 얼마나 되는지 확인				
차입금의존도	60.4%	60.1%	59.8%	59.6%
낮을수록 안정적임 기업의 경우 차입금 의존도는 30% 이하가 양호함				
자기자본비율	39.3%	39.5%	39.8%	39.9%
높을수록 안정적임 기업의 경우 자기자본비율은 통상 50% 이상일 경우 양호함				
총자본이익잉여금 비율		-0.04%	0.08%	-0.04%
높을수록 안정적임 기업의 경우 총자본이익잉여금 비율이 10% 이상이 좋음				
이자보상배율		(0.18)	0.19	(0.07)
높을수록 안정적임. 통상 3배수 이상이 양호함 금융기관에 차입한 돈으로 영업활동시 벌어들인 영업이익으로 이자비용을 지급할 수 있는 능력이 얼마나 되는지 확인(현재기준은 당기순이익으로 산출)				

다. 읽어 보시고 궁금한 사항이 있으면 질문하시고 참고만 하시면 됩니다."

황과장은 산출된 비율과 간략 내역을 확인하면서 읽어 보았다. 황과장은 자신의 재무상태표 안정성 관련 비율들이 모두 기준치에 미달했기에 이대로 있어서는 안 된다는 심각성을 느꼈다.

"이자보상배율은 일반기업의 경우 영업이익을 이자비용으로 나누어서 산출하기에 영업이익이 이자비용을 커버하지 못하면 부실이 발생할 가능성이 높다고 판단을 해서 은행에서는 중요하게 봅니다. 왜냐하면 대출을 해줬는데 이자도 못 갚는 회사에 대출은 위험이 크기 때문입니다."

황과장은 자신의 이자보상배율을 보며 한숨을 쉬었다.

"헐…. 나도 대출이자를 커버하지 못하네. 큰일이네."

주위의 직장인들은 집을 장만하기 위해 대출을 하고, 원금과 이자를 상환하고, 생활비를 지출하면 대부분 저축할 돈이 없는 경우가 많다. 황과장은 혼자 살고 있는데도 재무상태표가 심각한 상황이었다. 결혼해서 맞벌이를 하지 않으면 파산할 거라는 생각이 들었다. 그는 자신이 회장 아들이라는 사실을 잠시 망각하고 있었다.

"김대리, 생각보다 내 재무상태표의 안정성 비율이 너무 심각하네. 성장성은 어떻게 나올지 궁금하네. 성장성 비율도 한번 보자."

"네, 우선 11월 30일 기준으로 성장성 분석한 자료입니다."

김대리는 미리 작성한 성장성 비율을 황과장에게 보여주었다.

"과장님, 성장성 비율입니다. 성장성은 기업의 자산, 부채, 자본 및 매출액, 영업이익 등 전년보다 얼마만큼 성장 혹은 감소했는지를 나타내는 지표인데, 미래기업의 잠재력을 측정할 수 있는 중요한 재무비율입니다. 보통 성장성을 비교할 때에는 연단위로 하는데, 우리는 3개월간의 자료로 비교하다 보니 성장성 변동이 그리 크지는 않습니다."

성장성 분석

구 분	11월 30일	11월 30일 수식 적용
총자산증가율	-0.43%	총자산증가율 = $\dfrac{(당월자산 - 전월자산)}{전월자산} \times 100\%$ $-0.43\% = \dfrac{(554{,}540{,}000 - 556{,}940{,}000)}{556{,}940{,}000} \times 100\%$
총부채증가율	-0.90%	총부채증가율 = $\dfrac{(당월부채 - 전월부채)}{전월부채} \times 100\%$ $-0.90\% = \dfrac{(334{,}100{,}000 - 337{,}150{,}000)}{337{,}150{,}000} \times 100\%$
총자본증가율	0.30%	총자본증가율 = $\dfrac{(당월자본 - 전월자본)}{전월자본} \times 100\%$ $0.30\% = \dfrac{(220{,}440{,}000 - 219{,}790{,}000)}{219{,}790{,}000} \times 100\%$

성장성 분석

구 분	10월 31일	11월 30일	12월 31일 예상
총자산증가율	-0.55%	-0.43%	-0.63%
높을수록 좋음 총자산이 점차적으로 감소하고 있음(투자자산 및 유형자산 처분 영향이 가장 큼)			
총부채증가율	-0.84%	-0.90%	-0.85%
낮을수록 좋음 부채도 점차적으로 감소하고 있음(매월 차입금 상환 영향이 가장 큼)			
총자본증가율	-0.10%	0.30%	-0.30%
높을수록 좋음 당기순손실로 인해 감소함			

황과장은 월별로 성장성 증감 현황을 살펴보았다.

"9월달은 성장성 비율이 없네?"

"9월달부터 시작했기에 전월 자료가 없기 때문입니다. 우선 수식을 보면 당월에서 전월을 차감해서 전월 값으로 나누어서 산출합니다. 간략 내역 정리한 걸 보면 증감사유에 대해 이해할 수 있습니다."

김대리는 간략 내역을 펼쳐 보았다. 총자산증가율과 총자본증가율은 높을수록 좋고, 총부채증가율은 낮을수록 좋다. 즉 자산과 자본이 증가하고 부채는 낮을수록 재무상태표가 좋게 나타나는 것이다.

김대리가 작성한 간략 내역상 전반적인 증감사유를 파악할 수 있어 이해가 되었지만, 황과장은 자신의 재무상황이 심각하다는 점에서 강한 충격을 받았다.

황과장은 잠깐 머리를 식히고자 사무실 밖으로 나갔다. 너무 집중한 것도 있지만 앞으로 기업을 경영해야 하는 막중한 무게감에 현기증이 느껴졌다. 하늘을 한참 쳐다보고 있으니 남은 10여일을 어떻게 보내야 할지 점점 감이 오고 있었다.

재무상태표

XXXX년 12월 31일 예상

(단위: 원)

황대손 자산현황

과목		9월 30일 현재	10월 31일 현재	11월 30일 현재	12월 31일 예상	간략 내역
유동자산	현금과 예금	900,000	1,027,500	2,045,000	1,482,500	현금 및 입출금예금통장 잔액
	매출채권	7,000,000	5,000,000	5,000,000	5,000,000	주요 매출로 받지 못한 금액 - 당월 급상여
	별련준 돈	0	0	0	0	별련준 돈이 있는 경우
	정기예금(장기-1년 이상)	5,100,000	5,200,000	5,300,000	5,400,000	정약예금 3백, 정기적금 XXX2년 1월 가입 ~ XXX5년 1월 만기(매월 10만원 입금)
	투자자산(주식 외)	26,000,000	26,000,000	22,000,000	22,000,000	현재 보유하고 있는 잔고 금액 - 11월 주식 5백 처분(장부금액 4백)
비유동자산	토지	0	0	0	0	토지는 감가상각비 대상이 아님
	아파트	500,000,000	500,000,000	500,000,000	500,000,000	40년으로 균등하게 상각, 잔존가치 10% 적용(아파트 토지분은 잔존가치에 반영)
	감가상각누계액	0	(937,500)	(1,875,000)	(2,812,500)	(5억 - 5천) ÷ 40년 ÷ 12개월
	개인승용차	18,000,000	18,000,000	18,000,000	18,000,000	5년 균등하게 상각
	감가상각누계액	0	(300,000)	(600,000)	(900,000)	18백 ÷ 5년 ÷ 12개월
	전자제품 외	3,000,000	3,000,000	3,000,000	3,000,000	노트북, 에어컨, 냉장고(100만원 이상), 5년 균등하게 상각
	감가상각누계액	0	(50,000)	(100,000)	(150,000)	3백 ÷ 5년 ÷ 12개월
	자전거	0	0	1,800,000	0	11월 자전거 1.8백 구입 후 12월 판매, 5년 균등하게 상각
	감가상각누계액	0	0	(30,000)	0	1.8백 ÷ 5년 ÷ 12개월
	전월세보증금	0	0	0	0	전월세로 집을 임차한 경우 보증금 입력, 현재는 해당 없음
	자산합계	560,000,000	556,940,000	554,540,000	551,020,000	
유동부채	신용카드사용액	2,000,000	2,400,000	2,600,000	3,000,000	카드이용명세서상 지급 안 한 금액
	빌린 돈	0	0	0	0	빌린 돈이 있는 경우
	마이너스대출(단기차입)	38,000,000	36,000,000	34,000,000	32,000,000	매월 2백 상환(5천만원 한도, 금리 6%, 월이자 납부)
비유동부채	아파트담보대출(장기차입)	300,000,000	298,750,000	297,500,000	296,250,000	매월 1.25백 상환(아파트담보대출 금리 4%, 20년 원금균등상환조건)
	부채합계	340,000,000	337,150,000	334,100,000	331,250,000	
자본	자본금	220,000,000	220,000,000	220,000,000	220,000,000	
	당기순이익	0	(210,000)	440,000	(230,000)	손익계산서 당기순이익 누계
	자본합계	220,000,000	219,790,000	220,440,000	219,770,000	자산 - 부채 = 자본(순자산, 자기자본)

03 손익계산서의 이익률과 성장성을 파악하다

날씨는 쌀쌀했지만, 하늘은 더없이 높고 파랬다. 갑갑했던 가슴이 조금은 풀리는 듯한 기분이 들었다. 황과장은 왠지 등 뒤에 무언가 있는 느낌이 들었다. 돌아보니 김대리가 서 있었다. 김대리도 사무실이 갑갑했는지 뒤따라 나온 것이다.

"과장님, 많이 힘드시죠?"

"아니, 갑갑해서 바람 쐬러 나온 거지. 내용이 조금씩 무거워지는 느낌이 드네. 쉽게 가르쳐 준다면서…. 하하하!"

황과장이 속내를 감추며 말하자 김대리도 함께 피식 웃었다.

"과장님, 어릴 때 두발자전거 타 보셨죠."

"타 봤지. 근데 왜?"

김대리는 어릴 때를 회상하며 말했다.

"초등학교 때 저희 아버지께서 두발자전거를 타고 다녔는데, 주말에 몰래 끌고 나와서 운동장에서 타던 생각이 납니다."

"두발자전거…. 나도 많이 탔지."

"초등학생이 성인용 자전거 안장에 앉으면 발이 페달에 안 닿거든요. 근데 저 말고도 몇몇 친구들은 성인용 자전거 핸들을 잡고 안장에는 앉지 않고 옆으로 페달을 밟고 서서 타거든요."
"왜 자전거 하나 사달라고 하지."
황과장이 멋쩍은 듯 말하자 김대리는 입을 다셨다.
"어릴 때 성인용 자전거 안 타 봤으면 말을 하지 마세요. 얼마나 재미있는데. 그때는 아버지 자전거가 있어서 그런 생각을 하지 못했던 것 같아요. 그리고 아버지 자전거 타는 것도 재미있어서 주말이면 오후에 가져가서 해가 질 때까지 학교 운동장에서 자전거 타는 연습을 했거든요. 처음 여러 번 넘어지고 자세 잡기가 힘들었지만, 조금씩 균형을 잡기 시작하면서 요령을 터득하고 나니 옆으로 서서도 앞으로 잘 나가고 세울 때도 브레이크를 잡고 천천히 세우면서 한 발로 딛고 하니 성인용 자전거가 그리 어려운 건 아니라는 걸 알았죠. 그리고 조금 더 크면 안장에 앉아서 타고 다니는 상상을 하면서 아버지 자전거를 타던 기억이 납니다. 그때 성인용 자전거는 저에게는 엄청 크고 넘어지는 게 무섭고 해서 겁이 많이 났거든요. 근데 옆에 친구들이 타니까 나도 할 수 있다는 자신감이 발동했는지 지기 싫어서 될 때까지 한 것 같아요."
황과장은 씨익 웃었다.
"그런데 이 시점에서 왜 이 얘기를 하는데?"
김대리도 씨익 웃었다.
"처음에는 힘들었는데 계속하면 별거 아니라는 얘기죠. 허허허!"
"뭔 개소리고. 하하하!"
황과장과 김대리는 함께 한참을 웃었다.
사무실로 돌아온 김대리는 황과장이 만든 12월 예상 손익계산서를 검토해 보았다. 황과장은 아직도 옆에서 피식대고 있었다.
"과장님, 12월달 예상액 중 신용카드사용액을 왜 이리 높게 잡았습니까?"
"하하! 연말 크리스마스 모임과 송년회 등으로 술자리가 많으니

손 익 계 산 서

XXXX년 10월 1일 ~ XXXX년 12월 31일 예상

황대승 손익현황 (단위: 원)

과	목	10/1~10/31	11/1~11/30	12/1~12/31 예상	10/1~12/31 예상
수익	급여, 상여금	5,000,000	5,000,000	5,000,000	15,000,000
	투자수입	0	1,000,000	230,000	1,230,000
	기타수입	15,000	0	0	15,000
	수익합계	5,015,000	6,000,000	5,230,000	**16,245,000**
비용	현금지출	300,000	200,000	400,000	900,000
	신용카드사용액	2,400,000	2,600,000	3,000,000	8,000,000
	대출이자	1,175,830	1,161,660	1,147,500	3,484,990
	자동이체 외	61,670	70,840	65,000	197,510
	감가상각비	1,287,500	1,317,500	1,287,500	3,892,500
	비용합계	5,225,000	5,350,000	5,900,000	**16,475,000**
이익	당기순이익	(210,000)	650,000	(670,000)	(230,000)

까 그렇지. 근데 좀 줄여야겠지?"

"신용카드사용액이 전월보다 40만원 올랐네요. 그리고 12월달 수익에서 비용 차감한 금액이 67만원 적자고요. 그리고 3개월 합산한 손익계산서를 보면 전체 수익은 16,245,000원인데, 비용으로 지출한 총금액은 16,475,000원으로 당기순이익 (230,000)원이 발생했습니다. 그리고 특이사항이 자전거를 처분하셨네요. 11월에 사서 바로 12월에 처분해서 차익 23만원 냈습니다. 장사 수완이 좋으십니다."

황과장은 눈웃음을 지었다.

"자전거를 타보니 내가 생각했던 것보다 성능이나 편안함이 떨어지는 것 같고, 특히 12월 저녁에 자전거 타다가 찬바람 쐬서 감기까지 걸렸지. 그래서 겨울에는 아닌 것 같아서 중고 사이트에 가격 올려서 내놓았는데, 인기 있는 메이커 자전거다 보니 금방 팔렸네."

"와! 과장님, 장사를 하셔도 잘하실 것 같은데요."

"아니야. 최근 환율이 올라서 자연스레 수입단가가 올라간 게 영향이 있는 거지. 인터넷에 새 자전거 가격이 한 달 전보다 20% 가까이 올랐거든. 여하튼 내가 운이 좋았지. 가격도 중요하지만 탔을 때 내 체형하고 좀 맞지 않아서 판 거야."

"자전거 구입가격이 180만원이고 감가상각비로 3만원 차감하면 장부가격이 177만원인데 200만원에 판매했으니 23만원 이익을 남기셨네요. 그럼 판매액 기준으로 이익률을 계산하면, 그러니까 23만원을 200만원으로 나누면 11.5%가 되네요."

김대리는 황과장의 12월 예상 손익계산서 양식에 수식을 대입했다.

"과장님, 손익계산서 검토시 가장 먼저 분석하는 것이 이익률 분석입니다. 혹시 회계적인 입장에서 수익과 이익이 어떻게 다른지 아십니까?"

"수익이나 이익이나 같은 말 아닌가?"

김대리는 예상했다는 듯이 말했다.

"회계적인 입장에서 수익은 매출이고 이익은 순수익이라고 합니다. 수익=매출이며, 결국 수익(=매출)-비용=이익인 것입니다. 예를 들면 찐빵 한 개를 900원에 사서 1,000원에 판매한다면 100원의 이익이 발생합니다. 회계적인 입장으로 말하면 찐빵 한 개를 판매해서 1,000원의 수익이 발생했고, 비용은 900원이며 이익이 100원 발생한 것입니다. 이익률을 산출하면 (100원/1,000원)×100%=10%의 이익률이 발생합니다. 이렇게 수익합계를 전체 매출액으로 보고, 각 비용을 제한 당기순이익을 매출액으로 나눈 비율이 이익률입니다."

황과장은 수익과 이익을 동일한 개념으로 생각했으나, 김대리의 설명을 듣고 차이점을 이해했다. 매월 비용항목 중에서 매출액 대비 신용카드사용액이 가장 큰 비중을 차지하는 것을 알았다. 당기순이익은 11월에만 발생했고 다른 달에는 당기순손실이 발생했다. 3개월 누계인 12월 예상 손익도 당기순이익 (230,000)원이며 이익률은 -1.4%였다. 황과장은 개인적으로 남은 10여일 동안 비용을 아껴야 한다는 부담을 느꼈다. 황과장의 곤혹스런 표정에도 아랑곳하지 않고 김대리는 곧바로 성장성에 대해 설명을 하기 시작했다.

"성장성은 기업의 자산, 부채, 자본 및 매출액, 영업이익 등이 전년보다 얼마만큼 성장 혹은 감소했는지를 나타내는 지표로서, 미래기업의 잠재력을 측정할 수 있는 중요한 재무비율입니다. 손익계산서는 이익이라는 결과값을 도출하기에 성장성은 중요합니다. 성장을 해야 이익이 늘어날 수 있으니까요. 그런데 매출액과 자산총액은 늘어나지만 이익이 증가하지 않으면 실속이 없다고 볼 수 있습니다."

"그런 경우가 있어?"

황과장은 이해를 할 수 없다는 듯이 말했다.

손익계산서

XXXX년 10월 1일 ~ XXXX년 12월 31일

항목순 손익현황 (단위: 원)

	과목	10/1~10/31	이익률	11/1~11/30	이익률	성장성	12/1~12/31 예상	이익률	성장성	10/1~12/31 예상	이익률
수익	급여, 상여금	5,000,000	100%	5,000,000	83%	0%	5,000,000	96%	0%	15,000,000	92%
	투자수익	0	0%	1,000,000	17%	100%	230,000	4%	-77%	1,230,000	8%
	기타수익	15,000	0%	0	0%	-100%	0	0%	0%	15,000	0%
	수익합계	5,015,000	100%	6,000,000	100%	20%	5,230,000	100%	-13%	16,245,000	100%
비용	현금지출	300,000	6%	200,000	3%	-33%	400,000	8%	100%	900,000	6%
	신용카드사용액	2,400,000	48%	2,600,000	43%	8%	3,000,000	57%	15%	8,000,000	49%
	대출이자	1,175,830	23%	1,161,660	19%	-1%	1,147,500	21.9%	-1%	3,484,990	21%
	자동이체 외	61,670	1%	70,840	1%	15%	65,000	1%	-8%	197,510	1%
	감가상각비	1,287,500	26%	1,317,500	22%	2%	1,287,500	25%	-2%	3,892,500	24%
	비용합계	5,225,000	104%	5,350,000	89%	2%	5,900,000	113%	10%	16,475,000	101%
이익	당기순이익	(210,000)	-4.2%	650,000	10.8%	410%	(670,000)	-12.8%	-203%	(230,000)	-1.4%

5장_황과장, 회계적인 마인드와 조금씩 친해지다

"네. 예를 들어 회사가 은행에서 차입을 하면 현금이 입금되어 자산이 증가하고 부채도 증가합니다. 이후 시장가보다 낮은 가격으로 손실을 보면서 판매를 한다고 가정하면 매출은 자연스레 상승을 하지만 손실을 보게 됩니다. 몇 년 정도는 외형적으로 회사 규모도 성장하고 매출도 늘지만 결국은 손실로 인해 자본이 줄어들어 더 이상 차입을 하지 못해 부도위기에 빠집니다."

황과장은 김대리의 설명을 듣고 나서야 내용을 이해했다.

"아! 그래서 겉으로 볼 때는 잘나가던 회사가 갑자기 망하고 하는 것이 이런 일 때문에 발생할 수도 있구나. 실속이 있는지 손익을 잘 파악해야겠네."

"네. 그래서 손익의 이익률도 중요하고 성장성도 중요합니다. 지금 과장님의 손익계산서 성장성은 심히 걱정됩니다. 11월달 실적이 10월 대비 410% 성장했지만, 곧이어 12월 예상실적에서는 다시 -203%로 하락합니다. 계속 조금씩 상승곡선을 타는 게 이상적인데 과장님의 손익 성장률은 오르락내리락 변동폭이 너무 심합니다. 뭔가 개선이 필요합니다."

그러나 황과장은 의구심이 들었다.

"김대리도 알겠지만 현금흐름표상 현금잔액은 계속 증가하고 있거든. 그리고 실제 돈도 있고."

"하하! 일전에 현금흐름표 인수인계하면서 손익계산서의 이익과 현금흐름은 다르다는 것을 설명드린 거 기억나십니까?"

황과장은 오른손을 이마에 대며 곰곰이 생각했다.

"그래, 다르다는 것을 배웠지."

"과장님, 10분만 브레이크 타임 가집시다. 그동안 전에 인수인계했던 거 잠깐 확인해 보시고요."

김대리는 신경을 많이 써서 그랬는지 배가 아파왔다. 곧바로 화장실로 달려갔다.

일반 기업회계기준의 경우 수익의 대부분이 매출로 일어난다. 하지만 개인의 경우 급여와 상여금을 매출로 보아야 할 것이다. 그리고 투자수입과 기타수입은 별도 영업외수익으로 판단해야 하지만, 여기서는 수익합계 전체를 매출로 인식한다. 비용도 대출이자의 경우 영업외비용으로 판단되지만, 비용합계 전체를 원가로 인식하여 별도 영업이익을 나누지 않고 당기순이익으로 합산한다. 이유는 개인의 경우 구분의 효율이 크지 않기 때문이며, 구분 역시 명확하지 않기 때문이다.

손익계산서

XXXX년 10월 1일 ~ XXXX년 12월 31일 예상

(단위: 원)

황대승 손익현황

	과 목	10/1~10/31	11/1~11/30	12/1~12/31 예상	10/1~12/31 예상	간략 내역
수익	급여, 상여금	5,000,000	5,000,000	5,000,000	15,000,000	주업 수입(세금공제 후 실수령액)
	투자수익	0	1,000,000	230,000	1,230,000	부업 수입(주식 26백) 11월 주식 5백 처분부족금액 4백) - 차익 1백 수익 12월 자전거 2백 판매(2백 - (1.8백 - 3만)) = 23만원 차익
	기타수익	15,000	0	0	15,000	10월 이자수익 15,000
	수익합계	5,015,000	6,000,000	5,230,000	16,245,000	
비용	현금지출	300,000	200,000	400,000	900,000	모임회비, 부모님 용돈, 경조사 등
	신용카드사용액	2,400,000	2,600,000	3,000,000	8,000,000	카드이용대금명세서 금액
	대출이자	1,175,830	1,161,660	1,147,500	3,484,990	아파트 대출이자, 마이너스대출 이자
	자동이체 외	61,670	70,840	65,000	197,510	수도광열비 등
	감가상각비	1,287,500	1,317,500	1,287,500	3,892,500	아파트, 개인승용차, 전자제품 외, 자전거 11월 구입 후 12월 판매
	비용합계	5,225,000	5,350,000	5,900,000	16,475,000	
이익	당기순이익	(210,000)	650,000	(670,000)	(230,000)	수익 - 비용

04 현금흐름의 이익의 질을 파악하다

　황과장은 일전에 인수인계받았던 현금흐름표에 대해 생각하면서 자신이 작성한 현금흐름표와 재무상태표의 현금이 동일하며 이것이 연결다리라고 했던 것이 생각났다. 그리고 손익계산서의 당기순이익이 재무상태표상 자본의 당기순이익과 연결다리라는 것도 확인했다. 그런데 10월부터 12월말 예상 손익계산서 누계는 당기순이익이 (230,000)원이 나는데, 10월부터 12월말 예상 현금흐름표상 현금의 증감은 582,500원이었다. 금액 차이가 많이 나서 이해가 잘 되지 않았다. 천천히 손익계산서와 현금흐름표 차이를 보던 중 현금흐름표상 감가상각비가 반영되지 않은 것을 확인했다.
　"그렇지. 감가상각비는 실제 현금지출이 발생하지 않지. 이제야 생각나네."
　황과장은 손뼉을 마주치면서 혼잣말을 내뱉었다. 그는 스스로 깨우침에 즐거워하고 있었다. 황과장 등 뒤에서 그를 바라보던 김대리는 속이 타들어갔다. 김대리는 인수인계 시간이 얼마 남지 않아 스트레스가 이만저만 아니었다. 최근에 배가 많이 아파 화장실을 자주 갔다. 아무래도 스트레스 때문인 듯했다.

김대리는 황과장 옆자리에 앉으면서 아무 일 없었다는 듯이 물었다.

"과장님, 무슨 좋은 일이라도?"

황과장은 히죽거리며 대답했다.

"아, 내가 손익계산서와 현금흐름표상의 이익과 현금의 차이가 왜 나는지 핵심을 파악했거든."

"차이나는 핵심이 뭡니까?"

"감가상각비 때문에 현금흐름표와 손익계산서 금액이 차이가 난 거지."

"네, 맞습니다. 그리고 다른 거는 또 없던가요?"

김대리는 누구라도 한두 번 보면 아는 내용을 가지고 혼자 즐거워하는 황과장이 한편으로는 한심해 보였다. 황과장은 멀뚱한 표정으로 김대리를 바라보았다.

"왜? 또 뭐가 다른 게 있는가?"

"자, 뭐가 있는지 찾아봅시다."

김대리는 현금흐름표 12/1~12/31 예상거래를 보았다.

"12월 예상거래의 영업활동은 787,500원으로 현금의 유입이 많았습니다. 과장님이 얘기하신 감가상각비는 비현금거래로 반영하지 않으니 현금유입이 더 많았습니다. 투자활동에서는 자전거 처분 등으로 1,900,000원 현금유입이 발생했습니다. 마지막으로 재무활동인 차입금 상환으로 (3,250,000)원의 현금유출이 발생했습니다. 전체 현금흐름을 합산하면 (562,500)원의 현금감소가 발생했습니다. 현재 과장님의 현금흐름은 영업활동으로 현금이 증가했고, 자전거를 처분해서 현금화한 돈을 차입금 상환에 사용했습니다. 현재 재무체질을 강화하고 있다는 것을 볼 수 있습니다. 그런데 손익계산서상 12월 예상금액의 당기순이익은 (670,000)원으로

현 금 흐 름 표

XXXX년 10월 1일 ~ XXXX년 12월 31일 예상

황대승 현금입출현황 (단위: 원)

과 목		10/1~10/31	11/1~11/30	12/1~12/31 예상	10/1~12/31 예상
1. 영업활동 현금흐름(본업에서 발생하는 활동)					
유입	급여, 상여금	7,000,000	5,000,000	5,000,000	17,000,000
	기타수입	15,000	0	0	15,000
	유입합계	7,015,000	5,000,000	5,000,000	17,015,000
유출	현금지출	300,000	200,000	400,000	900,000
	신용카드사용액	2,000,000	2,400,000	2,600,000	7,000,000
	대출이자	1,175,830	1,161,660	1,147,500	3,484,990
	자동이체 외	61,670	70,840	65,000	197,510
	감가상각비	0	0	0	0
	유출합계	3,537,500	3,832,500	4,212,500	11,582,500
	유입 - 유출	3,477,500	1,167,500	787,500	5,432,500
2. 투자활동 현금흐름(유무형자산, 투자자산, 금융상품, 대여금등 자산의 취득과 처분시 활동)					
유입	재산매각	0	5,000,000	2,000,000	7,000,000
	유입합계	0	5,000,000	2,000,000	7,000,000
유출	적금입금	100,000	100,000	100,000	300,000
	재산매입	0	1,800,000	0	1,800,000
	유출합계	100,000	1,900,000	100,000	2,100,000
	유입 - 유출	(100,000)	3,100,000	1,900,000	4,900,000
3. 재무활동 현금흐름(금융거래시 발생하는 활동과 자본변동 활동)					
유입	차입금 조달	0	0	0	0
	유입합계	0	0	0	0
유출	차입금 상환	3,250,000	3,250,000	3,250,000	9,750,000
	유출합계	3,250,000	3,250,000	3,250,000	9,750,000
	유입 - 유출	(3,250,000)	(3,250,000)	(3,250,000)	(9,750,000)
	현금의 증감	127,500	1,017,500	(562,500)	582,500
	기초의 현금잔액	900,000	1,027,500	2,045,000	900,000
	기말의 현금잔액	1,027,500	2,045,000	1,482,500	1,482,500

손실이 나고 있습니다. 다행히 감가상각비가 당기순손실 금액보다 크기에 영업활동 현금흐름이 현금유입으로 나타나지만 계속적인 영업손실은 결국 영업활동 현금흐름에 나쁜 영향을 줄 수 있습니다. 예를 들어 A라는 회사의 현금흐름이 다음과 같다고 해보겠습니다. 영업활동에서 1백만원 현금유입이 발생했고, 투자활동에서 현금유출이 1백만원 발생했고, 재무활동에서 현금유입이 1백만원 발생해서 전체 현금흐름은 1백만원 현금유입이 발생했습니다. B라는 회사는 영업활동에서 1백만원 현금유출이 발생했지만, 투자활동에서 현금유입 1백만원과 재무활동에서 현금유입 1백만원이 발생해서 전체 현금흐름은 1백만원 현금유입이 발생했습니다. 동일한 현금유입이 1백만원 발생했으나 A회사와 B회사는 질적으로 현금흐름의 차이가 있습니다. A회사는 영업활동을 통해 이익으로 발생한 현금유입 1백만원을 미래사업을 위해 투자로 1백만원 현금유출을 했고, 새로운 사업을 준비하기 위해 운영자금으로 1백만원 차입을 진행했습니다. 그리고 B회사는 영업활동을 통해 손실분에 대하여 현금유출이 1백만원 발생했지만 이를 보완하기 위해 자산을 처분해서 현금 1백만원이 유입되었고, 그래도 부족한 부분은 은행에서 1백만원을 차입하여 손실을 메우고 있습니다. 동일한 현금의 유입이 1백만원 발생했으나 A회사와 B회사는 현금흐름의 질적인 차이가 있습니다. A회사는 성장을 위해 적극적으로 투자하는 회사입니다. B회사는 수익성이 악화되어 자산을 처분하여 자금을 마련하고 있으며, 차입을 통해 자금을 모으고 있습니다. 이처럼 현금흐름활동의 유형에 따라 질적인 차이가 발생합니다. 현금흐름에도 좋은 흐름이 있는데, 이익이 발생하여 현금이 유입되는 흐름이 가장 좋다고 볼 수 있습니다. 이익의 질이 좋다고 표현하기도 합니다. 손익계산서상 당기순이익이 발생하고 현금흐름의 영업활동에도 현금유입이 발생한다면 회사는 매출을 해서 매출채권이 안정적으로 제때 회수되고 있다고 볼 수 있습니다."

김대리의 장황한 설명을 듣고 있던 황과장은 표정이 점점 심각해졌다.

"그럼, 회사가 이익이 발생해도 매출채권이 제때 회수되지 않거나 거래처가 부도가 나면 현금흐름이 나빠질 수도 있겠네."

"네, 그건 최악의 상황이겠죠. 과장님, 전체 누계로 10월부터 12월말 예상까지 영업활동 현금흐름표를 보면 3개월간 현금유입은 급여, 상여금과 이자수익으로 17,015,000원이 유입되었습니다. 그리고 모임회비 등 현금지출과 카드사용금액, 대출이자비용, 각종 공과금은 자동이체로 11,582,500원이 유출되었으며 5,432,500원의 현금유입이 발생했습니다. 감가상각비 3,892,500원은 실제 현금유출은 일어나지 않고 회계상 발생주의에 의해 수익·비용 대응의 원칙에 맞게 일정한 기준으로 자산을 매월 배부된 금액으로 나누어서 가치를 차감하는 것입니다. 그래서 감가상각비 금액이 클수록 손익계산서 이익과 현금흐름표상의 기말현금은 차이가 나게 됩니다."

"그렇지. 나도 이해했어."

황과장이 옆에서 맞장구를 치자 김대리는 이어서 설명했다.

"보시면 투자활동 현금유입이 있습니다. 과장님이 회사 일을 하면서 벌어들인 현금이 아닌, 투자활동으로 취득한 주식과 자전거를 처분해서 현금이 들어왔습니다. 자산 취득은 손익계산서가 아닌 재무상태표에 영향을 주지요."

황과장은 고개를 끄떡였다.

"아, 그래서 손익계산서에는 없었네. 이제 확실히 이해가 되네."

"확실히 이해가 된다니 다행입니다. 그리고 투자활동 현금유출은 매월 적금을 납입해서 발생한 건과 자전거를 매입해서 발생한 현금유출입니다. 투자활동 현금 유출입을 보면 현금유입이 4,900,000원

현금흐름표
XXXX년 10월 1일 ~ XXXX년 12월 31일 예상

황대승 현금입출현황 (단위: 원)

과 목		10/1~10/31	11/1~11/30	12/1~12/31 예상	10/1~12/31 예상
1. 영업활동 현금흐름(본업에서 발생하는 활동 - 급상여, 성과금, 이자수익 등 거래)					
유입	급여, 상여금	7,000,000	5,000,000	5,000,000	17,000,000
	기타수입	15,000	0	0	15,000
	유입합계	7,015,000	5,000,000	5,000,000	17,015,000
유출	현금지출	300,000	200,000	400,000	900,000
	신용카드사용액	2,000,000	2,400,000	2,600,000	7,000,000
	대출이자	1,175,830	1,161,660	1,147,500	3,484,990
	자동이체 외	61,670	70,840	65,000	197,510
	감가상각비	0	0	0	0
	유출합계	3,537,500	3,832,500	4,212,500	11,582,500
유입 - 유출		3,477,500	1,167,500	787,500	5,432,500
2. 투자활동 현금흐름(유무형자산, 투자자산, 금융상품, 대여금 등 자산의 취득과 처분시 활동)					
유입	재산매각	0	5,000,000	2,000,000	7,000,000
	유입합계	0	5,000,000	2,000,000	7,000,000
유출	적금입금	100,000	100,000	100,000	300,000
	재산매입	0	1,800,000	0	1,800,000
	유출합계	100,000	1,900,000	100,000	2,100,000
유입 - 유출		(100,000)	3,100,000	1,900,000	4,900,000
3. 재무활동 현금흐름(금융거래시 발생하는 활동과 자본변동 활동)					
유입	차입금 조달	0	0	0	0
	유입합계	0	0	0	0
유출	차입금 상환	3,250,000	3,250,000	3,250,000	9,750,000
	유출합계	3,250,000	3,250,000	3,250,000	9,750,000
유입 - 유출		(3,250,000)	(3,250,000)	(3,250,000)	(9,750,000)
현금의 증감		127,500	1,017,500	(562,500)	582,500
기초의 현금잔액		900,000	1,027,500	2,045,000	900,000
기말의 현금잔액		1,027,500	2,045,000	1,482,500	1,482,500

현금유입 합계	24,015,000
현금유출 합계	(23,432,500)
현금의 증감	582,500

발생했습니다. 보통 성장기에 있는 기업들은 투자활동으로 현금유출이 많아 마이너스가 나는 경우가 많습니다. 그러나 현재 유입이 있다는 것은 투자한 현금을 회수하고 있다고 보면 되겠습니다. 재무활동에서는 아파트대출금 매월 분할상환과 마이너스대출 상환으로 현금 9,750,000원이 유출되었습니다. 재무활동에서 유출이 많은 것은 기업이 이익을 발생해서 차입금을 상환하고 있다는 것으로 보면 되겠습니다. 현재 과장님은 영업활동으로 유입된 현금과 투자활동으로 유입된 현금으로 차입금을 상환하고 있다는 것을 알 수 있습니다."

황과장은 유입된 현금으로 차입금을 상환하고 있다는 말에 기분이 한결 편안해졌다. 김대리는 이야기를 이어갔다.

"3개월간 현금흐름이 계속적으로 증가한 내용을 간략히 정리한다면, 전체 현금유입의 합계는 24,015,000원이고 현금유출의 합계는 23,432,500원입니다. 차감하면 582,500원의 현금유입이 발생했습니다. 이는 감가상각비 효과 3,892,500원과 신용카드사용일과 결제일의 차이에 의한 효과 그리고 10월달 상여금 2,000,000원 입금으로 인해 현금유입이 많았습니다. 기초의 현금잔액 900,000원을 합산하면 1,482,500원이 기말 현금잔고가 된 것입니다."

황과장은 흐뭇해했다.

"손익계산서는 비록 손실이 났지만, 현금흐름은 양호하다고 생각하면 되겠네."

"과장님, 우리는 최근 3개월간의 현금흐름만 분석한 것입니다. 그리고 앞으로 계속 손익계산서가 손실이 난다면 결국은 현금흐름에도 영향을 끼쳐 현금흐름이 마이너스가 될 수도 있습니다."

김대리가 걱정하며 말하자 황과장은 신중해졌다. 재무상태표와 손익계산서의 성장성이 모두 마이너스인 것과 이익률 역시 마이너스인 것을 고려하면 남은 10여일을 어떻게 보내는가에 따라 손실을 만회할 수 있다는 생각이 들었다. 그리고 어쩌면 오늘이 마지막이 될 수도 있다는 생각이 들었다.

"김대리, 오늘 올해 마지막 소주 한잔하러 가자."

김대리는 당황스러웠다.

"과장님, 지키지 못할 약속은 차라리 하지 마시죠."

황과장은 생각하더니 다시 말했다.

"그럼 올해는 빼고 오늘은 마지막 소주 한잔이다. 가자!"

김대리는 이제 술을 줄이기로 목표를 세웠는데, 황과장이 가자고 하니 안 갈 수도 없었다. 자신의 현재 상황이 한심할 따름이었다.

현 금 흐 름 표
XXXX년 10월 1일 ~ XXXX년 12월 31일 예상

(단위: 원)

황대수 현금입출현황

과 목	10/1~10/31	11/1~11/30	12/1~12/31예상	10/1~12/31 예상	간략 내역
1. 영업활동 현금흐름(본업에서 발생하는 활동 - 급상여, 성과금, 이자수익 등 거래)					
유입 급여, 상여금	7,000,000	5,000,000	5,000,000	17,000,000	주업 수입(세금공제 후 실수령액)
기타수입	15,000	0	0	15,000	10월 이자수익 15,000
유입합계	7,015,000	5,000,000	5,000,000	17,015,000	
유출 현금지출	300,000	200,000	400,000	900,000	모임회비, 부모님 용돈, 경조사, 기타 현금 사용
신용카드사용액	2,000,000	2,400,000	2,600,000	7,000,000	전월 카드이용명세서 금액이 지출
대출이자	1,175,830	1,161,660	1,147,500	3,484,990	아파트 대출이자, 마이너스대출 이자
자동이체 외	61,670	70,840	65,000	197,510	수도광열비 등
감가상각비	0	0	0	0	실제 현금유출이 없음
유출합계	3,537,500	3,832,500	4,212,500	11,582,500	
유입 - 유출	3,477,500	1,167,500	787,500	5,432,500	본업에서 발생하는 현금 유입과 유출 - 손익계산서와 연계
2. 투자활동 현금흐름(유무형자산, 투자자산, 금융상품, 대여금 등 자산의 취득과 처분의 자본 거래)					
유입 재산매각	0	5,000,000	2,000,000	7,000,000	11월 주식 5백 처분(장부금액 4백), 12월 자전거 2백 판매(장부금액 1.77백)
유입합계	0	5,000,000	2,000,000	7,000,000	
유출 적금입금	100,000	100,000	100,000	300,000	매월 적금 10만원 입금
재산매입	0	1,800,000	0	1,800,000	11월 자전거 구입
유출합계	100,000	1,900,000	100,000	2,100,000	
유입 - 유출	(100,000)	3,100,000	1,900,000	4,900,000	자산, 주식 등 취득과 처분시 발생하는 현금 유입과 유출 - 재무상태표와 연계
3. 재무활동 현금흐름(금융거래시 발생하는 활동과 자본변동 활동 - 은행차입과 상환거래 및 자본금 변동 거래)					
유입 차입금 조달	0	0	0	0	차입금 조달, 예적금 인출 등
유입합계	0	0	0	0	
유출 차입금 상환	3,250,000	3,250,000	3,250,000	9,750,000	매월 마이너스 2백 상환 및 아파트대출 1.25백 공동상환건
유출합계	3,250,000	3,250,000	3,250,000	9,750,000	
유입 - 유출	(3,250,000)	(3,250,000)	(3,250,000)	(9,750,000)	금융거래시 차입과 상환시 발생하는 현금 유입과 유출 - 재무상태표와 연계
현금의 증감	127,500	1,017,500	(562,500)	582,500	영업활동+투자활동+재무활동
기초의 현금잔액	900,000	1,027,500	2,045,000	900,000	재무상태표 현금과 예금 기초 잔액
기말의 현금잔액	1,027,500	2,045,000	1,482,500	1,482,500	재무상태표 현금과 예금 기말 잔액

05 현금순환주기를 파악하다

황과장은 진정 마지막인 것마냥 연거푸 소주를 마셨다. 함께 온 강차장과 잔을 부딪쳤다. 김대리도 잔을 채우고 있었지만 가끔씩만 함께 건배했다. 강차장이 황과장과 대작했기에 김대리는 눈치껏 술을 마실 수 있었다.

이제 황과장도 마음의 정리가 된 것처럼 보였다. 앞으로 회사를 어떻게 이끌어 나가는 것이 좋을지 의견을 물어보기도 하고, 회사 내부 사정도 강차장과 김대리에게 묻곤 했다.

황과장은 오늘이 술을 마음껏 마시는 마지막 날이라고 선포하면서 강차장과 주거니 받거니 끝이 나지 않았다. 결국 만취한 황과장과 강차장을 택시에 태워 보내고 혼자 남은 김대리는 버스를 탔다. 김대리는 내일 황과장에게 인수인계할 내용을 머릿속에서 정리해 보았다. 최근 들어 시간이 어떻게 가는지도 모르게 너무 빨리 흘렀다. 그나마 다행인 것은 앞으로 황과장이 당분간 술을 줄이겠다고 한 것이다. 아마도 재무제표를 작성하면서 상당한 충격을 받았기 때문으로 보였다.

어김없이 새 아침은 왔다. 제일 먼저 사무실에 출근한 김대리는 여느 때와 마찬가지로 국민체조에다 팔굽혀펴기를 하고 있었다. 이마에 땀이 송송 맺히지만 오늘을 시작하는 아침에 자신과의 타협에서 이겼기에 몸과 마음은 개운했다.

아침부터 주연씨가 이번 주에 우리 부서 크리스마스 사진 콘테스트에 응모할 단체사진을 찍어야 한다고 수선을 떨었다. 얼마 전 총무부에서 크리스마스 사진 콘테스트를 한다고 공문을 보내왔고 회사 복도에도 포스터를 큼지막하게 인쇄하여 붙여 놓은 상태였다.

이번 주에 회계부가 산타 옷과 소품을 배정받기로 되어 있었다. 여직원들이 총무부에서 산타 옷과 소품들을 받아와 입어보면서 사진을 어떻게 찍을지, 장소는 어디로 할지 이런저런 얘기로 시끌시끌했다. 민부장이 먼저 산타 옷을 입어보았다. 옷이 민부장 몸에 작아보였다.

"부장님, 옷 찢어져요."

주연씨가 말하자 민부장은 괜찮다며 억지로 바지를 입었다. 바지는 결국 찢어지고 말았다.

"부장님, 아직 시작도 안 했는데…."

"괜찮다. 좀 찢어져도 뒤에 서면 안 보인다."

크리스마스 사진 콘테스트를 위해 서로 일정과 장소를 협의하고, 1등이 되기 위해 어떤 콘셉트로 사진을 찍을 것인지, 어떤 포즈로 사진을 찍을 것인지 등을 얘기했지만 결론을 내리지 못했다. 결국 일정만 협의하고 모두들 업무로 복귀했다.

황과장은 어제 급하게 마신 술로 아직 회복이 덜 된 상태였다. 많이 마신 것도 아니었는데, 그만큼 몸이 받쳐주지 못했다.

김대리는 빡빡한 인수인계 업무로 스트레스도 많은 데다 황과장과의 잦은 술자리로 몸이 많이 약해져 있었다. 황과장과 휴게실에서 커피 한잔을 한 후 사무실로 돌아와 업무 인수인계를 시작했다.

"과장님, 어제는 재무상태표와 손익계산서 그리고 현금흐름표의 안정성, 성장성, 수익성에 대해 분석해 보았습니다. 오늘은 활동성 분석에 대해 설명을 드리겠습니다. 활동성은 기업이 보유하고 있는 자산을 얼마나 잘 활용하고 있는지에 대해 분석하는 것으로, 매출채권회전율과 재고자산회전율 그리고 매입채무회전율로 파악할 수 있습니다."

김대리는 미리 준비한 활동성 관련 자료를 화면에 띄우고 설명을 시작했다.

"현재 과장님의 재무제표를 기준으로 활동성을 분석해 보았습니다. 보시는 바와 같이 11월 30일자 기준으로 수식과 계산내역을 정리했습니다."

황과장은 재고자산회전율이 없는 것을 보고 얘기했다.

"재고자산회전율은 값이 없네."

"네, 질문 잘 하셨습니다. 현재 과장님이 작성한 재무제표는 별도로 제품을 제조하거나 유통업을 하지 않아서 재고자산이 없습니다. 단지 월급을 받기에 재고자산회전율은 해당이 안 되는 것입니다. 우선 작성한 내용을 보시고 잘 파악하시기 바랍니다."

"각 수식에 평균매출채권이라고 되어 있는데, 이건 무슨 뜻인지…."

"네, 평균매출채권은 일반적인 경우 기초매출채권과 기말매출채권을 합산하여 나눈 평균값입니다. 그리고 보통 일반기업의 경우 연단위로 회전율을 분석하기에 전년도와 당해 연도의 자료를 가지고 재무제표를 작성하여 분석을 진행합니다. 그러나 우리는 3개월의 자료로 매월 실적을 가지고 분석하기에 평균매출채권은 (전월매출채권+당월매출채권)÷2로 산출하면 됩니다. 그리고 매출채권회전일수 산출시 월단위로 분석하기에 산식에 있는 일수가 365일이 아닌 해당 월의 한 달 일수를 입력하면 됩니다. 가령 예를 들어 11월달 매출채권회전일수는 30일÷매출채권회전율이 되는 겁니다.

활동성 분석

구 분	11월 30일	11월 30일 수식 적용
매출채권회전율	1.20	매출채권회전율 = $\dfrac{\text{매출액}}{\text{평균매출채권}}$ $1.20 = \dfrac{6,000,000}{((5,000,000 + 5,000,000) \div 2)}$
매출채권회전일수(A)	25.0	매출채권회전일수 = 해당 월 일수 ÷ 매출채권회전율 25.0일 = 30일 ÷ 1.2
재고자산회전율		재고자산회전율 = $\dfrac{\text{매출원가}}{\text{평균재고자산}}$ 해당 없음
재고자산회전일수(B)		재고자산회전일수 = 해당 월 일수 ÷ 재고자산회전율 해당 없음
영업순환주기(A+B)	25.0	영업순환주기 = (매출채권회전일수 + 재고자산회전일수) 25.0일 = (25.0일 + 0일)
매입채무회전율	2.40	매입채무회전율 = $\dfrac{\text{매출액}}{\text{평균매입채무}}$ $2.40 = \dfrac{6,000,000}{((2,400,000 + 2,600,000) \div 2)}$
매입채무회전일수(C)	12.5	매입채무회전일수 = 해당 월 일수 ÷ 매입채무회전율 12.5일 = 30일 ÷ 2.4
현금창출주기(A+B-C)	12.5	현금창출주기 = 영업순환주기 - 매입채무회전일수 12.5일 = 25.0일 - 12.5일

다른 산식들도 동일한 방식으로 산출이 됩니다."

황과장은 무슨 내용인지 잘 이해를 못했다. 우선 수치와 수식은 있으나 이게 무엇을 뜻하는지 감이 잘 오지 않았다.

"각 항목별로 설명을 좀 해 줘."

"네, 간략 내역 정리한 자료를 보여드리겠습니다."

김대리는 기다렸다는 듯이 월별로 작성된 내용을 보여주며 설명을 시작했다.

"과장님, 재무제표로 매출채권회전율을 산출하였습니다. 과장님의 매출채권은 급여와 상여금입니다. 왜냐하면 10월달 급여를 11월 10일날 받기 때문에 매월 말에는 해당 월의 급여를 매출채권으로 인식하면 됩니다. 예를 들면 10월 31일자 기준으로 수식에 있는 것처럼 매출액÷평균매출채권액으로 계산하면 매출채권회전율 0.84가 산출됩니다. 이 수치는 한 달에 0.84회 매출채권금액이 회수된다는 뜻입니다. 이것을 일수로 변경하면 이해가 잘 될 겁니다. 우리는 매월 재무상태를 분석하고 있으니 보유기간을 해당 월의 일수로 하면 됩니다. 10월달은 31일이기에 31일÷0.84(매출채권회전율)로 산출하면 37.1일이 나옵니다. 즉 10월달은 매출채권을 회수하는 기일이 약 37일 걸린다고 보면 됩니다. 전월과 비교하면 지금 매출채권회전일수는 약 12일이나 줄었습니다. 그러나 12월말 예상은 약 30일로 다시 약 5일이 증가했습니다. 그러나 나쁜 수치는 아닙니다. 수식을 보면 알 수 있듯이 평균매출채권금액이 낮을수록 회전율은 높아집니다. 평균매출채권금액이 낮아지는 것은 회수가 잘된다는 얘기가 되는 것이지요. 그리고 11월달 매출채권회전일수가 짧은 이유는 주식처분으로 투자수입이 1백만원 증가하여 매출액이 높아졌기 때문에 회전율이 높아져서 회전일수가 짧아진 겁니다. 이처럼 산출된 자료에 대해 왜 그런지에 대한 분석을 할 수 있어야 합니다."

활동성 분석

구 분	10월 31일	11월 30일	12월 31일 예상
매출채권회전율	0.84	1.20	1.05
높을수록 좋음 - 매출채권 결제기한이 짧음 한 회계기간 동안 매출채권 금액이 현금으로 회수되는 횟수			
매출채권회전일수(A)	37.1	25.0	29.6
짧을수록 좋음 - 매출채권 회수가 잘 되고 있음 매출채권을 회수하는 데 소요되는 기간			
재고자산회전율			
높을수록 좋음 - 재고자산을 얼마나 효율적으로 관리하고 있는지 나타내는 지표 낮으면 - 재고가 느리게 판매되거나 재고가 과다하게 있음			
재고자산회전일수(B)			
짧을수록 좋음 - 재고가 빠르게 판매되고 있음 재고가 판매되어 소진되는 데 걸리는 시간			
영업순환주기(A+B)	**37.1**	**25.0**	**29.6**
원재료를 구매해서 제품을 완성하고 판매 후 대금이 회수되는 기간			
매입채무회전율	2.28	2.40	1.87
낮을수록 좋음 - 외상으로 구입한 원재료에 대한 결제의 효율성을 측정 높을수록 기업은 외상대금을 빨리 결제하고 있는 것임			
매입채무회전일수(C)	13.6	12.5	16.6
길수록 좋음 - 매입채무 지급일이 길수록 기업의 유동성이 좋아짐 매입채무를 지급하는 데 소요되는 시간			
현금창출주기(A+B-C)	**23.5**	**12.5**	**13.0**
원재료를 구매해서 생긴 채무를 갚고 제품을 완성하고 판매 후 대금이 회수되는 기간			

"그럼 12월 예상 매출채권회전일수가 늘어난 것은 매출액이 전월보다 낮아져서 발생한 거라 보면 되겠네."

"네. 이해가 빠르시네요."

"내가 좀 하지. 하하하!"

김대리가 놀라며 말하자 황과장은 어깨를 활짝 펴고 웃었다.

"과장님, 재고자산회전율은 조금 전에 질문하셨던 것처럼 재고가 없기에 해당은 없습니다. 그러나 재고자산회전일수는 원재료를 구매해서 제품을 생산한 후 판매하기까지의 일수를 나타냅니다. 일반 제조기업은 활동성 분석시 매출채권회전일수와 재고자산회전일수를 합산하여 영업순환주기를 산출합니다. 즉, 원재료를 구매해서 제품을 생산하고 판매한 후 대금이 회수되는 기간까지가 현금을 유입시키는 일수라고 보면 됩니다. 그래서 이 일수가 짧을수록 회사는 유동성이 좋아집니다."

황과장은 영업순환주기를 보면서 생각했다.

'매출채권회전일수의 결정권은 외부에 있고 재고자산회전일수의 결정권은 생산 내부에서 조정이 가능하지만 판매에 대한 결정권은 외부사항이네. 외부의 영향을 더 많이 받겠구나.'

"과장님, 매입채무회전율 설명 들어갑니다. 정신 차려야 합니다."

김대리가 멍하니 생각하는 황과장을 보며 말하자 황과장은 정신을 가다듬었다.

"매입채무회전율은 앞에 설명한 바와 같이 수식은 평균매입채무에 대해서 회전율을 계산합니다. 매입채무회전율은 낮을수록 회사가 유리합니다. 예를 들어 11월 매입채무회전율 2.40은 한 달에 2.4회 매입채무를 지급한다고 보면 됩니다. 이렇게 되면 회사의 유동성에 악영향을 끼칠 수 있습니다. 그 이유는 매입채무회전일수로 계산하면 명확히 알 수 있습니다. 11월 일수 30일÷2.40을 하면 12.5일이 나옵니다. 즉 약 13일에 대금을 지급한다고 보면 됩니다. 12월 예상의 경우 매입채무회전율이 1.87이며 31일÷1.87 =16.6일로 약 17일이 산출됩니다. 이렇게 되면 지급기일이 늘어나 자금을 보유하는 기간이 늘어 유동성이 좋아집니다. 그래서 구매부서는 거래처와 대금 결제일을 잘 협상해서 되도록 결제일을 길게 협의 보는 게 회사에 유리합니다."

"저번에 수금회의를 할 때 구매부에서 대금결제일을 길게 하면 단가에 영향을 주기 때문에 무조건 길게 할 수도 없는 입장이던데."

"네, 좋은 얘기 하셨습니다. 그래서 대금결제일과 단가를 비교해서 조정하라고 구매부에 얘기해 두었습니다. 통상 한 달을 늘리면 은행 대출금리에 이자비용을 산출해서 단가 상승분과 비교하여 결정할 수 있도록 얘기해 두었습니다."

"오, 대단한데. 오케이!"

황과장은 매입채무회전일수의 결정권이 내부에 있다고 판단했다.

"마지막으로 현금창출주기인데, 보시는 바와 같이 영업순환주기에서 매입채무회전일수를 차감하면 순수하게 현금유입되는 일수를 산출할 수 있습니다. 이는 원재료를 구매해서 생긴 채무를 갚고 제품을 완성하여 판매한 후 대금을 회수하는 기간까지 현금이 흐르는 기간을 정리한 주기입니다. 과장님의 경우 현금창출주기가 10월달에는 23.5일에서 11월에는 12.5일로 11일이 줄었고 12월에는 13일로 0.5일 늘어났습니다. 11월달에 현금창출주기가 11일이나 단축되다 보니 현금흐름이 좋았던 것입니다. 그리고 11월 매출채권회전일수는 25일이고 12월 예상은 약 30일로 5일 정도 늘어났습니다. 이는 매출액이 줄어서 매출채권회전율이 낮아진 결과이며, 11월 매입채무회전일수는 약 13일이고 12월 예상은 약 17일로 4일이 늘어났습니다. 이 또한 매출액이 줄어든 영향이 컸다고 보면 됩니다. 그래서 11월과 12월 예상 현금창출주기는 12.5일과 13일로 비슷한 결과가 나왔습니다."

황과장은 재무제표의 세부분석을 통해 남은 10일을 어떻게 해야 자신의 재무제표가 개선될지 머릿속으로 예상할 수 있었다. 그리고 마음속으로 굳게 다짐했다.

'술을 줄이자!'

6장

회계는 어떻게 해야 할지 답을 알고 있다

01 크리스마스 사진 콘테스트 1등을 위하여

주연씨와 은옥씨는 산타 옷과 소품들을 준비하고 있었다. 내일 저녁 시청 앞 광장에서 크리스마스 사진 콘테스트를 위한 사진을 찍기로 했기 때문이었다. 1등 100만원, 2등 50만원, 3등 30만원의 상금이 걸려 있어 모든 부서에서 회식비를 타기 위해 혈안이 되어 있었다. 회계부 남자직원들은 크게 관심이 없었으나, 여직원 삼총사는 무슨 수를 쓰든 이번에 1등을 해서 스카이라운지 레스토랑에서의 근사한 회식을 생각하고 있었다.

민부장의 경우 일전에 이탈리안 레스토랑 회식 분위기는 괜찮았으나 음식은 그다지 입에 맞지 않았다. 그래서 소고기나 장어구이 집을 생각하고 있었으나 여직원들 성화에 스카이라운지를 목표로 하고 함께 하자고 했다. 하지만 남자직원들은 시큰둥한 반응이었다.

"내일 저녁 6시에 시청광장에서 크리스마스 사진 콘테스트 준비하러 가는 거 다들 아시죠?"

주연씨가 직원들에게 일정을 알리자 강차장이 중얼거리듯 말했다.

"아, 내일 저녁 약속 있는데."

강차장은 내일 저녁 사진 찍는 것도 모르고 약속을 잡아 놓은 상황이었다.

"강차장님, 회의시간에 이날 한다고 얘기했었는데. 혹시나 하고 아침부터 얘기했는데 역시네요."

주연씨가 짜증나는 목소리로 말하자 강차장은 어쩔 수 없는 듯 힘없이 말했다.

"그래, 약속 취소할게. 내가 깜박했네. 이번에 꼭 1등해서 소고기 먹으러 가자."

"차장님, 저희 1등하면 어디 갈지 벌써 생각해 뒀어요."

주연씨가 얼굴을 찡그리며 쏘아붙이자 강차장은 무안해하며 주연씨를 달랬다.

"그래, 1등하면 너희들 가고 싶은 데로 갈게. 꼭 1등만 하자. 난 어디든 오케이."

"저희 부서 현재 전체 인원이 8명이니 1등 100만원 상금이면 1인당 12.5만원씩 나누어집니다. 스카이라운지 레스토랑 스테이크 코스요리가 10만원선이니 다 같이 갈 수 있습니다. 그리고 2등하면 50만원이니 1인당 6.25만원이므로 일식집 코스요리로 갑니다. 이건 생각하기도 싫은데 어쩔 수 없이 3등이면 30만원이니 1인당 3.75만원으로 수입산 소고기 먹으러 갑니다."

"3등도 그리 나쁜 건 아니네."

고기를 좋아하는 강차장이 혼잣말로 중얼거리다 여직원들 눈치를 보더니 이내 조용해졌다.

"다들 저녁에 사진 찍을 때 어떤 포즈를 취하면 좋을지 생각 좀 해 주세요."

주연씨가 답답한 마음으로 한 마디 하면서 자리로 돌아갔다. 어떤 부서는 영화 '나 홀로 집에' 콘셉트를 따라 했다고 하고, 또 어떤 부서는 루돌프 사슴이 끄는 썰매를 콘셉트로 하기도 했다. 부서 전체 단체사진을 찍은 부서도 있고, 전체가 모이기 어려운 부서는 각각 사진을 찍어서 편집을 하는 등 부서 간 경쟁이 생각보다 치열했다.

황과장은 다음 주가 3주째 되는 시기라 회계부와 함께할 시간도 얼마 남지 않은 것이 못내 아쉬웠다. 김대리는 최근 들어 신경을 많이 썼던지 신경성 복통이 자주 나타나 안색이 안 좋았다. 황과장은 표정이 어두운 김대리가 걱정스러웠다.

"김대리, 어디 아파? 얼굴이 안 좋아 보이는데."

"복통이 있는데 괜찮습니다."

사실 김대리는 업무상 큰 프로젝트를 맡으면 잘해야겠다는 강박관념에 스스로를 강하게 압박하는 습관이 있어 신경성 복통이 자주 있었다. 이때에는 병원 치료나 약 처방으로는 해결되지 않는 것을 자신도 잘 알고 있었다. 해결방법은 프로젝트를 끝내거나 시간이 지나면 자연스레 치유되기에 스스로 신경을 많이 쓰고 있다는 생각을 했다. 이번 복통도 3주가 끝나야 나을 것이다. 결론은 빨리 인수인계를 끝내는 것이라고 생각한 김대리는 곧바로 황과장에게 업무 인수인계를 시작했다.

"또 인수인계할 것이 있어? 난 거의 다 배운 줄 알았는데."

"네, 이제 거의 다 배웠습니다. 마무리만 하면 될 것 같습니다."

황과장은 거의 다 배웠다는 말에 신이 났다. 회계도 별거 아니라고 생각한 황과장은 자신 있게 자신이 작성한 12월 재무제표를 보여주었다.

"전체적으로 다시 검토했어. Excel 양식을 기준으로 업데이트하니 쉽게 작성되고 미리 결과도 확인할 수 있어서 내가 어떻게 해야 할지 답을 알겠더라고. 중요한 건 내가 지키면 되는데 그게 문제지. 하하하!"

"과장님, 이제 딱 10일 남았습니다. 잘 참으시면 됩니다. 파이팅입니다."

황과장이 작성한 12월 재무제표를 검토하며 나름 계획을 잘 세운 것을 보고 김대리는 안심이 되었는지 복통이 점차 누그러졌다.

김대리는 손익분기점에 대해 설명을 준비했다. 사실 이 부분은 원가와 관련된 개념으로 개인 재무제표에는 제조부분이 없기 때문에 어떻게 설명을 할지 그동안 고심을 하고 있었다. 그러나 제조회사에서 제조를 모르면 제대로 된 재무제표를 배운 게 아니기에 자신이 생각한 방법으로 접근하기로 했다. 중요한 것은 개념을 제대로 전달하는 것이었다. 응용을 하면 되기에 황과장의 재무제표로 설명을 시작했다.

"과장님, 우리 회사는 제조회사입니다. 그런데 과장님, 재무제표에는 제조라는 부분이 없습니다. 왜냐하면 과장님 월급이 주수입인데, 용역을 제공하는 것을 매출로 인식합니다. 그래서 제품을 생산하지 않기에 제조원가명세서도 없고 재고자산도 없습니다. 그리고 지금 다른 회사의 재무제표를 전자공시시스템인 DART에서 조회를 해도 제조원가명세서는 볼 수 없습니다. 내부관리회계적인 부분이라 민감한 정보들이 있기에 외부로 유출하지 않습니다."

황과장은 눈이 휘둥그레지면서 투덜거렸다.

"나는 재무제표 다 배운 줄 알았는데 또 있다고? 이제 남은 시간 좀 쉬려고 했는데 끝이 없네."

"과장님, 지금 회계의 숲을 공부하고 있습니다. 숲을 구성하는 나무는 공부를 또 하셔야죠."

"그건 전에도 말했지만 회계담당자나 전문가가 하는 일이고…. 그나저나 아직도 남은 숲이 더 있다는 얘기지?"

놀 생각만 하는 황과장이 서운했던 김대리는 단호하게 딱 잘라 얘기했다.

"넵!"

"그럼 그 남은 숲이 많이 있나?"

김대리는 잠시 생각을 하고 나서 말했다.

"회계의 숲에는 여러 가지가 있는데, 과장님이 보실 숲은 거의 다 둘러보셨고 남은 곳만 보시면 되니 너무 걱정 안 하셔도 됩니다. 아마 10일이면 딱 제시간에 마치겠네요."

"와! 김대리. 무슨 일정을 3주 과정 딱 맞춰서 짰구먼. 사람이 융통성이 너무 없네. 좀 여유가 있어야지. 최소한 복습할 시간이라도 줘야 하는 거 아닌가?"

"과장님, 지금 인수인계하면서 복습도 같이 병행하고 있는데, 못 느끼십니까? 이러면 제가 잘못 가르치고 있는 건데요."

황과장은 멋쩍은 웃음을 지었다.

"아니, 농담이야. 근데 너무 빡세니 그렇지."

"하기 나름입니다. 지금 이런 생각으로 하신다면 10일도 부족하지 않을까 싶은데요."

황과장은 이내 꼬리를 내리고 각오를 다졌다.

"그래, 열심히 해보자. 오늘 배울 거 바로 시작하자."

김대리는 설명을 시작했다.

"손익계산서는 수익에서 비용을 차감하면 이익이 나기도 하고 손실이 나기도 합니다. 수익이 비용보다 크면 이익이 나고 비용이 수익보다 크면 손실이 나겠지요. 그런데 이익도 손실도 아닌 수익과 비용이 같다면 이익이 0이 되겠지요. 회계에서는 이를 손익분기점이라고 말합니다. 과장님, 손익계산서 작성하시면서 이익이 0이 되려면 수익이 얼마나 되어야 하는지 궁금하지 않으셨나요?"

황과장은 멍하니 생각하더니 대답했다.

"이익을 많이 내어야겠다는 생각만 했지. 이익이 0이 되는 것은 생각하지 못했네."

"네, 대부분 그렇죠. 제조회사는 얼마나 생산해서 얼마에 판매해야 이익이 0이 되는지, 즉 손익분기점을 파악하는 것이 매우 중요합니다. 손익분기점 이후부터는 이익이 발생하기 때문에 이를 분석해서 판매가격과 생산원가를 관리하는 것은 이익을 수립하는 데 중요한 역할을 합니다. 손익분기점을 분석하기 위해서는 고정비를 파악하는 것이 중요합니다. 원칙은 제조원가명세서의 재료비, 노무비, 경비를 고정비와 변동비로 구분해야 하지만, 우리는 과장님의 손익계산서를 기준으로 응용해서 설명을 드리겠습니다. 중요한 건 개념을 파악하는 것이니까요."

황과장은 고개를 끄떡였다.

"그래. 전반적인 개념을 파악하는 게 중요하지. 다음에 제조원가명세서는 따로 한번 설명해 주고."

"네. 이 개념만 잘 이해하시면 제조원가명세서 설명하는 것은 그리 어렵지 않습니다. 나중에 회장님께 보고드려야죠."

"너무 부담 주지 말고. 괜히 걱정되고 신경 쓰인다."

황과장은 긴 숨을 내쉬었다.

02 황과장, 목표를 달성할 기준을 파악하다

황과장은 자신의 재무제표를 분석한 뒤 12월달의 남은 10일을 어떻게 보낼지 목표를 정했다. 우선 12월 비용을 절감하여 당기순이익으로 전환하는 것과 현재 보유하고 있는 현금으로 마이너스통장 차입금을 상환해서 이자비용을 줄이는 것을 1차 목표로 세웠다.

먼저 손익계산서상의 비용 중 가장 큰 비중을 차지하는 신용카드사용액을 세부적으로 검토했다. 그리고 절감할 수 있는 비용을 확인하여 목표금액을 설정하기로 했다. 현재까지 사용한 금액에서 앞으로 지출할 금액도 조정했다. 친목식대는 그동안 신용카드 비용에서 가장 높은 비중을 차지해 왔었다.

연말 크리스마스 파티와 회사 송년회 모임 등 꼭 참석해야 할 모임에만 가기로 하고 나머지 약속은 미리 연락해서 내년으로 약속을 변경했다. 과감하게 친목식대 비용을 70만원으로 조정하니 93만원이 절감되었고, 자연스레 술자리가 줄어들어 교통비가 17만원 절감이 예상되었다. 그리고 주말 저녁에 술을 마시지 않고 영화를 보는 것으로 대체했다.

절감된 신용카드사용액 110만원을 12월 목표 손익계산서에 반영

신용카드 이용 명세서

(단위: 원)

분류	신용카드 지출금액		절감가능금액	비 고
	12월 예상	12월 목표		
일반식대	170,000	170,000	0	일반식대, 마트 등
친목식대	**1,630,000**	**700,000**	**(930,000)**	**친목모임 술자리 등**
의류비	200,000	200,000	0	옷, 신발 등
병원비	0	0	0	치료비 및 약
통신비	80,000	80,000	0	휴대폰, 인터넷
수도광열비	125,000	125,000	0	각종 세금 등
물품구매	50,000	50,000	0	각종 생활용품 외
문화생활비	50,000	50,000	0	영화, 도서 등
차량유지비	220,000	220,000	0	유류대, 수리비 등
보험료 외	175,000	175,000	0	화재보험
교통비	**300,000**	**130,000**	**(170,000)**	**택시비, 대리운전비**
합 계	**3,000,000**	**1,900,000**	**(1,100,000)**	

손 익 계 산 서

XXXX년 12월 1일 ~ XXXX년 12월 31일

황대승 손익현황 (단위: 원)

과 목		12/1~12/31 예상	이익률	12/1~12/31 목표	이익률
수익	급여, 상여금	5,000,000	96%	5,000,000	96%
	투자수입	230,000	4%	230,000	4%
	기타수입	0	0%	0	0%
	수익합계	5,230,000	100%	5,230,000	100%
비용	현금지출	400,000	8%	400,000	8%
	신용카드사용액	3,000,000	57%	1,900,000	36%
	대출이자	1,147,500	21.9%	1,142,500	21.8%
	자동이체 외	65,000	1%	65,000	1%
	감가상각비	1,287,500	25%	1,287,500	25%
	비용합계	5,900,000	113%	4,795,000	92%
이익	당기순이익	(670,000)	-12.8%	435,000	8.3%

하고 절감한 돈은 마이너스대출 100만원을 상환하는 것으로 재무상태표에 반영했다.

손익계산서상 12월 예상과 목표 신용카드사용액을 300만원에서 190만원으로 각각 반영하고 마이너스대출 100만원을 상환하니 이자금액이 줄어들었다.

- 마이너스대출 : 31,000,000×6%×1개월÷12개월＝　155,000
- 아파트대출금 : 296,250,000×4%×1개월÷12개월＝　987,500
　　　　　　　　　　　　　　　　　　　　　　　합산＝ 1,142,500

대출이자 12월 예상액이 1,147,500원에서 1,142,500원으로 5,000원 절감되었다.

수익에서 비용을 차감한 이익도 당기순손실 670,000원에서 당기순이익 435,000원으로 전환되었다. 신용카드사용액의 비용이 57%에서 36%로 줄어드니 자연히 이익률이 －12.8%에서 8.3%로 증가했다.

황과장은 며칠 전 배운 재무제표 분석에 대해 전체적으로 복습을 진행했다. 손익계산서의 이익률을 보니 수익은 11월에 투자수입이 있어 이익률이 가장 높았고, 비용은 신용카드사용액이 가장 높은 비율을 차지하면서 이익률 변동에 가장 많은 영향을 끼쳤다.

전월 대비 성장성은 11월의 성장률이 410%로 가장 높게 나타났다. 대부분 월급을 받아 수입이 일정하게 발생하니 투자수입의 영향이 컸다. 결론적으로 12월말 목표누계손익을 계산해 보니 수익 16,245,000원에서 비용 15,370,000원을 차감하면 875,000원의 당기순이익이 발생했다. 이익률은 5.4%였다.

매월 정기적으로 발생하는 급상여 수익은 92%이며 비용이 차지하는 비율은 95%로 투자수입 8%가 없었다면 당기순손실이 발생

손익계산서
XXXX년 10월 1일 ~ XXXX년 12월 31일

한대손 순익현황 (단위: 원)

	과 목	10/1~10/31	이익률	11/1~11/30	이익률	성장성	12/1~12/31 목표	이익률	성장성	10/1~12/31 누계	이익률
수익	급여, 상여금	5,000,000	100%	5,000,000	83%	0%	5,000,000	96%	0%	15,000,000	92%
	투자수익	0	0%	1,000,000	17%	100%	230,000	4%	-77%	1,230,000	8%
	기타수익	15,000	0.3%	0	0%	0%	0	0%	0%	15,000	0.1%
	수익합계	5,015,000	100%	6,000,000	100%	20%	5,230,000	100%	-13%	16,245,000	100%
비용	현금지출	300,000	6%	200,000	3%	-33%	400,000	8%	100%	900,000	6%
	신용카드사용액	2,400,000	48%	2,600,000	43%	8%	1,900,000	36%	-27%	6,900,000	42%
	대출이자	1,175,830	23%	1,161,660	19%	-1%	1,142,500	22%	-2%	3,479,990	21%
	자동이체 외	61,670	1%	70,840	1%	15%	65,000	1%	-8%	197,510	1%
	감가상각비	1,287,500	26%	1,317,500	22%	2%	1,287,500	25%	-2%	3,892,500	24%
	비용합계	5,225,000	104%	5,350,000	89%	2%	4,795,000	92%	-10%	15,370,000	95%
이익	당기순이익	(210,000)	-4.2%	650,000	10.8%	410%	435,000	8.3%	-33%	875,000	5.4%

했을 것이다.

황과장은 수익을 올리든가 비용을 절감하지 않으면 내년에는 당기순손실이 발생할 수밖에 없다는 것을 알았다. 그렇지만 황과장은 스스로 분석을 할 수 있어 자신감이 생겼다. 곧바로 재무상태표를 정리해 보았다.

황과장은 재무상태표 12월 목표 자산현황을 작성하기 위해 현금과 예금을 얼마 할지 곰곰이 생각해 보았다. 우선 12월 예상 현금과 예금 1,482,500원에서 마이너스대출 100만원을 차감하고 이자비용 절감액 5,000원을 합산하면 487,500원이었다. 나머지 자산현황은 12월 예상과 동일하게 입력했다.

부채현황의 신용카드사용액은 신용카드절감액 110만원을 차감해서 190만원을 입력했고, 마이너스대출은 100만원 상환한 잔액 31,000,000원을 입력했다.

자본현황의 당기순이익은 손익계산서 12월 목표 누계인 875,000원을 입력했다. 자본합계는 220,875,000원으로 9월 220,000,000원에 비해 875,000원이 증가했다.

자산합계는 550,025,000원으로 9월 560,000,000원에 비해 9,975,000원이 감소했다. 또한 부채는 329,150,000원으로 9월 340,000,000원에 비해 10,850,000원 감소했는데, 이는 매월 차입금을 상환했기 때문이었다. 결국 수익이 발생한 자산이 대부분 차입금 상환으로 진행되었다는 것을 알 수 있었다.

황과장은 며칠 전 재무상태표의 유동자산을 파악하여 안정성을 분석해 보았다.

"유동자산은 1년 이내에 현금화가 되는 자산이니 재무상태표상 현금과 예금, 매출채권, 빌려준 돈이 1년 이내에 변동이 있는 자산으로 보면 되고, 유동부채는 1년 이내에 지급해야 하는 부채이기에 신용카드사용액과 빌린 돈 그리고 마이너스대출도 1년 약정했

재 무 상 태 표

XXXX년 12월 31일 현재

황대승 자산현황 (단위: 원)

과 목		9월 30일 현재	12월 31일 예상	12월 31일 목표	증감 차이 (12월말 - 9월말)
유동 자산	현금과 예금	900,000	1,482,500	487,500	(412,500)
	매출채권	7,000,000	5,000,000	5,000,000	(2,000,000)
	빌려준 돈	0	0	0	0
비유동 자산	정기예금	5,100,000	5,400,000	5,400,000	300,000
	투자자산(주식 외)	26,000,000	22,000,000	22,000,000	(4,000,000)
	토지	0	0	0	0
	아파트	500,000,000	500,000,000	500,000,000	0
	감가상각누계액	0	(2,812,500)	(2,812,500)	(2,812,500)
	개인승용차	18,000,000	18,000,000	18,000,000	0
	감가상각누계액	0	(900,000)	(900,000)	(900,000)
	전자제품 외	3,000,000	3,000,000	3,000,000	0
	감가상각누계액	0	(150,000)	(150,000)	(150,000)
	자전거	0	0	0	0
	감가상각누계액	0	0	0	0
	전월세보증금	0	0	0	0
	자산합계	560,000,000	551,020,000	550,025,000	(9,975,000)
유동 부채	신용카드사용액	2,000,000	3,000,000	1,900,000	(100,000)
	빌린 돈	0	0	0	0
	마이너스대출	38,000,000	32,000,000	31,000,000	(7,000,000)
비유동 부채	아파트대출금	300,000,000	296,250,000	296,250,000	(3,750,000)
	부채합계	340,000,000	331,250,000	329,150,000	(10,850,000)
자본	자본금	220,000,000	220,000,000	220,000,000	0
	당기순이익	0	(230,000)	875,000	875,000
	자본합계	220,000,000	219,770,000	220,875,000	875,000
손익	대출이자	0	3,484,990	3,479,990	

으니 포함하면 되겠다."

"과장님, 잘 파악하셨습니다. 유동비율 수식은 기억나는지요?"
황과장은 며칠 전 작성했던 안정성 Excel 수식을 보며 말했다.
"유동자산을 유동부채로 나눈 비율이지. 김대리가 준 양식에 수식이 있으니 참 편하네. 하하하!"
"네, 가능하면 이해하도록 하세요."
황과장은 안정성 분석 Excel 양식에 12월 목표금액을 대입하여 산출하기 시작했다.

- 유동비율
 $=(487,500+5,000,000+0) \div (1,900,000+0+31,000,000) \times 100\%$
 $=16.7\%$
- 부채비율
 $=329,150,000 \div 220,875,000 \times 100\%$
 $=149.0\%$
- 차입금의존도
 $=(31,000,000+296,250,000) \div 550,025,000 \times 100\%$
 $=59.5\%$
- 자기자본비율
 $=(220,875,000 \div 550,025,000) \times 100\%$
 $=40.2\%$
- 총자본이익잉여금 비율
 $=(875,000 \div 550,025,000) \times 100\%$
 $=0.16\%$
- 이자보상배율
 $=875,000 \div 3,479,990$
 $=0.25$

안정성 분석

구 분	11월 30일	12월 31일 예상	12월 31일 목표	차 이 (목표 - 예상)
유동비율	19.2%	18.5%	16.7%	-1.8%
현금과 예금으로 마이너스대출 100만원 상환으로 감소 높을수록 안정적임(유동성 : 1년 이내에 자산을 현금으로 전환할 수 있는 능력) 기업의 경우 100% 이하는 위기시 유동성 문제 발생 가능성 있음				
부채비율	151.6%	150.7%	149.0%	-1.7%
현금과 예금으로 마이너스대출 100만원 상환으로 감소 낮을수록 안정적임 자신이 가진 순자산 대비 부채가 얼마나 되는지 확인				
차입금의존도	59.8%	59.6%	59.5%	-0.1%
마이너스대출 100만원 상환으로 감소 낮을수록 안정적임 기업의 경우 차입금의존도는 30% 이하가 양호함				
자기자본비율	39.8%	39.9%	40.2%	0.3%
신용카드사용액 절감으로 당기순이익 증가 높을수록 안정적임 기업의 경우 자기자본비율은 통상 50% 이상일 경우 양호함				
총자본이익잉여금 비율	0.08%	-0.04%	0.16%	0.2%
당기순이익 증가로 자본총액 증가 높을수록 안정적임 기업의 경우 총자본이익잉여금 비율이 10% 이상이 좋음				
이자보상배율	0.19	(0.07)	0.25	0.32
당기순이익 증가로 양수로 전환 높을수록 안정적임. 통상 3배수 이상이 양호함 금융기관에 차입한 돈으로 영업활동시 벌어들인 영업이익으로 이자비용을 지급할 수 있는 능력이 얼마나 되는지 확인(현재기준은 당기순이익으로 산출)				

황과장은 안정성 분석표를 완성하고 난 후 12월 예상과 12월 목푯값의 차이를 분석해 보았다.

유동비율은 12월 예상값과 목푯값은 각각 18.5%와 16.7%로 1.8%p 감소했으며, 부채비율은 각각 150.7%와 149.0%로 1.7%p 감소했다. 현금과 예금 100만원으로 마이너스대출 100만원을 상환함으로써 자산도 감소하고 부채도 감소했다.

차입금의존도는 59.6%에서 59.5%로 0.1%p 감소했다. 이는 마이너스대출 100만원이 감소했기 때문이다.

자기자본비율은 39.9%에서 40.2%로 0.3%p 증가했으며, 총자본이익잉여금 비율도 −0.04%에서 0.16%로 0.2%p 증가했다. 이것은 신용카드사용액 절감을 통해 당기순이익이 증가해서 자본총액이 증가했기 때문이다.

이자보상배율 역시 (0.07)에서 0.25로 0.32p 증가했다.

무엇보다 이자보상배율이 0.25로 플러스로 전환되어 기분이 좋았다. 황과장은 스스로에게 놀라고 있었다. 불과 2주 만에 재무제표 작성뿐만 아니라 분석까지 하고 있는 것이다.

"그래, 이제는 성장성을 분석해 볼까."

김대리는 회계에 흥미를 가지고 열심히 하는 황과장을 보고 맘이 편안해지는 것을 느꼈다.

'그래, 조금만 더 가르치면 된다. 이제 거의 다 왔다.'

맘속으로 되뇌며 황과장이 작성하는 모습을 조용히 지켜보았다.

황과장은 성장성 Excel 양식에 수식을 참고하여 재무상태표의 금액을 확인하며 12월 목표 총자산증가율부터 작성하기 시작했다.

- 총자산증가율
  = [(550,025,000 − 554,540,000) ÷ 554,540,000] × 100%
  = −0.81%

재 무 상 태 표

XXXX년 12월 31일 현재

황대승 자산현황 (단위: 원)

과 목		10월 31일 현재	11월 30일 현재	12월 31일 예상	12월 31일 목표
유동 자산	현금과 예금	1,027,500	2,045,000	1,482,500	487,500
	매출채권	5,000,000	5,000,000	5,000,000	5,000,000
	빌려준 돈	0	0	0	0
비유동 자산	정기예금	5,200,000	5,300,000	5,400,000	5,400,000
	투자자산(주식 외)	26,000,000	22,000,000	22,000,000	22,000,000
	토지	0	0	0	0
	아파트	500,000,000	500,000,000	500,000,000	500,000,000
	감가상각누계액	(937,500)	(1,875,000)	(2,812,500)	(2,812,500)
	개인승용차	18,000,000	18,000,000	18,000,000	18,000,000
	감가상각누계액	(300,000)	(600,000)	(900,000)	(900,000)
	전자제품 외	3,000,000	3,000,000	3,000,000	3,000,000
	감가상각누계액	(50,000)	(100,000)	(150,000)	(150,000)
	자전거	0	1,800,000	0	0
	감가상각누계액		(30,000)	0	0
	전월세보증금	0	0	0	0
	자산합계	556,940,000	554,540,000	551,020,000	550,025,000
유동 부채	신용카드사용액	2,400,000	2,600,000	3,000,000	1,900,000
	빌린 돈	0	0	0	0
	마이너스대출	36,000,000	34,000,000	32,000,000	31,000,000
비유동 부채	아파트대출금	298,750,000	297,500,000	296,250,000	296,250,000
	부채합계	337,150,000	334,100,000	331,250,000	329,150,000
자본	자본금	220,000,000	220,000,000	220,000,000	220,000,000
	당기순이익	(210,000)	440,000	(230,000)	875,000
	자본합계	219,790,000	220,440,000	219,770,000	220,875,000
손익	대출이자	1,175,830	2,337,490	3,484,990	3,479,990

- 총부채증가율
  ＝[(329,150,000－334,100,000)÷334,100,000]×100%
  ＝－1.48%
- 총자본증가율
  ＝[(220,875,000－220,440,000)÷220,440,000]×100%
  ＝0.20%

황과장은 성장성 분석표를 완성하고 난 후 12월 예상과 12월 목푯값의 차이를 분석해 보았다.

총자산증가율은 －0.63%에서 －0.81%로 0.18%p 감소했고, 총부채증가율은 －0.85%에서 －1.48%로 0.63%p 감소했다. 현금으로 마이너스대출을 상환해서 자산도 감소하고 부채도 감소한 결과였다. 총자본증가율은 －0.30%에서 0.20%로 0.50%p 증가했다. 신용카드사용액 절감으로 당기순이익이 증가해서 자본이 증가했다.

황과장은 자신감이 생기기 시작했다. 곧이어 활동성을 분석해서 영업순환주기와 현금창출주기를 산출하기 시작했다.

12월 목표 매출채권회전율을 산출하기 위해 재무상태표상 매출채권을 확인하니 10월부터 12월까지 매월 5백만원으로 동일했다. 매출채권회전율은 매출액을 평균매출채권으로 나눈 값이다. 평균매출채권은 11월 매출채권과 12월 매출채권을 합산한 후 나누어서 평균값을 내므로 11월과 12월 매출채권금액이 동일하니 평균값이 5백만원이었다.

황과장은 12월 예상 매출액과 목표 매출액이 5,230,000원으로 동일한 것을 확인하고 활동성 분석 Excel 양식에 12월 목표금액을 대입하여 매출채권회전율을 작성하기 시작했다.

성장성 분석

구 분	11월 30일	12월 31일 예상	12월 31일 목표	차 이 (목표 - 예상)
총자산증가율	-0.43%	-0.63%	-0.81%	-0.18%
높을수록 좋음 현금과 예금으로 마이너스대출 100만원 상환으로 자산 감소				
총부채증가율	-0.90%	-0.85%	-1.48%	-0.63%
낮을수록 좋음 현금과 예금으로 마이너스대출 100만원 상환으로 부채 감소				
총자본증가율	0.30%	-0.30%	0.20%	0.50%
높을수록 좋음 신용카드사용액 절감으로 당기순이익 증가로 인해 총자본 증가				

- 매출채권회전율
  = {5,230,000÷[(5,000,000+5,000,000)÷2]}
  = 1.05
- 매출채권회전일수
  = (31일÷1.05)
  = 29.6일
- 재고자산회전율
  = 매출원가÷평균재고자산
  = 0
- 재고자산회전일수
  = 31일÷재고자산회전율
  = 0

12월 예상과 목표금액이 동일하니 산출된 값은 동일했다. 보유하고 있는 재고자산이 없으니 재고자산회전일수는 0일로, 영업순환주기는 29.6일로 산출되었다.

12월 목표 매입채무회전율은 매입채무를 기준으로 산출하기에 재무상태표에서 12월 목표 매입채무 금액인 신용카드 금액을 확인하니 190만원이 대상 금액이었다. 그리고 평균매입채무 금액을 산출하기 위해 11월 매입채무 금액 260만원을 확인하여 Excel 수식에 대입하여 매입채무회전율을 산출했다.

- 매입채무회전율
  = {5,230,000÷[(1,900,000+2,600,000)÷2]}
  = 2.32
- 매입채무회전일수
  = (31일÷2.32)
  = 13.3일

활동성 분석

구 분	11월 30일	12월 31일 예상	12월 31일 목표
매출채권회전율	1.20	1.05	1.05
높을수록 좋음 - 매출채권 결제기한이 짧음 한 회계기간 동안 매출채권 금액이 현금으로 회수되는 횟수			
매출채권회전일수(A)	25.0	29.6	29.6
짧을수록 좋음 - 매출채권 회수가 잘 되고 있음 매출채권을 회수하는 데 소요되는 기간			
재고자산회전율			
높을수록 좋음 - 재고자산을 얼마나 효율적으로 관리하고 있는지 나타내는 지표 낮으면 - 재고가 느리게 판매되거나 재고가 과다하게 있음			
재고자산회전일수(B)			
짧을수록 좋음 - 재고가 빠르게 판매되고 있음 재고가 판매되어 소진되는 데 걸리는 시간			
영업순환주기(A+B)	25.0	29.6	29.6
원재료를 구매해서 제품을 완성하고 판매 후 대금이 회수되는 기간			
매입채무회전율	2.40	1.87	2.32
낮을수록 좋음 - 외상으로 구입한 원재료에 대한 결제의 효율성을 측정 높을수록 기업은 외상대금을 빨리 결제하고 있는 것임			
매입채무회전일수(C)	12.5	16.6	13.3
길수록 좋음 - 매입채무 지급일이 길수록 기업의 유동성이 좋아짐 매입채무를 지급하는 데 소요되는 시간			
현금창출주기(A+B-C)	12.5	13.0	16.3
원재료를 구매해서 생긴 채무를 갚고 제품을 완성하고 판매 후 대금이 회수되는 기간			

마지막으로 영업순환주기에서 매입채무회전율을 차감하니 현금창출주기가 16.3일이 산출되었다.

황과장은 뿌듯했다. 혼자서 12월 목표금액을 조정해서 재무제표 금액 변동 분석까지 모두 마무리한 것이었다.

황과장은 당기순이익이 12월 예상보다 12월 목표가 더 좋아졌는데 현금창출주기는 왜 더 증가했는지 궁금했다.

"김대리, 12월 목표 당기순이익이 증가했는데 현금창출주기 일수가 더 증가한 게 이해가 잘 안 되네."

"네, 활동성 분석한 자료를 보면 매입채무회전일수가 줄었습니다. 신용카드사용액이 각각 300만원과 190만원으로 차이가 있어서 발생했으며, 매입채무금액이 낮을수록 현금지출이 더 많이 발생했다고 볼 수 있으므로 매입채무회전일수가 줄어들었고 그로 인해 매출채권회전일수에서 차감하면 현금창출주기가 길어진 겁니다."

"아! 결국 매출채권은 빨리 회수하고 매입채무는 늦게 줄수록 현금창출주기가 좋아지겠구나."

"네, 이래서 실무상 거래시 상호 간에 약속한 결제일이 있는 거지요."

황과장은 이제 남은 10일을 계획한 대로 실행한다면 목표를 달성할 수 있을 것이라 생각했다.

황과장은 회계의 감이 오고 있는 것을 느꼈다.

03 황과장의 변동비와 고정비를 구하다

김대리는 손익계산서의 비용부분을 펼쳐 보이며 설명을 시작했다.
"과장님, 변동비와 고정비에 대해 들어 보신 적 있습니까?"
"하하! 말 그대로 변동비는 금액이 변동이 있는 거고 고정비는 금액이 고정적인 거 아닌가?"
"네. 거의 맞는데 조금 더 생각해 볼 것이 있습니다. 저희는 회계적인 관점에서 접근해야 합니다. 손익계산서는 매출액 변화에 따라 이익에 가장 큰 영향이 발생하며, 다음으로 비용절감에 따라 이익이 영향을 받습니다. 비용절감은 내부적으로 통제가 가능합니다. 비용에는 변동비와 고정비가 있습니다. 변동비는 매출액이 변할 때 매출액과 일정한 비율을 유지하면서 같은 방향으로 변하는 비용입니다. 고정비는 매출액이 변해도 늘 일정하게 발생하는 비용입니다. 대표적인 고정비는 임차료와 유형자산 감가상각비 등이 있습니다. 우선 과장님 손익계산서 비용 중에서 가장 큰 비중을 차지하는 신용카드이용명세서에서 변동비와 고정비를 분류해 보시겠습니까?"
김대리는 미리 준비한 신용카드이용명세서를 보여주었다.

황과장은 10월부터 12월까지 신용카드 지출내역을 참고하여 각 항목별로 변동비와 고정비를 분류하기 위해 유심히 살펴보고 생각해 보았다. 일부 고정비는 눈에 보이는데, 변동비는 어떻게 선택할지 이해가 잘 되지 않았다.

"김대리, 어떤 것은 고정비에도 해당되고 변동비에도 해당되는 것도 있고, 이것도 저것도 아닌 것도 있고, 이해가 잘 안 되네. 기준을 어떻게 보고 나누는 게 나은지 방법 좀…."

"과장님의 일상에서 꼭 발생해야 하는 비용은 고정비로 보시고 회사를 다니면서 발생해야 하는 비용은 변동비로 보시고 입력하시면 됩니다. 예를 들면 아침식사를 매일 하는 경우 이것은 회사출근과 상관없습니다. 이러한 비용을 고정비로 보시면 됩니다. 그런데 이것도 아니고 저것도 아닌 애매한 것이 있습니다. 예를 들면 의류비 같은 경우 월급을 받기 위해 필요한 것이지만, 월급을 많이 받는다고 해서 의류비가 많이 들어가는 것도 아닙니다. 그렇다고 적게 받는다고 해서 적게 나가는 것도 아니기에 월평균을 보시고 변동비와 고정비를 적정하게 나누면 됩니다. 의류비 같은 경우 본인의 의사가 중요하니 고정적으로 매월 이 정도는 구입해야 한다고 생각하면 그 금액을 고정비로 하고, 나머지 금액은 변동비로 기재하면 되겠습니다."

황과장은 이해가 된 듯 고개를 끄덕이더니 금액을 작성하기 시작했다. 황과장은 나름 3개월 동안 발생한 신용카드금액 중 일상생활에서 매월 고정적으로 발생하는 비용은 고정비로 산출하고, 변동비와 고정비가 함께 발생하는 건은 월급과 관계없이 최소한의 금액을 고정비로 나머지는 변동비로 입력했다.

"과장님, 잘 구분하셨습니다. 좀 애매한 비용들도 더러 있네요."

황과장도 눈치를 챘는지 그냥 웃기만 했다.

"다음으로 손익계산서상의 금액입니다. 비용부분만 구분해서

신용카드 사용 실적

(단위 : 원)

분 류	신용카드 지출금액				비 고
	10월	11월	12월 목표	합 계	
일반식대	180,000	160,000	200,000	540,000	일반식대, 마트 등
친목식대	1,100,000	1,250,000	**650,000**	3,000,000	친목모임 등
의류비	250,000	180,000	200,000	630,000	옷, 신발 등
병원비	0	33,000	0	33,000	병원치료 및 약
통신비	78,000	82,000	85,000	245,000	휴대폰, 인터넷
수도광열비	130,000	120,000	120,000	370,000	월 관리비 외
물품구매	60,000	100,000	100,000	260,000	각종 생활용품 외
문화생활비	27,000	30,000	40,000	97,000	영화, 도서 등
차량유지비	190,000	250,000	230,000	670,000	유류대, 수리비 등
보험료 외	175,000	175,000	175,000	525,000	화재보험
교통비	210,000	220,000	**100,000**	530,000	택시비, 대리운전비
합 계	2,400,000	2,600,000	1,900,000	6,900,000	

변동비 고정비 분류

(단위 : 원)

분 류	신용카드 합계 (10월~12월)	비용 분류			비 고
		변동비	고정비	합 계	
일반식대	540,000	90,000	450,000	540,000	일반식대, 마트 등
친목식대	3,000,000	900,000	**2,100,000**	3,000,000	친목모임 등
의류비	630,000	30,000	600,000	630,000	옷, 신발 등
병원비	33,000	33,000	0	33,000	병원치료 및 약
통신비	245,000	5,000	240,000	245,000	휴대폰, 인터넷
수도광열비	370,000	10,000	360,000	370,000	월 관리비 외
물품구매	260,000	50,000	210,000	260,000	각종 생활용품 외
문화생활비	97,000	7,000	90,000	97,000	영화, 도서 등
차량유지비	670,000	70,000	600,000	670,000	유류대, 수리비 등
보험료 외	525,000	0	525,000	525,000	화재보험
교통비	530,000	230,000	**300,000**	530,000	택시비, 대리운전비
합 계	6,900,000	1,425,000	5,475,000	6,900,000	

손 익 계 산 서

XXXX년 10월 1일 ~ XXXX년 12월 31일

황대승 손익현황 (단위: 원)

과목		10/1~10/31	11/1~11/30	12/1~12/31 목표	10/1~12/31 목표	비 고
수익	급여, 상여금	5,000,000	5,000,000	5,000,000	15,000,000	
	투자수입	0	1,000,000	230,000	1,230,000	주식처분 외
	기타수입	15,000	0	0	15,000	이자수익
	수익합계	5,015,000	6,000,000	5,230,000	16,245,000	
비용	현금지출	300,000	200,000	400,000	900,000	경조사비만 변동
	신용카드사용액	2,400,000	2,600,000	1,900,000	6,900,000	
	대출이자	1,175,830	1,161,660	1,142,500	3,479,990	고정비
	자동이체 외	61,670	70,840	65,000	197,510	평균액 고정비
	감가상각비	1,287,500	1,317,500	1,287,500	3,892,500	고정비
	비용합계	5,225,000	5,350,000	4,795,000	15,370,000	
이익	당기순이익	(210,000)	650,000	435,000	875,000	

변동비 고정비 분류

XXXX년 10월 1일 ~ XXXX년 12월 31일

황대승 손익현황 (단위: 원)

과목		10/1~12/31 목표 손익	비용 분류			비 고
			변동비	고정비	합 계	
수익	급여, 상여금	15,000,000	0	15,000,000	15,000,000	
	투자수입	1,230,000	1,230,000	0	1,230,000	주식처분 외
	기타수입	15,000	15,000	0	15,000	이자수익
	수익합계	16,245,000	1,245,000	15,000,000	16,245,000	
비용	현금지출	900,000	300,000	600,000	900,000	경조사비만 변동
	신용카드사용액	6,900,000	1,425,000	5,475,000	6,900,000	
	대출이자	3,479,990	0	3,479,990	3,479,990	고정비
	자동이체 외	197,510	2,510	195,000	197,510	평균액 고정비
	감가상각비	3,892,500	0	3,892,500	3,892,500	고정비
	비용합계	15,370,000	1,727,510	13,642,490	15,370,000	
이익	당기순이익	875,000			875,000	

작성하면 됩니다. 현금지출의 경우 매월 발생건은 고정비로 보고, 경조사비는 변동이 있으니 변동비로 입력하고, 신용카드사용액은 집계한 내용을 변동비와 고정비로 나누어서 반영하고, 대출이자와 감가상각비는 고정비라고 했으니 고정비에 반영하면 되고 자동이체 외는 매월 평균금액을 반영하고 나머지만 변동비로 입력하면 됩니다."

황과장은 작성을 끝내고 난 뒤 손익계산서상의 자신의 변동비와 고정비를 살펴보고 나지막한 소리로 중얼거렸다.

"생각보다 고정비가 많네. 그럼 내가 지금 월급을 받지 않고 가만히 있어도 3개월 동안 13,642,490원은 있어야 하는 거네. 월로 따지면 약 450만원이구나. 아, 아니지. 감가상각비를 차감해야지. 현금흐름표를 보고 다시 판단하는 게 정확하겠다."

김대리는 황과장이 스스로 내용을 파악한 것에 대해 내심 놀랐다. 황과장은 하나를 가르치면 두 개를 말할 때가 있었다. 김대리는 회장님이 왜 후계자로 황과장을 선택했는지 이해가 되는 것 같았다.

"네, 과장님. 고생했습니다. 잠깐 쉬었다가 합시다."

"오케이!"

황과장은 즐거워하며 기다렸다는 듯이 자리를 박차고 일어섰다. 김대리는 황당해하며 속으로 중얼거렸다.

'그럼 그렇지. 경영 2세 선택은 취소!'

04 황과장의 손익분기점 매출액을 구하다

여직원 삼총사는 휴게실에서 내일 저녁 크리스마스 사진을 어떻게 찍을지 의논하고 있었다. 나름 회계부 부서원들의 역할을 배정하면서 어떤 콘셉트로 포즈를 취해야 할지 얘기를 나누었다. 커피를 뽑아 든 김대리는 무슨 얘기인지 궁금했다. 가까이 다가가니 주연씨가 말했다.

"김대리님은 플랜더스의 개 역할을 좀 하셔야겠는데요?"

"뭔 개소리고."

정제되지 않은 말이 순식간에 튀어나오자 김대리는 당혹스러웠다. 여직원들 앞에서는 행동뿐만 아니라 말도 조심해야 했다. 다행히 여직원들은 일제히 웃었다.

은옥씨가 웃으며 설명을 이어갔다. 타부서 사람들이 너무 잘해서 여러 가지 복합적으로 상황을 연출했는데, 플랜더스의 개와 소년이 성냥팔이 소녀와 만나고, 스크루지 아저씨도 있고, 루돌프 사슴과 산타 등 이 모든 것이 한 화면에서 만나는 모습을 사진으로 담는다는 계획을 세우고 있었다. 결국 누군가는 개와 루돌프 사슴 역할을 해야 했다. 대략 누가 사람이 아닌 개와 루돌프 사슴 1, 2

가 될지는 예상이 되었다. 김대리는 역정을 냈다.

"걔는 안 한다."

여직원들의 웃음소리를 뒤로 하고 사무실로 가던 중에 신과장과 마주쳤다. 신과장이 반가운 듯이 말했다.

"김대리, 우리 이번에 성과금 준다던데, 얘기 들었어?"

김대리는 듣던 중 반가운 소리였다. 역시 정보가 빠른 영업부 신과장이었다.

"그래요? 올해 성적이 나쁜 건 아닌데 성과금 준다는 얘기는 못 들었는데요."

"이번에 영업부에서 큰 수주 하나를 받았거든. 이게 금액이 커서 내년도 매출액 성장에 엄청 큰 영향을 줄 거야."

"그럼 내년에 성과금 줘야지, 왜 올해 준다는 거죠?"

신과장은 주위를 둘러보고는 나지막이 이야기했다.

"계약 선급금이 이달 말에 입금되거든. 그리고 회장님 아드님이 입사해서 미리 준다는 얘기도 있어. 이건 비밀이야."

역시 신과장은 비밀이라는 이야기를 빼놓지 않았다. 이번에도 이 비밀은 돌고 돌아 조만간 모든 사람이 아는 비밀이 될 것이 뻔했다.

"다음 주 되면 저도 알겠죠. 자금 준비해야 하니. 위에서 뭔가 말이 있겠지요."

"그럼 얘기 나오면 알려줘. 나중에 얘기해."

신과장은 급한 듯 사무실로 갔다. 김대리는 반신반의했지만 성과금에 대한 기대가 부풀어 올랐다.

김대리는 자리에 돌아와 황과장이 작성한 Excel 자료를 검토해 보았다. 손익분기점에 대해 생각하고 있는데, 총무부장이 민부장을 찾았다. 회의실에서 의논을 하고 나오는 민부장의 얼굴 표정이 밝았다. 김대리는 내심 성과금에 대한 기대를 하며 황과장을 기다렸다.

황과장이 들어오면서 김대리의 밝은 얼굴을 보았다.

"무슨 좋은 일이라도 있는가?"

"아닙니다. 시간이 없으니 손익분기점 빨리 인수인계하고 내일 저녁에 다 같이 크리스마스 사진 찍으러 가야지요."

황과장은 고개를 가로저으며 무슨 좋은 일이 있는 건지 궁금해했다. 김대리는 모른 척하며 설명을 시작했다.

"손익분기점에 대해 설명드리겠습니다. 손익분기점이란 영업수익과 영업비용이 일치하는 매출수준을 얘기합니다. 즉 손익계산서의 수익에서 비용을 차감하면 순이익이 0이 되는 지점이 손익분기점이라고 이해하면 됩니다."

"그럼 손익계산서상의 비용금액 전체가 손익분기점이라고 생각하면 되겠네."

김대리는 기다렸다는 듯이 말했다.

"아닙니다. 그래서 변동비와 고정비로 나누어서 금액을 산출했습니다. 지금 과장님 재무제표는 제조부분이 없다고 했습니다. 변동비와 고정비로 나눈 것은 단순히 과장님에게 변동비와 고정비의 개념을 이해시켜 드리기 위해 직접 작성해 보라고 한 것입니다."

황과장은 또다시 복잡한 설명이 이어질 것이라 생각했다. 그러면서 김대리에게 좀 쉽게 예를 들어 달라고 했다.

"실제 변동비와 고정비의 개념을 간략히 설명드리면 이렇습니다. 제조업의 경우 제품을 생산합니다. 예를 들어 무선마우스를 생산하는 공장이 있다고 가정하겠습니다. 무선마우스 1개 판매가는 10,000원이고 제조 생산시 투입되는 변동비가 개당 5,000원, 고정비가 20만원, 그리고 판관비가 매월 20만원 발생한다고 가정하면, 100개를 판매할 경우 화면에 보는 바와 같이 손익계산서가 만들어집니다."

■ 무선마우스 생산 공장 손익분기점 매출액 산출

손익계산서

매출액	1,000,000	@10,000 x 100개
매출원가	(700,000)	변동비 500,000 고정비 200,000
매출총이익	300,000	
판관비	(200,000)	고정비 200,000
영업이익	100,000	

※ 매출원가 구성 : 변동비 @5,000 x 100개 + 고정비 200,000

$$\text{손익분기점 매출액} = \text{고정비} \div \left(1 - \frac{\text{변동비}}{\text{매출액}}\right)$$

손익분기점 매출액 산출

	변동비와 고정비 산출	손익분기점 매출액	: 순이익이 0이 되는 매출액
매출액	1,000,000	**800,000**	@10,000 x 80개
변동비	(500,000)	(400,000)	@5,000 x 80개
공헌이익	500,000	400,000	
고정비	(400,000)	(400,000)	매출원가 고정비+판관비 고정비
순이익	100,000	0	

400,000 ÷ (1-500,000 ÷ 1,000,000) = 800,000

황과장은 손익분기점 매출액 산출 양식을 뚫어져라 보고 있었다.
"과장님이 작성한 비용부분은 매출원가와 판관비가 합쳐져 있다고 보시면 됩니다. 판관비를 변동비와 고정비로 구분했습니다. 변동비는 제품생산과 관련하여 생산량에 따라 변동하는 비용으로 원재료비가 있고, 고정비는 제품생산과 관련 없이 일정하게 발생하는 비용으로 노무비와 감가상각비가 있습니다. 판관비는 판매비와 일반관리비를 줄인 말로, 판매시 발생하는 운송비, 판매를 위한 관리직 인건비, 일반경비 등이 있습니다. 화면상 매출원가에는 무선마우스를 생산하기 위해 투입된 변동비와 고정비가 있으며 판관비에는 완성된 무선마우스를 판매하기 위해 투입된 비용이 있습니다. 우선 손익분기점 매출을 구하기 위해 변동비와 고정비를 산출해서 화면에 보듯이 공헌이익과 순이익을 구합니다. 손익계산서 양식을 변동비와 고정비를 나누어서 표시한 것은 공헌이익을 구하기 위한 목적입니다. 공헌이익은 무선마우스 100개의 매출액에서 무선마우스 100개 생산에 투입된 직접비에 대한 변동비를 차감한 것으로 고정비를 회수할 이익을 말합니다. 공헌이익에서 고정비를 차감하면 순이익이 나옵니다."

김대리의 긴 설명에 황과장은 잠깐 집중력이 떨어졌는지 멍한 모습을 보였다. 김대리는 목소리 톤을 올렸다.

"과장님, 제가 이렇게 길게 설명을 하는 이유는 손익분기점 매출액을 산출하기 위한 사전 과정을 설명드리는 겁니다. 손익분기점 매출은 앞에 설명한 바와 같이 순이익이 0이 되는 매출액을 산출하는 것입니다. 예를 들면 사장님이 과장님에게 우리 회사는 무선마우스 손익분기점 매출액이 얼마인가, 또는 무선마우스 몇 개를 팔아야 손익분기점 매출액이 되는가 하고 물어본다면 대답을 하실 수 있습니까?"

황과장은 잠깐 생각에 잠겼다.

"바로 못하지. 계산해 봐야 한다고 얘기해야지."

"그럼 회장님께서 평소 손익분기점도 파악하지 못하고 관리를 어떻게 하냐고 얘기한다면 당황하지 않겠습니까?"

"나한테는 그렇게까지는 안 할 거야. 하하하!"

황과장은 웃으며 얘기했지만 속으로는 뜨끔한 것이 틀림없었다. 황과장의 눈꺼풀이 떨리는 것을 본 김대리는 피식 웃으며 설명을 계속했다.

"과장님, 손익분기점 매출액 산식을 보세요. 변동비를 매출액으로 나누면 매출액에 대한 변동률이 나오고 1을 차감하면 매출액에 대한 고정률이 산출됩니다. 여기에 고정비를 매출액에 대한 고정률로 나누면 손익분기점 매출액이 산출됩니다. 왜냐하면 제품을 하나도 생산을 안 하면 변동비는 0이고, 고정비 40만원이 발생하기 때문에 고정비를 회수할 수 있는 매출액을 산출해야 됩니다. 그렇기 때문에 공헌이익이 40만원 되기 위해 제품을 얼마나 팔아야 할지 계산하면 변동비 원가 40만원과 공헌이익 40만원을 합산한 매출액 80만원이 산출되는 겁니다."

"화면상에 풀이된 내용을 보니 이해가 되는데, 김대리가 설명한 내용은 이해가 될 것 같으면서 잘 모르겠네. 근데 수식 보고 산출하면 그리 어렵지 않네."

"과장님, 개념을 이해하셔야 합니다. 나중에 돌아서서 수식 생각 안 나면 산출 못할 겁니다. 그리고 손익계산서에는 사실 불필요한 비용들이 있습니다. 나중에 이에 대해 설명을 드리겠습니다."

황과장은 화면상 내용을 주시하다가 의문이 생겼다.

"손익분기점 매출은 80만원으로 변했는데, 변동비는 금액이 줄었고 고정비는 금액 변동이 없네."

"설명하려고 했는데 먼저 말씀하시니 제가 드릴 말이 없네요. 정확히 잘 보셨습니다. 고정비는 말 그대로 생산과 관련 없이 일정하게 발생하는 금액이라 무선마우스 한 개를 만들어도 발생하는 비용은 동일합니다. 예를 들면 공장임차료는 해당 월에 임차하면 제품을 10개 생산하든 100개 생산하든 임차료 금액은 변동이 없습니다. 무조건 월 임차료를 내야 하는 거지요. 인건비 역시 마찬가지입니다. 그래서 생산을 많이 해서 판매를 많이 해야 이익이 나고, 공헌이익이 고정비보다 커야 이익이 납니다."

"그래, 이번 코로나로 인해서 소상공인들이 가게 임차료를 못 내서 문을 닫는 게 이런 이유구먼. 결국 매출이 없는데 고정비인 임차료는 나가니 적자가 계속 누적되어 문을 닫을 수밖에 없네."

"과장님, 손익분기점에 대해 이해를 하신 것 같으니 과장님 손익계산서의 손익분기점 매출액을 계산해 보시죠."

"김대리가 만든 양식에 미리 산출한 변동비와 고정비가 있으니 간단하지."

황과장은 자신있게 말한 후 판관비 외의 금액을 변동비와 고정비로 나누어 입력하고, 손익분기점 매출액을 구하는 수식(=13,642,490÷(1−1,727,510÷16,245,000))을 대입해서 매출액 15,265,879원을 산출한 뒤, 순이익이 0이 되도록 변동비를 1,623,389원으로 조정해서 산출했다.

"잘하셨습니다. 근데 좀 이상하죠. 고정비가 너무 많다는 생각 안 드십니까? 앞으로 이 부분에 대해 개선을 진행해 봅시다."

황과장 역시 고정비가 높은 점에 대해 공감하면서 각오를 새로이 했다.

"그럼 김대리가 해야 한다면 해야지."

황과장은 주먹을 불끈 쥐었다.

■ 황과장 손익분기점 매출액 산출

손익계산서

매출액	16,245,000
매출원가	0
매출총이익	16,245,000
판관비 외	(15,370,000)
당기순이익	875,000

$$\text{손익분기점 매출액} = \text{고정비} \div \left(1 - \frac{\text{변동비}}{\text{매출액}}\right)$$

손익분기점 매출액 산출

	변동비와 고정비 산출	손익분기점 매출액 : 순이익이 0이 되는 매출액
매출액	16,245,000	**15,265,879**
변동비	(1,727,510)	(1,623,389)
공헌이익	14,517,490	13,642,490
고정비	(13,642,490)	(13,642,490)
순이익	875,000	0

13,642,490 ÷ (1-1,727,510 ÷ 16,245,000) = 15,265,879

05 황과장의 목표 손익분기점 매출액을 구하다

황과장은 손익분기점 매출액을 산출한 결과를 보고 고정비가 높은 부분에 대해 다시 정리해야겠다는 판단을 했다. 아무래도 현실성이 없는 것 같은 생각이 들었고 불필요한 경비가 많다는 생각도 들었다. 12월달은 더 이상 돌이킬 수 없는 만큼 내년 1월부터는 새로운 목표를 세워 자신의 손익을 관리해야겠다고 다짐했다.

황과장은 신용카드사용액을 보면서 지출하지 말아야 할 비용을 파악했다. 결국은 친목식대로 인한 술자리가 가장 비중이 컸고, 가장 먼저 절감해야 할 항목이었다. 그리고 술자리로 인해 발생되는 택시비와 대리운전비 등 부대적인 비용도 절감이 가능했다. 황과장 자신이 가장 좋아하는 것을 줄여야 한다는 생각에 고심이 이만저만 아니었다.

"과장님, 왜 이리 심각하십니까?"

"비용절감을 하려고 하니 쉽지가 않네. 무슨 좋은 방법이라도 있나?"

"사실 회사에서도 원가절감은 엄청 힘든 일입니다. 기존에 있던 비용을 줄이기 위해서는 관련 부서와 이해관계 및 차후 발생할 문제들에 대해 책임을 지는 일이 발생할 수도 있기에 좀처럼 좋은 안을 내기가 쉽지 않습니다. 그래서 그럴 때는 회사에서 지침을 내립니다. 가령 규정을 변경하든지 필요 없는 경비에 대해 원가절감 지시를 내려 성과를 주든지 등 여러 방안을 지시합니다. 과장님도 자신에게 맞는 적정한 기준을 정하시는 게 어떻겠습니까?"

"역시 회계부에서 왜 김대리가 일을 잘하는지 알 것 같네. 해결안을 찾을 수 있을 것 같은데…."

"감사합니다. 도움이 됐다니 다행입니다."

황과장은 사무실 밖으로 나가 기지개를 폈다. 비용을 지출하는 자신만의 기준이 필요하다고 생각했다. 그리고 고심 끝에 자신만의 기준을 정리했다. 첫째는 왜 필요한지를 따져 판단하고, 둘째는 가격의 적정성에 대해 투자할 만한 가치가 있는지 판단하고, 셋째는 지출한 비용에 대한 결과를 판단하기로 했다. 그리고 다시 신용카드사용내역을 보고 자신의 기준대로 판단을 진행했다.

황과장은 과거 3개월 동안 발생한 신용카드 지출금액에 변동비와 고정비 월평균금액을 산출하고 일부 조정해서 내년 월 예상 목표금액을 산출했다. 특히 친목모임을 술자리보다 식사와 차를 마시는 방법으로 전환을 생각했고 그로 인해 대리운전비와 택시비를 줄였으며, 대신 문화생활비를 올렸다.

그러나 본인도 계획한 대로 될지 의문이 생겼다. 함께한 사람들이 술자리를 원하면 어쩔 수 없지 않은가? 그때는 변동비로 대체하기로 생각하며 혼자 피식 웃었다.

뒤이어 황과장이 월 예상 목표금액에서 해당 과목별로 변동비와 고정비에 각각 12개월을 곱하여 연 예상 목표금액을 계산하니 합계액이 22,800,000원이 산출되었다.

다음으로 손익계산서 월평균 금액을 산출하여 내년도 월 예상 목표금액을 변동비와 고정비로 분리해서 산출해 보았다.

월 예상 목표금액

(단위: 원)

분 류	월평균금액			월 예상 목표금액			비 고
	변동비	고정비	합 계	변동비	고정비	합 계	
일반식대	30,000	150,000	180,000	30,000	150,000	180,000	일반식대, 마트 등
친목식대	300,000	700,000	1,000,000	300,000	300,000	600,000	친목모임 등
의류비	10,000	200,000	210,000	10,000	200,000	210,000	옷, 신발 등
병원비	11,000	0	11,000	10,000	0	10,000	병원치료 및 약
통신비	1,667	80,000	81,667	5,000	80,000	85,000	휴대폰, 인터넷
수도광열비	3,333	120,000	123,333	10,000	120,000	130,000	월 관리비 외
물품구매	16,667	70,000	86,667	20,000	70,000	90,000	각종 생활용품 외
문화생활비	2,333	30,000	32,333	35,000	55,000	90,000	영화, 도서 등
차량유지비	23,333	200,000	223,333	30,000	200,000	230,000	유류대, 수리비 등
보험료 외	0	175,000	175,000	0	175,000	175,000	화재보험
교통비	76,667	100,000	176,667	50,000	50,000	100,000	택시비, 대리운전비
합 계	475,000	1,825,000	2,300,000	500,000	1,400,000	1,900,000	

연 예상 목표금액

(단위: 원)

분 류	월 예상 목표금액			연 예상 목표금액			비 고
	변동비	고정비	합 계	변동비	고정비	합 계	
일반식대	30,000	150,000	180,000	360,000	1,800,000	2,160,000	일반식대, 마트 등
친목식대	300,000	300,000	600,000	3,600,000	3,600,000	7,200,000	친목모임 등
의류비	10,000	200,000	210,000	120,000	2,400,000	2,520,000	옷, 신발 등
병원비	10,000	0	10,000	120,000	0	120,000	병원치료 및 약
통신비	5,000	80,000	85,000	60,000	960,000	1,020,000	휴대폰, 인터넷
수도광열비	10,000	120,000	130,000	120,000	1,440,000	1,560,000	월 관리비 외
물품구매	20,000	70,000	90,000	240,000	840,000	1,080,000	각종 생활용품 외
문화생활비	35,000	55,000	90,000	420,000	660,000	1,080,000	영화, 도서 등
차량유지비	30,000	200,000	230,000	360,000	2,400,000	2,760,000	유류대, 수리비 등
보험료 외	0	175,000	175,000	0	2,100,000	2,100,000	화재보험
교통비	50,000	50,000	100,000	600,000	600,000	1,200,000	택시비, 대리운전비
합 계	500,000	1,400,000	1,900,000	6,000,000	16,800,000	22,800,000	

월 예상 목표 손익계산서

XXXX년 1월 1일 ~ XXXX년 1월 31일

황대승 손익현황 (단위: 원)

과 목		월평균금액			월 예상 목표금액		
		변동비	고정비	합 계	변동비	고정비	합 계
수익	급여, 상여금	0	5,000,000	5,000,000	0	5,633,333	5,633,333
	투자수입	410,000	0	410,000	0	0	0
	기타수입	5,000	0	5,000	0	0	0
	수익합계	415,000	5,000,000	5,415,000	0	5,633,333	5,633,333
비용	현금지출	100,000	200,000	300,000	100,000	200,000	300,000
	신용카드사용액	475,000	1,825,000	2,300,000	500,000	1,400,000	1,900,000
	대출이자	0	1,159,997	1,159,997	0	1,150,000	1,150,000
	자동이체 외	837	65,000	65,837	1,000	65,000	66,000
	감가상각비	0	1,297,500	1,297,500	0	1,287,500	1,287,500
	비용합계	575,837	4,547,497	5,123,333	601,000	4,102,500	**4,703,500**
이익	당기순이익	(160,837)	452,503	291,667	(601,000)	1,530,833	**929,833**

※ 급여 4% 인상 및 상여 100% 반영 조건

연 예상 목표 손익계산서

XXXX년 1월 1일 ~ XXXX년 12월 31일

황대승 손익현황 (단위: 원)

과 목		월 예상 목표금액			연 예상 목표금액		
		변동비	고정비	합 계	변동비	고정비	합 계
수익	급여, 상여금	0	5,633,333	5,633,333	0	67,600,000	67,600,000
	투자수입	0	0	0	0	0	0
	기타수입	0	0	0	0	0	0
	수익합계	0	5,633,333	5,633,333	0	67,600,000	**67,600,000**
비용	현금지출	100,000	200,000	300,000	1,200,000	2,400,000	3,600,000
	신용카드사용액	500,000	1,400,000	1,900,000	6,000,000	16,800,000	22,800,000
	대출이자	0	1,150,000	1,150,000	0	13,800,000	13,800,000
	자동이체 외	1,000	65,000	66,000	12,000	780,000	792,000
	감가상각비	0	1,287,500	1,287,500	0	15,450,000	15,450,000
	비용합계	601,000	4,102,500	**4,703,500**	7,212,000	49,230,000	**56,442,000**
이익	당기순이익			929,833			**11,158,000**

※ 급여 4% 인상 및 상여 100% 반영 조건

내년도 급여를 4% 인상하는 기준으로 월 20만원을 추가 반영하고 상여금 100%를 추가해서 연간 급상여 금액을 산출한 다음 12개월로 나누어 월 급상여 금액을 산출했다. [(급여 5,200,000원×12개월＋상여금 5,200,000원＝67,600,000원)÷12개월＝5,633,333원]

투자수입은 영업활동이 아닌 주식과 유형자산 등의 처분으로 발생하는 수익으로, 만약을 위해 친목모임 등 부족한 경비에 대한 비상금으로 생각하고 목표에는 포함하지 않았다. 황과장은 혼자 대비책을 생각하며 속으로 웃고 있었다.

그러나 김대리가 모를 리 없었다. 신용카드사용액에 대해 무리하게 목표를 잡은 것이지만 모른 척 그냥 넘어가기로 했다. 기타수입 역시 금액이 크지 않기에 넘어갔다.

비용의 경우 현금지출인 부모님 용돈과 모임회비는 고정비로 입력하고 경조사비만 변동비로 분류했다. 신용카드사용액은 미리 분류한 대로 반영하고 대출이자와 감가상각비는 월 발생금액을 고정비로 반영했다. 자동이체 외 금액은 평균 발생액을 고정비로, 나머지 금액은 변동비로 반영했다.

월 예상 목표 당기순이익이 929,833원으로 생각보다 많이 발생했다. 월 예상 목표금액을 기준으로 12개월을 곱해서 연 예상 목표금액을 산출했다. 연 예상 목표 당기순이익이 11,158,000원이 되었다. 황과장은 연 예상 목표 당기순이익이 조금 무리가 있지만 그렇다고 못할 것도 아니라는 생각이 들었다. 스스로 자존감이 올라가는 기분을 느꼈다.

손익분기점 매출액 산출 Excel 양식에 목표한 손익계산서를 보고 월 예상 목표금액과 연 예상 목표금액을 반영했다.

월 예상 목표 매출액 5,633,333원을 입력하고 매출원가는 없기에 0으로 입력하고 매출액에서 매출원가를 차감한 매출총이익에서 판관비 외에 비용금액 합계인 (4,703,500)원을 입력하니 당기순

■ 황과장 손익분기점 매출액 산출

손익계산서

	월	연
매출액	5,633,333	67,600,000
매출원가	0	0
매출총이익	5,633,333	67,600,000
판관비 외	(4,703,500)	(56,442,000)
당기순이익	929,833	11,158,000

$$\text{손익분기점 매출액} = \text{고정비} \div \left(1 - \frac{\text{변동비}}{\text{매출액}}\right)$$

손익분기점 매출액 산출

	변동비와 고정비 산출	손익분기점 매출액
매출액	67,600,000	**55,109,426**
변동비	(7,212,000)	(5,879,426)
공헌이익	60,388,000	49,230,000
고정비	(49,230,000)	(49,230,000)
순이익	11,158,000	0

$$49,230,000 \div (1 - 7,212,000 \div 67,600,000) = 55,109,426$$

이익이 929,833원 산출되었다.

이어서 연 예상 목표 매출액 67,600,000원을 입력하고 판관비 외에 비용금액 합계인 (56,442,000)원을 입력하니 당기순이익 11,158,000원이 산출되었다.

손익분기점 매출액을 산출하기 위해 손익계산서상 변동비와 고정비를 산출한 금액을 확인하여 입력했다. 먼저 매출액 67,600,000원에 변동비 (7,212,000)원을 입력하여 공헌이익 60,388,000원을 산출했고, 고정비 (49,230,000)원을 입력하니 순이익 11,158,000원이 산출되었다.

손익분기점 매출액을 산출하기 위해 수식(=49,230,000÷(1-7,212,000÷67,600,000))에 대입하니 55,109,426원이 산출되었고 손익분기점 매출액에 55,109,426원을 입력 후 순이익이 0이 되도록 변동비를 (5,879,426)원으로 수정하여 손익분기점 매출액을 산출했다. 매출액이 감소하니 변동비도 함께 감소했다.

황과장은 고정비를 더 이상 줄이지 못한다면 매출액을 올려서 이익을 많이 내는 방법을 생각했다. 매출액이 오르게 되면 변동비도 함께 오르기 때문에 자신이 좋아하는 친목식대 비용이 더 상승하는 효과를 나타내게 할 수 있다는 생각이 들었다.

"김대리, 매출액이 상승하면 순이익도 상승하고 그와 함께 변동비도 상승하지 않는가?"

"네, 과장님."

"그럼 순이익을 올리면 매출액이 오를 것이고 변동비도 상승하겠네."

김대리는 황과장이 무슨 생각을 하는지는 몰라도 욕심이 많다는 생각이 들었다.

"그럼 목표순이익을 산출하기 위한 공식은 어떻게 되는지 궁금하네."

■ 황과장 손익분기점 필요 매출액 산출

손익계산서

	월	연
매출액	5,633,333	67,600,000
매출원가	0	0
매출총이익	5,633,333	67,600,000
판관비외	(4,703,500)	(56,442,000)
당기순이익	929,833	11,158,000

$$필요매출액 = (고정비 + 목표순이익) \div (1 - \frac{변동비}{매출액})$$

손익분기점 매출액 산출

	변동비와 고정비 산출	손익분기점 매출액	필요 매출액
매출액	67,600,000	**55,109,426**	**69,661,986**
변동비	(7,212,000)	(5,879,426)	(7,431,986)
공헌이익	60,388,000	49,230,000	62,230,000
고정비	(49,230,000)	(49,230,000)	(49,230,000)
순이익	11,158,000	0	13,000,000

(49,230,000 + 13,000,000) ÷ (1 − 7,212,000 ÷ 67,600,000) = 69,661,986

"간단합니다. 지금까지 순이익이 0이 되는 매출액을 구했습니다. 그럼 목표순이익이 되도록 고정비에 목표순이익을 합산해서 산출하면 필요매출액이 산출됩니다."

$$필요매출액 = (고정비 + 목표순이익) \div \left(1 - \frac{변동비}{매출액}\right)$$

황과장은 필요매출액 수식을 이해하고 목표순이익을 13백만원으로 정하고, 이를 달성하기 위한 필요매출액 수식[= (49,230,000 + 13,000,000) ÷ (1 − 7,212,000 ÷ 67,600,000)]에 입력해서 69,661,986원을 산출했다.

필요매출액 69,661,986원을 입력하고 고정비 (49,230,000)원을 입력한 후 차액인 순이익이 13,000,000원이 되도록 변동비 금액 (7,431,986)원을 수정했다. 매출액이 상승하니 변동비도 함께 상승했다.

황과장은 내년도 목표매출액 69,661,986원과 순이익 13,000,000원을 위한 자신의 사업계획을 설정하고 있었다. 그리고 그동안 살아오면서 구체적인 계획 없이 저축만 하면 된다는 생각으로 관리했지만, 이제는 수입과 지출에 대해 구체적으로 정리를 하니 뚜렷한 목표가 생기고 명확히 돈에 대한 답을 알 수 있게 되었다.

7장
나는 회계의 숲을 보는 회계전문가

01 크리스마스 콘테스트 사진 촬영 소동

퇴근 전부터 여직원 삼총사는 산타 옷과 소품 준비로 수선을 떨었다. 송대리는 주연씨의 요청대로 짐을 나르고 김대리 역시 소품들을 챙겨 민부장과 황과장 차에 옮겨 실었다.

시청 앞 광장 답사를 다녀온 민부장이 얘기를 꺼냈다.

"시청광장에 엄청나게 큰 크리스마스트리 세 개가 있는데, LED 램프로 꾸며놓고 삼각형으로 세워두니 밤에 엄청 예쁘더라. 산타와 루돌프 사슴 인형에 새와 사람 모양 등 LED 정원까지 빛으로 물들어 있어 사람들이 많이 오더라."

"퇴근해서 가면 사람들 많겠는데…. 사진 제대로 찍을 수 있으려나 걱정되네."

"강차장, 크리스마스트리에 사람들 줄서서 찍기는 하는데 평일이고 겁나게 추워서 생각보다 많이 없을 거야. 그나저나 내가 입을 산타 옷 맞는 게 있나?"

"부장님, 전에 입어보시다가 찢어진 거 있으니 그대로 입으시면 돼요."

주연씨가 앙칼진 목소리로 말하자 민부장은 민망한 눈웃음을 보이며 대답했다.

"야, 그거 꽉 끼여서 또 입으면 더 찢어진다."

"부장님, 산타 옷 사이즈가 특대인데요. 안 맞는 건 안에 옷을 입고 입으시니 그렇죠. 제가 찢어진 거 대충 기워 놨으니 바지 벗고 입으시면 될 거예요."

주연씨가 어이없어 하자 민부장은 달리 방법이 없었다.

"추울 건데. 어쩔 수 없지. 잠깐이면 되니까."

회계부 직원들은 근무시간이 끝나자마자 시청 앞 광장으로 출발했다. 12월말이니 날씨가 추웠는데 특히 오늘은 더 추웠다. 눈바람이 조금씩 날리고 있어 운이 좋으면 눈까지 내릴 수 있는 상황이었다. 퇴근길이라 차는 막혔지만, 다행히 약속한 시간에 다들 도착했다.

날씨가 추워서인지 시청 앞 광장에는 사람들이 거의 없었다. 민부장의 말대로 광장에 엄청난 크기의 크리스마스트리 세 개가 나란히 있었다. 회계부원을 반기는 듯 형형색색 빛을 냈다. 차에서 내리자마자 엄청난 추위에 다들 놀랐다. 세찬 바람까지 불어 사진을 찍을 수 있을지도 걱정이었다. 그러나 내일은 다른 부서에 소품을 줘야 하기에 오늘 사진을 찍을 수밖에 없는 상황이었다. 다들 내리자마자 소품을 들고 각자 맡은 역할의 옷을 입기 시작했다. 그 역할은 플랜더스의 개 파트라슈와 소년, 성냥팔이 소녀와 루돌프 사슴 2마리, 산타 2명과 스크루지 영감이었다.

사전에 사무실에서 주연씨는 사진 콘셉트와 각자의 역할을 얘기해 주었다. 파트라슈는 송대리, 소년은 민부장, 성냥팔이 소녀는 주연씨, 루돌프 사슴은 김대리와 강차장, 산타는 미영씨와 은옥씨, 스크루지 영감은 황과장이 역할을 배정받았다.

각자의 콘셉트에 맞게 어울려서 한 장의 사진에 모두 담는 것이었다. 중앙에는 성냥팔이 소녀가 성냥에 불을 붙이며 손을 녹이고,

왼쪽에는 스크루지 영감을 물러고 하는 파트라슈를 소년이 붙잡고 있으며, 오른쪽에는 산타할아버지 두 명이 말을 듣지 않는 루돌프 사슴 두 마리를 달래는 모습을 연출했다.

파트라슈 복장으로는 개 모양의 옷과 모자를 준비했고, 루돌프 사슴 역시 개 모양의 옷에 사슴뿔 머리띠와 사전에 만들어 둔 루돌프 코를 붙였다. 그런 대로 개와 루돌프 사슴처럼 꾸며졌다. 간혹 사람들이 구경거리라도 생겼는지 준비하는 모습을 힐끗힐끗 쳐다보고 웃으며 지나갔다.

민부장은 기본 화장만 하고 소년 옷 대신 산타 옷을 입었다. 옷이 작아 외투를 벗고 입으니 추워서 덜덜 떨었고, 주연씨는 치마에 두건을 쓰고 성냥통을 중간에 두고 성냥 켜는 연습을 했다. 바람이 세차게 불고 손이 추워서 제대로 불을 붙이기조차 힘들었다. 스크루지 영감 역할의 황과장은 분장가면을 써 할아버지처럼 보였다. 은옥씨와 미영씨는 산타 옷에 흰 수염을 붙이고 준비하니 다들 그럴듯하게 보였다.

지나가는 사람들이 영화촬영이라도 하는 줄 알았는지 가던 길을 멈추고 그들을 바라보았다. 민부장은 춥고 부끄럽다고 빨리 찍고 가자고 했지만, 각자 준비하는 데에만 30분 넘게 걸렸다. 주연씨는 사진 콘셉트에 맞게 날씨가 추워서 사진 찍기는 좋은데, 생각했던 것보다 너무 춥고 바람이 세차게 불어 걱정이 되었다. 그때 하늘에서 눈까지 내리기 시작했다. 화이트 크리스마스의 배경으로는 안성맞춤이었다. 하지만 눈이 조금씩 바람에 날려 오히려 사진 찍는 데 방해가 되기도 했다.

사전에 정한 대로 모두 자신이 맡은 역할의 위치에서 포즈를 잡기 시작했다. 김대리는 삼각대에 휴대폰을 고정하고 구도를 잡았다. 생각보다 크리스마스트리가 커서 전체가 구도에 들어오지 않았다. 부득이 세워서 아래에서 위로 보이게 구도를 잡았다.

각자 포즈 연습을 했는데도 다들 추워서인지 표정 연기가 전혀 되지 않았다. 주연씨는 손이 얼고 바람이 불어서 성냥을 켜지도 못했다. 민부장은 대충 찍고 넘어가자고 얘기했고, 강차장도 이러다 얼어 죽을 수 있다고 떼를 썼다.

주연씨는 이럴 줄 알았다면서 가방을 뒤졌다. 폭죽을 준비했다면서 성냥 대신 폭죽을 터뜨리기로 했다. 황과장은 여기서 폭죽 터뜨리면 안 될 것 같다고 걱정했지만, 잠깐 사진만 찍고 끝내기로 했기에 진행하는 것으로 의견이 모였다. 실수는 용납되지 않기에 수차례 연습을 하면서 찍은 사진을 확인하고 서로의 포즈에 대해 의견을 나누면서 최종적으로 한 컷의 구도가 완성되었다.

그러는 사이 주변에 사람들이 제법 모여 들었고 우리들 모습이 구경거리가 되어 버렸다. 어린아이들은 같이 사진을 찍자고 했고 시청에서 이벤트 나온 것마냥 착각하는 사람들도 있었다.

마침내 주연씨가 중간에서 폭죽을 터뜨리고 각자 연습한 포즈대로 연출하여 사진을 찍었다. 처음 생각했던 콘셉트가 아닌, 아주 우스꽝스러운 사진이 찍혀 있었다. 모두의 얼굴 표정은 추위로 힘들어하는 모습이었고, 민부장은 엉성한 복장 때문에 초라하고 불쌍해 보였다. 영혼 없는 무표정한 각자의 포즈들이 뭔가 조화롭지 못했지만 누가 봐도 웃음이 나오는 사진이었다. 사진을 보고 난 뒤 다들 한동안 웃음이 끊이지 않았다.

주연씨와 은옥씨는 사진을 망쳤다고 투덜대며 다시 찍자고 했으나, 민부장이 춥다면서 마무리하자고 했다. 인근에 국물이 얼큰한 걸로 유명한 감자탕 집이 있는데, 한턱내겠다는 민부장의 얘기에 남자 삼총사는 환호하며 표정이 살아났다.

춥고 부끄러웠지만 당당히 사진을 찍은 후 얼른 정리하고 철수했다. 다들 너무 춥고 배고픈 상황에서 감자탕 집에 모여 소주를 마시니 몸이 확 달아올랐다. 남자 삼총사들은 민부장이 주는 술을 받자마자 한 번에 마셔 버렸다. 얼마나 추웠던지 소주가 달게 느껴졌다.

민부장이 좋은 소식 있다면서 건배 제의를 했고 올해도 며칠 남지 않은 시간 끝까지 마무리를 잘하길 바란다는 얘기와 함께 성과금 얘기를 꺼냈다. 올해 마지막 영업에서 큰 수주계약을 체결하여 선수금이 내일 입금되며, 총무부에서 성과금 결제 전표를 받으면 당일 성과금을 지급할 것이라고 했다.

모두가 건배를 목청 높여 외쳤다. 잊지 못할 즐거운 추억을 만든 하루였다.

02 황과장의 재무제표를 만들어 보다

황과장은 며칠 동안 김대리가 인수인계해 준 자료를 근거로 재무제표를 작성했다. 성과금이 100% 지급되었기에 성과금 5백만원을 손익계산서 급상여 항목에 반영하니 당기순이익이 5,875,000원이 되었다. 그리고 재무상태표에 현금과 예금 5백만원을 반영하고 손익계산서의 당기순이익을 자본금에 반영하니 자산총액과 부채와 자본합계가 동일했다.

그리고 현금흐름표 직접법으로 영업활동 현금흐름 급상여 유입에 5백만원을 추가하니 기말의 현금잔액이 5,487,500원으로 재무상태표 12월말 현재 현금과 예금 금액과 동일했다. 이제는 혼자서도 작성을 잘하지만, 가끔 새로운 거래가 있는 건은 김대리와 확인하여 정리를 마무리하곤 했다.

"과장님, 회계상 재무제표의 구성요소가 뭔지 아시나요?"

김대리의 말이 끝나자마자 황과장은 자신 있게 대답했다.

"재무제표라면 재무상태표, 손익계산서 그리고 현금흐름표까지 정리하면 되는 거 아닌가?"

"네, 잘 알고 계시네요. 그런데 두 가지가 빠졌습니다. 하나는

손 익 계 산 서

XXXX년 10월 1일 ~ XXXX년 12월 31일

황대승 손익현황 (단위: 원)

	과 목	10/1~10/31	11/1~11/30	12/1~12/31	10/1~12/31
수익	급여, 상여금	5,000,000	5,000,000	**10,000,000**	20,000,000
	투자수입	0	1,000,000	230,000	1,230,000
	기타수입	15,000		0	15,000
	수익합계	5,015,000	6,000,000	10,230,000	21,245,000
비용	현금지출	300,000	200,000	400,000	900,000
	신용카드사용액	2,400,000	2,600,000	1,900,000	6,900,000
	대출이자	1,175,830	1,161,660	**1,142,500**	3,479,990
	자동이체 외	61,670	70,840	65,000	197,510
	감가상각비	1,287,500	1,317,500	1,287,500	3,892,500
	비용합계	5,225,000	5,350,000	4,795,000	15,370,000
이익	당기순이익	(210,000)	650,000	5,435,000	**5,875,000**

재 무 상 태 표
XXXX년 12월 31일 현재

황대승 자산현황 (단위: 원)

	과 목	9월 30일 현재	10월 31일 현재	11월 30일 현재	12월 31일 현재
유동 자산	현금과 예금	900,000	1,027,500	2,045,000	**5,487,500**
	매출채권	7,000,000	5,000,000	5,000,000	5,000,000
	빌려준 돈	0	0	0	0
비유동 자산	정기예금(장기-1년 이상)	5,100,000	5,200,000	5,300,000	5,400,000
	투자자산(주식 외)	26,000,000	26,000,000	22,000,000	22,000,000
	토지	0	0	0	0
	아파트	500,000,000	500,000,000	500,000,000	500,000,000
	감가상각누계액	0	(937,500)	(1,875,000)	(2,812,500)
	개인승용차	18,000,000	18,000,000	18,000,000	18,000,000
	감가상각누계액	0	(300,000)	(600,000)	(900,000)
	전자제품 외	3,000,000	3,000,000	3,000,000	3,000,000
	감가상각누계액	0	(50,000)	(100,000)	(150,000)
	자전거	0	0	1,800,000	0
	감가상각누계액	0	0	(30,000)	0
	전월세보증금	0	0	0	0
	자산합계	560,000,000	556,940,000	554,540,000	555,025,000
유동 부채	신용카드사용액	2,000,000	2,400,000	2,600,000	1,900,000
	빌린 돈	0	0	0	0
	마이너스대출(단기차입)	38,000,000	36,000,000	34,000,000	31,000,000
비유동 부채	아파트대출금(장기차입)	300,000,000	298,750,000	297,500,000	296,250,000
	부채합계	340,000,000	337,150,000	334,100,000	329,150,000
자본	자본금	220,000,000	220,000,000	220,000,000	220,000,000
	당기순이익	0	(210,000)	440,000	**5,875,000**
	자본합계	220,000,000	219,790,000	220,440,000	225,875,000

재무상태표

제 1 기 XXXX년 12월 31일 현재

황대승 과장 (단위 : 원)

과 목	금 액	
I. 자 산		555,025,000
(1) 유동자산		10,487,500
1. 당좌자산		10,487,500
1) 현금및현금성자산	5,487,500	
2) 매출채권	5,000,000	
3) 단기대여금	0	
2. 재고자산		0
(2) 비유동자산		544,537,500
1. 투자자산		27,400,000
1) 장기금융상품	5,400,000	
2) 매도가능증권	22,000,000	
2. 유형자산		517,137,500
1) 토지	0	
2) 건물	500,000,000	
건물 감가상각누계액	(2,812,500)	
3) 차량운반구	18,000,000	
차량운반구 감가상각누계액	(900,000)	
4) 비품	3,000,000	
비품 감가상각누계액	(150,000)	
3. 무형자산		0
4. 기타비유동자산		0
1) 임차보증금	0	
II. 부 채		329,150,000
(1) 유동부채		32,900,000
1. 매입채무		0
2. 미지급금		1,900,000
3. 단기차입금		31,000,000
(2) 비유동부채		296,250,000
1. 장기차입금		296,250,000
III. 자 본		225,875,000
(1) 자본금		220,000,000
(2) 자본잉여금		0
(3) 자본조정		0
(4) 기타 포괄손익누계액		0
(5) 이익잉여금		5,875,000
1. 미처분이익잉여금		5,875,000
1) 전기이월이익잉여금	0	
2) 당기순이익	5,875,000	

자본변동표, 또 다른 하나는 주석입니다. 그래서 매년 회계감사를 받고 나면 감사보고서에 재무상태표, 손익계산서, 현금흐름표, 자본변동표, 주석을 작성하여 최종적으로 회계사에게 감사확인을 받습니다. 그 다음 금감위에 전자로 제출한 후 승인되면 전자공시시스템인 DART에서 조회가 가능합니다. 이제 최종적으로 그동안 작성한 과장님의 재무제표를 회계기준인 재무제표 양식에 입력해서 최종 감사보고서를 만들어 봅시다."

"내가 벌써 회계기준인 재무제표 양식에 정리한다는 게 믿기지 않네."

"과장님, 지금 보시는 재무제표는 약식으로 작성한 것뿐이지 크게 다른 건 없습니다. 단지 작성한 내용을 재무제표 양식에 기재한다고 생각하면 되고, 계정과목을 잘 선택하면 크게 무리하지 않고 작성할 수 있습니다. 회계기준 재무제표 양식을 드릴 테니 작성해 보십시오. 그리 어렵지 않게 작성할 수 있을 겁니다. 우선 재무상태표와 손익계산서를 작성해 보십시오. 작성하다가 궁금한 건 바로 물어보시고요."

항피강은 자신이 만든 재무상태표와 기업회계기준인 재무상태표 양식을 하나씩 비교하면서 입력을 해 나갔다. 계정과목 용어가 몇 가지 이해가 되지 않아 김대리에게 물어보았다.

"김대리, 투자자산은 있는데 주식은 어느 곳에 입력하는지 잘 모르겠는데?"

"네, 잘 보셨습니다. 주식은 매도가능증권에 금액을 입력하면 됩니다."

"미처분이익잉여금에 전기이월이익잉여금과 당기순이익이 있는데 구분하는 이유가 뭐지?"

"우선 당기순이익은 당기에 발생한 당기순이익 금액을 입력하면 됩니다. 그리고 전기이월이익잉여금은 손익계산서상 전기의 당기순이익을 입력하면 됩니다. 현재 우리는 제1기를 작성하기 때문에 전기이월이익잉여금이 없습니다. 제2기 재무제표를 작성하면 제1기 당기순이익이 전기이월이익잉여금에 기재됩니다. 즉 당기에 발생한 당기순이익과 전기에 누적된 당기순이익이 얼마나 되는지 구분하는 것으로 이해하면 됩니다."

황과장은 회계기준 재무제표 양식에 계정과목이 생각보다 종류가 많다는 것에 놀랐다. 자신이 사용하는 계정은 몇 개 안 되었기에 앞으로 배울 것이 많다는 것을 느꼈다.

"과장님, 재무상태표를 작성한 후 부채총액과 자본총액 합산한 금액이 자산총액과 같은지 확인하시고요."

황과장은 부채총액과 자본총액을 합산하여 자산총액과 맞는지 검증했다.

"금액 이상 없어. 이제 완성되었지?"

"네, 재무상태표 작성 잘했습니다. 다음으로 손익계산서를 작성해 봅시다."

황과장은 회계기준 재무상태표 양식으로 작성하니 뭔가 있어 보이고 자신이 이렇게까지 작성했다는 것에 자부심이 생겼다.

김대리는 손익계산서와 신용카드사용액 세부내역을 열었다.

"과장님, 여기 있는 수익과 비용 항목 그리고 신용카드 이용명세서상 세부내역을 계정과목에 맞게 합산해서 입력하면 됩니다."

"계정과목을 어떻게 나누지?"

황과장이 당황하며 말하자 김대리 역시 난감해했다.

"지금까지 비용항목을 분류할 때 일상적인 용어로 표기를 했습니다. 그러나 재무제표를 작성할 때에는 각 비용별로 특정한 성격과 기준에 따라 계정과목이라는 분류에 따라 비용들을 집계해서 표기합니다. 예를 들면 식대나 옷을 사거나 기타 복리를 위해 발생하는 비용은 복리후생비 계정과목에 집계합니다. 이렇게 해야

손 익 계 산 서

XXXX년 10월 1일 ~ XXXX년 12월 31일

황대승 손익현황 (단위: 원)

과 목		금 액	계정과목
수익	급여, 상여금	20,000,000	급상여 수입
	투자수입	1,230,000	투자주식처분이익 1백만 유형자산처분이익 23만
	기타수입	15,000	이자수익
	수익합계	21,245,000	
비용	현금지출	900,000	경조금 - 접대비 30만 모임회비 - 협회비 30만 부모님용돈 - 기부금 30만
	신용카드사용액	6,900,000	**신용카드이용명세서 내역**
	대출이자	3,479,990	이자비용
	자동이체 외	197,510	각종공과금 - 수도광열비
	감가상각비	3,892,500	감가상각비
	비용합계	15,370,000	
이익	당기순이익	5,875,000	

신용카드 이용명세서

(단위: 원)

분 류	합 계	계정과목	비 고
일반식대	540,000	복리후생비	일반식대, 마트 등
친목식대	3,000,000	접대비	친목모임 등
의류비	630,000	복리후생비	옷, 신발 등
병원비	33,000	복리후생비	병원치료 및 약
통신비	245,000	통신비	휴대폰, 인터넷
수도광열비	370,000	수도광열비	월 관리비 외
물품구매	260,000	소모품비	각종 생활용품 외
문화생활비	97,000	도서인쇄비	영화, 도서 등
차량유지비	670,000	차량유지비	유류대, 수리비 등
보험료 외	525,000	보험료	화재보험
교통비	530,000	여비교통비	택시비, 대리운전비
합 계	6,900,000		

손익계산서

제 1 기 XXXX년 10월 1일 ~ XXXX년 12월 31일

황대승 과장 (단위 : 원)

과 목	금 액	
I. 매출액		20,000,000
(1) 급상여 수입	20,000,000	
II. 매출원가		0
III. 매출총이익		20,000,000
IV. 판매비와 관리비		11,590,010
(1) 노무비	0	
(2) 경 비	11,590,010	
1. 복리후생비	1,203,000	
2. 여비교통비	530,000	
3. 접대비	3,300,000	
4. 통신비	245,000	
5. 수도광열비	567,510	
6. 협회비	300,000	
7. 유형자산감가상각비	3,892,500	
1) 건물 감가상각비	2,812,500	
2) 차량운반구 감가상각비	900,000	
3) 비품 감가상각비	150,000	
4) 기타유형자산 감가상각비	30,000	
8. 보험료	525,000	
9. 차량유지비	670,000	
10. 도서인쇄비	97,000	
11. 소모품비	260,000	
12. 지급임차료	0	
V. 영업이익		8,409,990
VI. 영업외수익		1,245,000
(1) 이자수익	15,000	
(2) 유형자산처분이익	230,000	
(3) 투자자산처분이익	1,000,000	
(4) 잡이익	0	
VII. 영업외비용		3,779,990
(1) 이자비용	3,479,990	
(2) 유형자산처분손실	0	
(3) 기부금	300,000	
(4) 잡손실	0	
VIII. 세금차감전 순이익		5,875,000
IX. 세 금		0
X. 당기순이익(당기순손실)		5,875,000

재무제표가 간단명료하게 정리가 됩니다. 계정과목 분류표는 회사마다 약간씩 차이가 있으니 우선 제가 계정과목을 분류한 내용을 참고하여 손익계산서를 집계해 보시기 바랍니다."

황과장은 김대리가 분류한 계정과목을 보고 손익계산서를 작성하기 시작했다. 손익계산서 항목이 생각보다 복잡한 것을 보고 다시 공부를 해야 하나 걱정되었지만, 이내 내용을 보니 계정과목에 맞게 해당 항목을 합산해서 넣으면 되었다. 처음에는 혼선이 있었으나 김대리에게 물으면서 진행하다 보니 금방 작성이 되었다. 그리고 손익계산서에 이자수익, 유형자산처분이익, 투자자산처분이익은 수익으로 인식했는데, 세부적으로 나누다 보니 영업외수익 항목이었다. 이렇듯 작성하는 방법과 기업회계기준이 있어 회계가 복잡하다는 것을 알았다. 그러나 전반적인 내용을 파악하고 세부적으로 공부를 한다면 그리 어렵지 않다는 것을 황과장은 느끼고 있었다.

재무제표 양식에 맞춰서 작성하니 최종 당기순이익이 약식으로 작성한 손익계산서 당기순이익과 일치하는 것을 확인했다. 황과장은 급상여가 본인의 수입이기에 매출로 인식하고 제품매출과 상품매출이 없는 것이 좀 아쉬웠다. 결국 사업을 해서 제품을 생산하고 상품을 매입해서 판매해야 매출원가라는 항목에 금액이 생기기 때문에 본인에게는 해당 사항이 없었다.

"제품매출과 상품매출이 없으니 매출원가 금액이 전혀 반영되는 게 없구나."

"과장님, 우리는 급상여 수입에 대해 판매비와 일반관리비에 기재했을 뿐입니다. 굳이 급상여 수입에 대해 원가를 산출한다면 판매비와 일반관리비 금액에서 급상여 수입에 대한 내용을 찾아서 만들 수는 있으나 큰 의미가 없어서 판매비와 일반관리비에 모두 집계했습니다. 중요한 건 회계의 전체적인 숲을 보는 것이니까요."

현 금 흐 름 표

XXXX년 10월 1일 ~ XXXX년 12월 31일

황대승 현금입출현황 (단위: 원)

과 목		10/1~10/31	11/1~11/30	12/1~12/31	10/1~12/31
1. 영업활동 현금흐름					
유입	급여, 상여금	7,000,000	5,000,000	10,000,000	22,000,000
	기타수입	15,000	0	0	15,000
	유입합계	7,015,000	5,000,000	10,000,000	22,015,000
유출	현금지출	300,000	200,000	400,000	900,000
	신용카드사용액	2,000,000	2,400,000	2,600,000	7,000,000
	대출이자	1,175,830	1,161,660	1,142,500	3,479,990
	자동이체 외	61,670	70,840	65,000	197,510
	감가상각비	0	0	0	0
	유출합계	3,537,500	3,832,500	4,207,500	11,577,500
	유입 - 유출	3,477,500	1,167,500	5,792,500	10,437,500
2. 투자활동 현금흐름					
유입	재산매각	0	5,000,000	2,000,000	7,000,000
	유입합계	0	5,000,000	2,000,000	7,000,000
유출	적금입금	100,000	100,000	100,000	300,000
	재산매입	0	1,800,000	0	1,800,000
	유출합계	100,000	1,900,000	100,000	2,100,000
	유입 - 유출	(100,000)	3,100,000	1,900,000	4,900,000
3. 재무활동 현금흐름					
유입	차입금 조달	0	0	0	0
	유입합계	0	0	0	0
유출	차입금 상환	3,250,000	3,250,000	4,250,000	10,750,000
	유출합계	3,250,000	3,250,000	4,250,000	10,750,000
	유입 - 유출	(3,250,000)	(3,250,000)	(4,250,000)	(10,750,000)
현금의 증감		127,500	1,017,500	3,442,500	4,587,500
기초의 현금잔액		900,000	1,027,500	2,045,000	900,000
기말의 현금잔액		1,027,500	2,045,000	5,487,500	5,487,500

"그래, 뭔가 허전해서 물어봤어. 좀 쉬었다 하지."

밖으로 나온 황과장은 이제 회계의 전반적인 내용을 마무리하고 있다는 생각이 들었지만 뭔가 아쉬웠다. 너무 숲만 보고 가는 건 아닌가라는 느낌이 들었기 때문이었다.

김대리는 황과장이 자리에 오자마자 곧바로 현금흐름표에 대해 인수인계를 시작했다. 황과장은 집중력이 떨어지고 있는지 단것이 생각났고, 이내 서랍에서 초콜릿을 꺼내 김대리와 나누어 먹었다.

"역시 집중력이 떨어질 때에는 단것을 먹어줘야 해. 뭐든 에너지가 필요하거든."

예상치 못한 성과금 지급이 있어서 현금흐름표에 12월 성과금 5백만원을 반영해서 작성을 진행했다. 우선 직접법으로 작성을 해보고 간접법으로도 작성하기로 했다.

황과장은 12월 성과금을 반영한 현금흐름표를 작성하고 누계 현금흐름표도 완성했다.

"과장님, 현금흐름표 직접법은 현금거래를 모두 정리하기에 금액이 총액으로 표시됩니다. 그리고 직접 사용한 금액을 나열하기에 이해도 잘 됩니다. 그러나 실제 기업에서는 거래가 너무 많아 현금흐름을 직접법으로 작성하는 데 한계가 있습니다. 그래서 대부분 간접법으로 현금흐름표를 작성합니다. 일전에 배웠던 기준으로 간접법으로 작성해 보시기 바랍니다."

황과장은 김대리가 중요한 사항은 몇 번이고 반복해서 얘기한다는 것을 느꼈다. 황과장은 직접법으로 작성한 내용을 참고해서 간접법으로 작성을 진행했다.

김대리에게 배운 대로 재무상태표를 확인하여 현금증감 및 활동구분을 작성하고 손익계산서상 활동구분을 작성해서 비영업활동 거래와 비현금 비용 거래를 파악했다. 그런데 손익계산서상 감가상각비는 3,892,500원이지만 재무상태표 현금증감 및 활동구분의

재 무 상 태 표

XXXX년 12월 31일 현재

현금증감 및 활동구분

XXXX년 10월 1일 ~ XXXX년 12월 31일

황대승 자산현황 (단위: 원) (단위: 원)

	과 목	9월 30일 현재	12월 31일 현재	재무상태증감	현금증감	활동구분
자산	현금과 예금	900,000	5,487,500	4,587,500	현금의 증가	현금의증감
	매출채권	7,000,000	5,000,000	(2,000,000)	자산감소 현금증가	영업
	빌려준 돈	0	0	0		투자
	정기예금	5,100,000	5,400,000	300,000	자산증가 현금감소	투자
	투자자산(주식 외)	26,000,000	22,000,000	(4,000,000)	자산감소 현금증가	투자
	토지	0	0	0		투자
	아파트	500,000,000	500,000,000	0		투자
	감가상각누계액	0	(2,812,500)	(2,812,500)	자산감소 비현금증가	영업
	개인승용차	18,000,000	18,000,000	0		투자
	감가상각누계액	0	(900,000)	(900,000)	자산감소 비현금증가	영업
	전자제품 외	3,000,000	3,000,000	0		투자
	감가상각누계액	0	(150,000)	(150,000)	자산감소 비현금증가	영업
	자전거	0	0	0		투자
	감가상각누계액			0		영업
	전월세보증금	0	0	0		투자
	자산합계	560,000,000	555,025,000	(4,975,000)		
부채	신용카드사용액	2,000,000	1,900,000	(100,000)	부채감소 현금감소	영업
	빌린 돈	0	0	0		재무
	마이너스대출	38,000,000	31,000,000	(7,000,000)	부채감소 현금감소	재무
	아파트대출금	300,000,000	296,250,000	(3,750,000)	부채감소 현금감소	재무
	부채합계	340,000,000	329,150,000	(10,850,000)		
자본	자본금	220,000,000	220,000,000	0		재무
	당기순이익	0	5,875,000	5,875,000	당기순이익	영업
	자본합계	220,000,000	225,875,000	5,875,000		

손 익 계 산 서

XXXX년 10월 1일 ~ XXXX년 12월 31일

황대승 손익현황 (단위: 원)

과 목		10/1~10/31	11/1~11/30	12/1~12/31	10/1~12/31	활동구분
수익	급여, 상여금	5,000,000	5,000,000	10,000,000	20,000,000	영업활동
	투자수입	0	1,000,000	230,000	1,230,000	투자활동 (비영업활동 거래)
	기타수입	15,000	0	0	15,000	영업활동
	수익합계	5,015,000	6,000,000	10,230,000	21,245,000	
비용	현금지출	300,000	200,000	400,000	900,000	영업활동
	신용카드사용액	2,400,000	2,600,000	1,900,000	6,900,000	영업활동
	대출이자	1,175,830	1,161,660	1,142,500	3,479,990	영업활동
	자동이체 외	61,670	70,840	65,000	197,510	영업활동
	감가상각비	1,287,500	1,317,500	1,287,500	3,892,500	영업활동 (비현금 비용 거래)
	비용합계	5,225,000	5,350,000	4,795,000	15,370,000	
이익	당기순이익	(210,000)	650,000	5,435,000	5,875,000	영업활동

현금증감 및 활동구분

XXXX년 10월 1일 ~ XXXX년 12월 31일

(단위: 원)

과 목	재무상태증감	현금증감	활동구분
현금과 예금	4,587,500	현금의 증가	현금의증감
매출채권	(2,000,000)	자산감소 현금증가	**영업**
정기예금(장기-1년 이상)	300,000	자산증가 현금감소	투자
투자자산(주식 외)	(4,000,000)	자산감소 현금증가	투자
감가상각누계액	(2,812,500)	자산감소 비현금증가	**영업**
감가상각누계액	(900,000)	자산감소 비현금증가	**영업**
감가상각누계액	(150,000)	자산감소 비현금증가	**영업**
자전거	0		투자
감가상각누계액	0		**영업**
자산합계	(4,975,000)		
신용카드사용액	(100,000)	부채감소 현금감소	**영업**
마이너스대출(단기차입)	(7,000,000)	부채감소 현금감소	재무
아파트대출금(장기차입)	(3,750,000)	부채감소 현금감소	재무
부채합계	(10,850,000)		
당기순이익	5,875,000	당기순이익	**영업**
자본합계	5,875,000		

■ 감가상각누계액 합계 (3,862,500)

자산 전체 감가상각누계액 합계는 3,862,500원으로 30,000원 차이가 있었다. 황과장은 재무상태표를 보니 12월 자전거 처분으로 자전거 자산금액이 0원과 감가상각누계액이 0원을 확인했고, 처분으로 인해 금액이 차이가 발생하는 것을 확인했다. 어떤 금액을 적용하는 게 맞을지 생각해 보니 영업활동 현금흐름은 당기순이익에서 시작하니 손익계산서에 있는 감가상각비 금액이 가산되어 있으므로 가산된 금액을 차감 조정하는 것이 맞다는 생각이 들었다.

그리고 영업활동으로 발생한 자산과 부채 변동을 반영하여 영업활동 현금흐름을 작성했다. 투자활동 현금흐름과 재무활동 현금흐름은 직접법과 동일하게 재무상태표의 현금증감 및 활동구분을 활용해서 투자활동과 재무활동을 정리했고, 이해가 안 되는 부분은 직접법으로 작성한 내용을 참고하여 작성을 완료했다.

간접법으로 현금흐름표 작성시 동일한 연도에 자산 취득과 처분이 이루어질 경우 재무상태표상 재산 증감 내역이 나타나지 않기 때문에 거래 내용을 파악하기 어렵다. 그리고 감가상각비 역시 재무상태표와 손익계산서 금액의 차이가 발생한다.

자전거를 11월달에 취득하고 12월달에 처분했지만 재무상태표상 12월말 현재 자전거 계정의 증감은 변동이 없다. 그러나 손익계산서에는 자전거 계정에 대해 감가상각비 30,000원과 자전거처분이익 230,000원이 반영되어 있다. 실무상 평소 거래내역을 잘 파악해서 정리해야 하기에 간접법은 현금흐름표 작성에 어려움이 있으며, 특히 비현금항목의 조정을 잘 파악해야 한다.

재무제표 양식인 현금흐름표는 해당 계정과목을 찾아 정리하고 이해가 안 되는 부분은 김대리에게 질문하여 작성을 완료했다.

김대리는 황과장이 생각보다 잘 따라오고 있어 내심 뿌듯했다.

"이제 자본변동표를 작성하면 됩니다. 자본변동표는 일정기간의 자본의 크기와 변동에 관한 정보를 작성한 표라고 생각하면 됩니

현금흐름표

XXXX년 10월 1일 ~ XXXX년 12월 31일

간접법 (단위: 원)

과 목	금 액	
1. 영업활동 현금흐름		10,437,500
당기순이익	5,875,000	
비현금항목의 조정		
- 감가상각비	3,892,500	
- 주식처분이익	(1,000,000)	
- 자전거처분이익	(230,000)	
매출채권 감소	2,000,000	
카드사용액 감소	(100,000)	
2. 투자활동 현금흐름		4,900,000
적금입금	(300,000)	
주식처분	5,000,000	
자전거 구입	(1,800,000)	
자전거 처분	2,000,000	
3. 재무활동 현금흐름		(10,750,000)
마이너스대출 감소	(7,000,000)	
아파트대출금 감소	(3,750,000)	
현금의 증감		4,587,500
기초의 현금		900,000
기말의 현금		5,487,500

■ 자전거 거래 현황

과 목	11월 구입	12월 처분	처분이익 발생
자전거	1,800,000		
감가상각비	(30,000)		
자전거 장부가	1,770,000	2,000,000	230,000

현금흐름표

XXXX년 10월 1일~XXXX년 12월 31일

황대승 과장 (단위 : 원)

과 목	금 액	
Ⅰ. 영업활동으로 인한 현금흐름		10,437,500
1. 당기순이익	5,875,000	
2. 비현금항목의 조정	2,662,500	
감가상각비	3,892,500	
매도가능증권처분이익	(1,000,000)	
유형자산처분이익	(230,000)	
3. 영업활동으로 인한 자산부채의 변동	1,900,000	
매출채권의 감소	2,000,000	
미지급금의 감소	(100,000)	
Ⅱ. 투자활동으로 인한 현금흐름		4,900,000
1. 투자활동으로 인한 현금유입액	7,000,000	
매도가능증권의 감소	5,000,000	
기타유형자산의 감소	2,000,000	
2. 투자활동으로 인한 현금유출액	(2,100,000)	
장기금융상품의 증가	(300,000)	
기타유형자산의 증가	(1,800,000)	
보증금의 증가	0	
Ⅲ. 재무활동으로 인한 현금흐름		(10,750,000)
1. 재무활동으로 인한 현금유입액	0	
단기차입금의 증가	0	
장기차입금의 증가	0	
2. 재무활동으로 인한 현금유출액	(10,750,000)	
단기차입금의 감소	(7,000,000)	
장기차입금의 감소	(3,750,000)	
자기주식의 취득	0	
Ⅳ. 현금의 증가(감소)(Ⅰ+Ⅱ+Ⅲ)		4,587,500
Ⅴ. 기초의 현금		900,000
Ⅵ. 기말의 현금		5,487,500

다. 재무상태표는 일정시점의 재무상태를 나타내기에 자본의 변동사항은 알 수가 없습니다. 그래서 자본변동표는 당기초에서 당기말까지 자본의 변동이 일어난 내용을 정리한 표라고 보시면 됩니다. 우리는 자본의 변동이 크게 없기에 재무상태표와 비교하면서 작성하도록 하겠습니다. 우선 재무상태표의 자본을 정리한 자료를 보고 자본변동표를 작성해 보십시오. 크게 어렵지는 않을 겁니다."

황과장은 재무상태표와 자본변동표 양식을 비교해 보았다.

"자본변동을 정리한 표니 말 그대로 자본변동표네. 그리고 기간도 10월 1일부터 12월 31일로 표시되어 있으니 일정기간이네."

황과장은 그동안 배운 것을 바탕으로 자본변동표 양식을 보고 해석하고 있었다.

"네, 맞습니다. 과장님의 경우 10월 1일부터 12월 31일까지 자본 변동사항을 정리해서 입력하면 됩니다."

황과장은 재무상태표를 보더니 의아한 점이 있었다.

"이익잉여금의 당기순이익 5,875,000원이 발생한 건 말고는 변동사항이 없는데."

"네, 맞습니다. 당기초에는 해당 일자를 기재하고 재무상태표상 기초 자본금 자료를 참고하시어 입력하시고, 당기중에 변동된 사항이 있으시면 해당 항목에 대해 자본금의 증감액을 입력하시면 됩니다. 당기말 금액은 기초에서 변동된 자본의 증감을 계산하면 당기말 금액이 산출됩니다. 당기말 금액이 재무상태표상 자본 금액과 동일하면 이상 없이 작성한 것이 됩니다."

황과장은 김대리가 가르쳐 준대로 자본변동표를 작성하였다.

"자본변동표 양식상 변동과목이 많은데 과목 내용도 어렵네."

"네. 변동과목상 회계정책변경누적효과부터 전기오류수정손익, 중간배당 등 내용이 있는데, 과장님의 경우는 당기순이익만 발생하며 다른 항목은 기업의 경우만 발생하는 내용이니 이런 항목도

재무상태표

제 1 기 XXXX년 12월 31일 현재

황대승 과장 (단위 : 원)

과 목	금 액	
III. 자 본		225,875,000
(1) 자본금		220,000,000
(2) 자본잉여금		0
(3) 자본조정		0
(4) 기타 포괄손익누계액		0
(5) 이익잉여금		5,875,000
1. 미처분이익잉여금		5,875,000
1) 전기이월이익잉여금	0	
2) 당기순이익	5,875,000	

자본변동표

제 1 기 XXXX년 10월 1일 ~ XXXX년 12월 31일

황대승 과장 (단위 : 원)

과 목	자본금	자본잉여금	자본조정	기타포괄손익누계액	이익잉여금	합 계
XXXX.10.1(당기초)	220,000,000	0	0	0	0	220,000,000
- 회계정책변경누적효과						0
- 전기오류수정손익						0
- 중간배당						0
- 유상증자(감자)						0
- 자기주식 취득						0
- **당기순이익**					5,875,000	5,875,000
XXXX.12.31(당기말)	220,000,000	0	0	0	5,875,000	225,875,000

있다고만 보고 참고만 하면 됩니다. 세부적인 내용은 별도로 공부를 하셔야 합니다."

"그렇지. 회계의 숲을 배우기로 했으니."

"우리는 재무제표를 설명하기 위해 3개월간 발생한 과장님 자산현황을 가지고 작성하다 보니 회계기간이 3개월밖에 되지 않습니다. 회사는 1년을 기준으로 재무제표를 작성합니다. 중요한 건 작성하는 방법을 전체적으로 파악하시면 됩니다. 이제 마지막으로 주석이 남았습니다."

"주석이라면 원소기호인데 회계도 주석이 있나?"

김대리는 황당해했다.

"그 주석이 아니고요. 재무제표에 표시된 내용 및 표시되지 않은 내용을 설명해 주는 내역이라고 보시면 됩니다."

"아~ 이제 마지막만 남았네. 그래도 내가 아는 이름이라 친근감이 느껴지네. 하하하!"

황과장은 이제 회계를 통해 답을 알게 되었고 마지막 주석만 남긴 것에 대해 엄청난 희열을 느꼈다.

03 재무제표의 세부적인 내용을 정리해 보다

김대리는 마지막으로 주석에 대해 설명을 진행했다.

"주석이란 재무제표에 표시된 항목을 구체적으로 설명하거나 세분화하여 외부정보이용자들이 이해할 수 있도록 세부적인 정보를 제공합니다. 그동안 재무상태표나 손익계산서를 작성할 때 간략 내역란에 해당 사항에 대해 간략히 정리한 것을 좀 더 체계적으로 정리한 거라 보시면 됩니다. 우선 재무상태표상 보유하고 있는 자산에 대해 세부적으로 정리한 사항을 공유하니, 보시고 궁금하거나 수정 및 추가할 내용이 있으면 추가하면 됩니다."

황과장은 김대리가 작성한 주석내용에 자신의 소개를 간략히 작성했다. 자산현황에 대해 현재 보유하고 있는 자료를 근거로 세부내역을 추가 입력했다.

재무제표상 표시되지 않는 정기예금 내역과 매도가능증권 거래 세부내역, 유형자산에 대한 세부내역, 감가상각비 내용연수와 상각방법 등 자산변동내역까지 정리했다. 차입금의 경우 차입금 종류와 연이자율 내용, 담보제공 여부 등 세부적인 내용을 작성했다.

"김대리, 재무제표에 나타나지 않는 정보는 주석을 보니 세부적인 사항까지 다 표시되어 내 신상정보가 다 드러나는 것 같은데."

"네, 과장님. 개인정보로 작성하다보니 그렇네요. 밖으로 유출하지 않겠습니다. 하하하!"

황과장은 평소 재무제표를 볼 때 주석에 대해서는 신경도 쓰지 않았으나 각 항목별로 중요한 세부사항에 대한 정보를 가지고 있다는 것을 깨달았다.

"주석이 생각보다 중요한 정보를 많이 알려주네."

"네, 과장님. 주석은 재무제표를 이용하는 외부이해관계자들에게 목적 적합한 정보를 제공한다고 이해하시면 됩니다."

"아자! 끝났다."

황과장은 마지막 주석에 대해 인수인계를 마치자 기지개를 펴며 소리쳤다. 조용하던 회계부 부원은 다들 놀라서 황과장을 쳐다보았다.

주석

제1기 ××××년 12월 31일 현재

1. 황대승 소개

   황대승(이하 "본인")은 1994년 9월 25일 출생으로 행복 주식회사 재경팀에 ××××년 12월 11일에 과장으로 입사하여 일하고 있으며 서울 용산에서 살고 있습니다.

2. 자산현황 및 작성기준

   본인의 재무제표는 일반기업회계기준에 준거하여 작성되었고, 당기 재무제표 작성에 적용된 유의적인 회계정책의 내용은 다음과 같습니다.

   (1) 현금 및 현금성자산

   본인이 보유하고 있는 현금과 입출금이 자유로운 보람은행 보통예금을 보유하고 있으며 3개월 이내인 것을 현금 및 현금성자산으로 분류하고 있습니다.

   (2) 장기금융상품

   1년 이상 보유하고 있는 장기금융상품은 다음과 같습니다.

   (단위 : 원)

구 분	예금종류	가입일	만기일	월 불입금	잔 액
주택은행	청약저축	×××0년 1월	–	자유	3,000,000
보람은행	정기적금	×××2년 1월	×××5년 1월	10만원	2,400,000

(3) 매도가능증권

본인은 단기매매증권이나 만기보유증권으로 분류되지 아니하는 유가증권은 매도가능증권으로 분류하고 있습니다.
현재 보유하고 있는 매도가능증권은 다음과 같습니다.

(단위 : 원)

구 분	기 초	취 득	처 분	잔 액	처분손익
주식	26,000,000	0	(4,000,000)	22,000,000	1,000,000

(4) 유형자산

본인은 유형자산을 최초에는 취득원가로 측정하며, 기존에 보유한 유형자산은 시장가격으로 측정하였습니다.

1) 건물(아파트)

××××년 9월에 아파트를 5억원에 분양받아 대출 3억원 담보로 제공되어 있습니다.

2) 차량운반구

SUV차량으로 ××××년 7월에 일시불로 구입하였습니다. 장부가는 시장에서 형성된 동일한 차량의 중고가격으로 측정하였습니다.

3) 비품

현재 보유하고 있는 전자제품으로 최초 취득액이 100만원 이상인 자산만 반영하였습니다.

4) 내용연수 및 상각방법

유형자산에 대한 감가상각은 자산이 사용가능한 때부터 아래의 자산별 내용연수에 따라 건물, 차량운반구, 비품은 정액법에 의해 계상하고 있습니다.
건물은 취득가격에 10% 잔존가치를 적용하고 있습니다.

구 분	내용연수	상각방법
건물	40년	정액법
차량운반구	5년	정액법
비품	5년	정액법
기타자산	5년	정액법

5) 유형자산 변동내역

당기 유형자산 장부가액의 변동내역은 다음과 같습니다.

(단위 : 원)

구 분	기초잔액	취 득	처 분	대체	감가상각비	기말잔액
건물	500,000,000	0	0	0	(2,812,500)	497,187,500
차량운반구	18,000,000	0	0	0	(900,000)	171,000,000
비품	3,000,000	0	0	0	(150,000)	2,850,000
기타	0	1,800,000	(1,770,000)	0	(30,000)	0
합계	521,000,000	1,800,000	(1,770,000)	0	(3,892,500)	517,137,500

(5) 미지급금

신용카드를 사용한 내역으로 사용기간은 매월 1일부터 말일까지 사용한 내역이 익월 14일날 예금에서 자동이체됩니다.

(6) 장·단기차입금

당기말 현재 본인의 장·단기차입금 내역은 다음과 같습니다.

(단위 : 원)

구 분	차입금종류	연이자율(%)	당기말	기 초
주택은행	주택담보대출	4%	296,250,000	300,000,000
보람은행	마이너스대출	6%	31,000,000	38,000,000
합계			327,250,000	338,000,000

상기 주택담보대출 관련하여 주택은행에 20년 원금균등상환 조건으로 매월 125만원 상환하고 있습니다.

(7) 담보제공자산

당기말 현재 차입금 등과 관련하여 금융기관 등에 담보로 제공한 자산은 다음과 같습니다.

(단위 : 원)

계정과목	금융기관명	내 역	담보제공자산	설정금액
장기차입금	주택은행	서울 용산	건물(아파트)	300,000,000

04 황과장, 회장님께 재무제표 실적보고를 하다

회장님께 약속한 3주의 시간이 다 흘러갔다. 황과장은 3주간 교육을 받으며 재무제표에 대해 전체적인 숲을 보는 안목을 가지게 되었다.

3일 전, 민부장은 회장실에서 인수인계 진행사항을 보고하고, 황과장이 회사 재무제표를 보고하기로 약속했다. 다음 주 월요일 오전 10시에 임원들이 모인 자리에서 하기로 했다. 이후 황과장은 그동안 배운 내용을 기준으로 회사 재무제표를 분석했고, 특이한 사항은 김대리에게 물어 철저히 준비했다.

드디어 그날이 왔다. 황과장은 아주 긴장되었지만, 지금까지 배워 온 것을 복습한다고 생각하고 회의실로 들어섰다. 회의실에는 회장과 임원들이 앉아 있었고, 회계부 민부장과 강차장 그리고 김대리가 함께 자리에 참석했다.

준비된 PT자료를 띄워 설명을 시작했다. 다행히 올해 가결산 자료는 영업의 대형 수주 선수금으로 인해 현금흐름과 재무상태표가 일부 개선되었다. 회사의 전반적인 손익과 재무상태표 그리고 현금흐름표 순으로 설명하면서 올해의 전반적인 재무상황과 현 시점의 손익분기점 매출액, 그리고 내년도 절감해야 하는 사항과 이를 반영한 예상 재무제표로 목표순이익에 대한 목표매출액 산출을 통해 내년도 회사 예상 사업계획도 함께 간략히 보고했다.

발표를 마친 황과장은 궁금한 점이 있으면 질문해 달라고 했다. 하지만 핵심적인 내용을 쉽고 간략히 설명했기에 질문은 없었다. 임직원들은 모두 황과장이 짧은 시간에 회사에 대해 파악했다는 것에 놀라워하며 박수를 쳤다. 황과장은 이제 다 끝났다고 생각하고 긴장을 놓았다. 인사를 하고 강단을 내려오려는 찰나 회장이 질문을 했다.

"회사가 현 상황에서 이익을 내기 위해 지금 무엇을 해야 하는지 설명해 주세요."

황과장은 머릿속이 하얗게 되는 게 느껴졌다. 회의실은 일순간 조용해졌고 분위기도 싸늘해졌다. 김대리는 당황해하는 황과장을 보고 걱정과 함께 배가 아파왔다.

황과장은 3주간 배웠던 기억을 더듬으며 답변을 찾으려 했으나 잘 떠오르지 않았다. 회장의 질문이 잘 이해가 되지도 않았고 머릿속이 맴돌았다. 시간이 흘러 황과장은 답변을 시작했다.

"우선 매출을 많이 해야 이익창출의 효과가 가장 크고 다음으로 원가를 절감해야 이익을 올릴 수 있습니다."

답변을 들은 회장은 조용히 눈을 감고 아무런 이야기도 하지 않았다. 민부장은 회장이 원하는 답변이 아닌 것을 느낄 수 있었다. 그때 총무부장이 주위 눈치를 보더니 박수를 쳤다. 다른 임원들도 분위기에 맞춰 박수를 쳤고 민부장은 가결산 보고회의를 마무리지었다.

간신히 발표를 끝낸 황과장은 어깨가 축 처져 있었다. 마지막을 잘해야 하는데 아쉽지만 어쩔 수 없는 상황이었다. 민부장은 황과장 어깨를 두드리며 위로했다.

"발표 잘했어. 기대 이상이야."

강차장과 김대리도 잘했다면서 그간 고생이 많았다고 다독였다. 임원들도 황과장에게 발표를 잘했다는 인사치레를 하고 회의실을 나갔다. 발표가 끝나고 나니 김대리는 수시로 자신을 괴롭히던 신경성 복통이 시원하게 나아지는 걸 느꼈다.

그날 오후 회사 게시판에는 크리스마스 사진 콘테스트 순위가 발표되었다. 워낙 다들 준비를 잘하고 경쟁이 치열한지라 우열을 가리기 어려웠다. 그래서 총무부에서는 휴게실 벽면에 각 부서가 제출한 사진을 붙여 자율적으로 투표를 진행했다. 최종 우승팀은 생산부였다. 2등은 회계부, 3등은 영업부로 공지가 되었다. 회계부는 우승팀과 3표 차이였다. 아쉬웠지만 그래도 2등도 아주 큰 성공이기에 만족했다. 회사 내 대부분의 직원들은 회계부가 1등을 할 것으로 예상했지만, 생산부가 우승한 것에 대해 그럴 수밖에 없다는 생각을 했다. 생산부 인원이 가장 많았고 자율투표로 진행되기에 다들 자기 부서 사진에 투표를 많이 했던 것이다. 회계부는 타 부서와 비교하면 많은 인원도 아니었다. 이런 상황에서 2등을 한 것은 대단한 성과였고 총무부에서도 인정하는 분위기였다.

오후에 회의실에서 총무부장이 시상을 진행했다. 회계부는 주연 씨가 대표로 나가서 상장과 상금을 받았다. 박수갈채가 좁은 회의실에 크게 울려퍼졌다. 여직원 삼총사는 그간 준비하고 고생했던 것을 생각하니 맘이 울컥했다. 그러나 공지가 된 결과는 돌이킬 수가 없는지라 아쉬웠지만 만족하고 그날 저녁 일식집에서 회식을 하기로 했다.

회장실에서 민부장을 불렀다. 황과장과 김대리는 조금 걱정이 되었다. 오늘 황과장의 브리핑에 잘못된 것이 있는지, 아니면 무슨 문제라도 있는지 걱정이었다.

"민부장, 자리에 앉게. 김비서 차 좀 넣어 주고. 민부장, 3주간 황과장을 잘 가르쳤고 고생 많이 했어요."

회장이 민부장에게 고마움을 전하자 민부장은 고개를 숙였다.

"별말씀을요. 당연히 해야 할 일입니다."

"민부장, 오늘 황과장이 발표한 내용은 단순히 겉만 보고 발표한 내용이 전부였어. 물론 3주 만에 이 정도 파악하는 데는 상당한 노력이 있었다는 게 느껴졌어. 내가 질문한 요지가 뭔지를 민부장은 아는가?"

민부장은 잠시 생각을 했다.

"지금 저희 회사가 이익을 내기 위해 무엇을 해야 하는지 실상에 대해 물었던 것으로 이해했습니다."

"맞아. 진정 회사가 가지고 있는 현실을 아직 잘 모르고 있어. 하긴 3주 만에 발표 준비하는 것도 벅찬 시간이긴 한데, 그래도 본인의 회사라고 생각한다면 이런 것쯤은 생각하고 있어야 하는데 아직 부족해."

"회장님, 얼마 전 회사에 들어와서 그 정도 파악하기에는 무리가 있습니다. 그리고 처음에는 황과장도 갈등을 하고 있었고요."

"그래, 그럴 수도 있지. 그래서 하는 얘긴데, 민부장이 잘 챙겨 주게. 그리고 회사 현실을 알 수 있게 원가에 대해 3주간 더 교육을 시켜 줬으면 하네."

"회장님, 그건 좀…."

민부장이 부담스러워 하자 회장이 말을 가로챘다.

"알고 있네. 내가 총무부장을 통해 그간 소식은 다 듣고 있었네. 김대리가 고생 많이 하고 있다는 거 보고 들었네. 이번에 김대리 과장으로 승진시키고 원가 관련 3주간 더 고생하도록 수고해 주게. 아, 그리고 이번 크리스마스 사진 콘테스트에서 내가 본 바로는 회계부가 1등이네. 이거 받게나. 내가 미리 준비해 뒀네."

회장이 양복 주머니에서 꺼낸 봉투를 건네주었다. 민부장은 괜찮다고 사양했지만 회장이 재차 권하니 못 이기는 척하며 받았다. 민부장은 선택의 여지가 없다는 것을 알고 있었다.

"네, 회장님. 감사합니다. 그리고 한번 잘 가르치도록 하겠습니다."
"그래, 고맙네. 이제 나도 경영에서 물러날 때가 됐네. 민부장만 믿겠네."

민부장은 사무실로 오는 길에 원가와 관련하여 내부적으로 제대로 관리가 되지 않는 문제점도 있어 어떻게 해야 할지 고민이 많았다. 원가 관련 인수인계에 대한 적임자도 현재로서는 김대리였다. 하지만 3주간 인수인계로 인해 업무가 많이 쌓였고 신경성 복통으로 고생하고 있는 상황을 누구보다 잘 알고 있었다. 그런 상황에서 김대리에게 다시 업무를 하달하기에는 무리가 있었다. 그렇다고 다른 누구를 시킬지 고민도 했으나 현 상황에서는 김대리 말고는 대안이 없었다. 그리고 김대리는 이번 승진 대상자여서 큰 의미가 없었다. 단지 승진을 확정시킨 건 확실하지만 효과는 없을 것 같았다. 그러다 생각난 것이 김대리가 원하는 바를 해결해 줘야겠다는 생각이 떠올랐다. 그리고 저녁 회식자리에서 기회를 봐서 발표하기로 했다.

민부장은 사무실로 오자마자 부서원을 모두 모이게 한 후 회장이 준 봉투를 꺼내들고 흔들었다.

"오늘 저녁은 여직원 삼총사들이 원하는 스카이라운지 레스토랑으로 가자!"

여직원 삼총사는 어리둥절했지만 곧 환호했다. 민부장은 회장실에서 있었던 일을 직원들에게 들려주었다. 3주간 황과장과 함께하면서 고생이 많았고, 오늘 브리핑에 대해 칭찬을 하며 직접 지갑에서 봉투를 마련해 주었다고 했다. 그리고 회장이 크리스마스 사진 콘테스트 투표도 했는데, 회계부에 한 표를 주었다는 말도 전했다.

그날 저녁 회계부원들은 스카이라운지에 모여 여직원 삼총사들이 그토록 원하던 스테이크 코스요리를 맛볼 수 있었다. 이날도 어김없이 민부장은 와인을 주문했고, 철없는 남자 삼총사들은 와인을 소주처럼 마셨다.

황과장은 그간 회계부와 짧은 시간이었지만 아주 오랫동안 함께 있었던 느낌이 들었다. 황과장은 아마 오늘이 마지막 자리가 될 것 같다고 밝히고 건배를 제의했다.

"3주 동안 짧으면 짧지만 저에게는 마치 3년처럼 길게 느껴졌습니다. 다들 제가 부담이 되었겠지만 잘 대해 주셔서 편안하게 잘 지냈던 것 같습니다. 특히 김대리가 인수인계한다고 가장 큰 부담이었고, 신경성 복통에 시달리는 모습을 보면서 안타까웠습니다. 저는 앞으로 계속 회사에 있을 것이고, 부서만 다를 뿐 회계부에 대해서는 남다른 애정을 가지고 떠나겠습니다. 그동안 고마웠습니다. 회계부원 모두의 건강을 위하여 건배!"

모두들 따라서 건배를 외쳤고, 시선은 자연스럽게 김대리에게로 향했다.

"네, 황과장님. 감사합니다. 사실 안 힘들었다면 거짓말이고요. 이 자리에서는 예의 같은 것은 개나 줘버리고. 아! 부장님, 죄송합니다. 저도 모르게 습관이 돼서…. 여하튼 회계부는 황과장님 오시기 전과 오시고 난 뒤 분위기는 각자의 마음속에 생각하시고, 3주 동안 고생은 했지만 잘 배우시고 오늘 회장님 앞에서 마무리까지 잘해주신 황과장님 감사합니다. 오늘 드디어 고통스러운 저의 복통을 다 날려 버리고 다시 원래의 자리를 찾았습니다. 회계부원 모두 고생 많으셨습니다. 저도 건배를 제의하겠습니다. '이제 회계부는 자유다' 하면, 제 말에 공감하시면 '맞다' 하고 답하시면 되고 아니면 '아니다' 하시면 됩니다. 이제 회계부는 자유다!"

다들 '맞다' 하고 외쳤는데 생뚱맞게 민부장만 '아니다' 하고 외쳤다. 민부장은 기회가 왔다고 생각했다. 다들 민부장을 바라보았다.

"부장님, 벌써 황과장 눈치 보시는 겁니까?"

김대리가 따지듯 말했다.

"아니, 그게 아니고. 오늘 이 자리에서 또 다른 전달사항이 있어서…."

김대리는 갑자기 신경성 복통이 다시 오는 듯한 느낌이 들어 마음이 불편했다.

"오늘 회장님실에 불려갔다가 마지막에 회장님께서 황과장에게 또 다른 주문을 하셨어. 황과장에게 3주 만에 원가관리를 마스터 시키라는 지시가 떨어졌어."

회계부원 모두가 황당해했다. 주연씨가 나섰다.

"그럼 원가관리는 누가 가르치죠?"

다들 시선이 김대리에게로 쏠렸다. 김대리는 자리를 박차고 일어났다.

"부장님, 이건 아니죠!"

"김대리, 한 번만…."

민부장이 김대리를 껴안으며 아양을 떨듯 말하자 황과장이 히죽 웃으며 끼어들었다.

"김대리님, 잘 부탁합니다."

회계부 남자 삼총사는 와인을 소주처럼 마셨고 김대리는 끝까지 회유에 말려들지 않았다.

05 김대리, 과장으로 승진하다

민부장은 남자 삼총사가 2차 가는 걸 보고 헤어졌다. 아침에 출근하니 자리에 있어야 할 김대리가 보이지 않았다. 황과장과 강차장은 아직 취기가 남아 있는 상황에서 PC 화면을 보고 있었다. 민부장이 황과장에게 물었다.

"김대리 오늘 출근 안 했나?"

황과장 대신 강차장이 대답했다.

"김대리 몸이 안 좋다고 오전 반차 신청했습니다."

"어디 많이 아픈 건가?"

민부장은 걱정이 되었다. 어떻게 김대리를 설득할지 고민도 되었다. 혹시나 그만둔다고 하면 어쩌나 하는 생각마저 들었다. 혼자서 이런저런 생각을 하다보니 민부장의 얼굴이 어두웠다. 강차장은 민부장의 걱정하는 표정을 알아보았다.

"술병입니다. 어제 엄청 마셨거든요. 부장님, 걱정 안 하셔도 됩니다. 어제 많이 마시고 평소보다 늦게 일어나서 정신 차리고 온다고 했습니다."

"그럼 다행이네. 오면 잘 챙기고."

"네."

민부장은 총무부에 들러 총무부장에게 면담을 요청했다. 평소 총무부에 잘 가지 않는지라 총무부장은 무슨 일인가 궁금했다.

"민부장님, 평소 저희 부서에는 잘 오시지도 않는데, 무슨 급한 일이라도?"

"이번에 김대리 과장 승진 건 관련해서 회장님께서 얘기가 있었습니다. 그리고 황과장을 회계부에서 3주간 더 교육시키라는 지시가 있었습니다."

"네, 회장님 지시를 받았습니다. 인사발령 내려고 보고드리려는데 말씀하시더라고요."

"근데 문제가, 김대리가 업무과중으로 스트레스가 엄청난데 다시 원가 관련 인수인계를 시키려니 걱정이 되네요. 그래서 말인데, 이번 과장 승진은 당연히 되는 거고, 연봉협상 때 인상을 좀 많이 고려해 주셨으면 합니다. 물론 제가 1차로 올리겠지만 총무부에서도 지원을 요청하고자 해서요."

"그 부분에 대해서는 저도 옆에서 보고 있어서 고려하고 있었습니다. 네, 반영하도록 하겠습니다. 그러나 인상폭은 얼마가 될지는 모르나 인사평가는 높게 받을 수 있으니 규정 내에서 최대한 지원하겠습니다."

"네, 감사합니다. 그리고 한 가지 더 있는데, 이번 원가 관련해서 인수인계를 김대리가 진행하게 되면 그동안 내부적으로 생산부에서 개선을 진행하지 않는 문제에 대한 내용들이 다 밝혀질 겁니다. 물론 저희 부서에서도 문제점 개선을 생산부에 요청했으나, 업무과중으로 인해 잘 진행이 되지 않았습니다. 아마 이번에 이 일을 황과장이 알 수밖에 없는 상황입니다. 그러다 보니 김대리 역시 부담을 느낄 수밖에 없습니다."

"그 문제는 다들 알고 있는 문제 아닙니까? ERP대로 생산이 실시간으로 되지 않는 문제와 애초 시스템 도입 때부터 구축이 제대로 되지 않아 문제가 있었던 것인데….”

"그러나 황과장은 이해를 할지 의문이라. 문제는 이 건으로 해서 생산부장에게 누가 되지 않을까 걱정이 되네요.”

"모든 상황을 있는 그대로 보고하면 크게 문제되지 않을 겁니다. 회사 내부적으로 ERP가 제대로 되지 않는 건 다 알고 있으니까요.”

"그리고 이번에 김대리가 원가 관련 인수인계를 완료하면 중국현지법인에 해외파견근무를 3개월 정도 보낼까 합니다.”

"그럼 여기는 어떻게 하고요?”

"그래서 추가 채용이 필요하고요.”

"김대리가 가겠어요? 그곳도 법인 설립한 지 2년 정도 되었는데 아직 공장이 정상 운영되지 않아 문제가 많은데…. 그런 곳에 왜 가려고 합니까?”

"중국현지법인 설립 때 주재원 신청시 김대리가 해외근무를 원했었는데 제가 반대를 했죠. 여기 업무를 볼 사람이 없었는데, 지금은 송대리와 주연씨가 있으니 업무 조정을 하면 가능한 상황입니다. 그리고 여기 원가 개선하면 중국현지법인도 원가 관련 개선을 진행하면 되고요. 아마 근무조건만 맞으면 갈 수 있을 것 같습니다.”

"민부장님이 신청하면 발령은 문제없습니다. 안 그래도 중국현지법인 문제가 있어서 고민하고 있었는데 잘됐네요.”

"그럼 김대리와 면담해 보고 알려드릴 테니 결정 나면 진행에 차질 없게 지원 바랍니다.”

"네, 제 일이니 당연히 해야지요. 걱정하지 마시고요.”

"네, 감사합니다.”

총무부장과 면담 후 어떻게 할지 정리가 되었다. 민부장은 점심

식사 후 김대리를 기다렸다.

점심시간이 끝날 즈음 김대리가 출근했다. 민부장은 김대리를 조용히 회의실로 불렀다. 김대리는 평소 술을 마셔도 대부분 출근했기에 반차를 사용한 것 때문인지 마음이 불편했다.

"김대리, 어제 술 마신 거는 괜찮아?"

"네, 괜찮습니다. 어제 너무 많이 마셔서 피곤했나 봅니다. 죄송합니다."

"김대리도 잘 알겠지만 회사 내 원가관리는 중요한 사안이고 지금껏 문제되는 것을 개선하기 위해 고생했던 일도 잘 알고 실무상 잘 안 되는 것도 알고 있어. 그러나 이번에 황과장하고 일을 추진한다면 쉽게 풀릴 수 있어. 그동안 우리가 생산부와 협의해서 진행하려 했지만 현실적으로 안 되는 게 문제인 건 누구나 다 알고 있어. 이번이 개선할 수 있는 좋은 기회라고 생각해. 원가관리 업무 인수인계 잘 진행되면 중국현지법인에 가서 원가시스템 개선도 필요한 상황이니 3개월 정도 해외근무 경험 쌓는 것도 좋을 것 같은데 힘들지만 한번 해보는 건 어때?"

"네, 생각해 보겠습니다."

김대리는 중국에 한번 가보고 싶은 생각을 하고 있었고 지금이 위기라는 생각을 했다. 위험과 기회가 공존하고 있는 시점! 자신이 어떻게 하는가에 따라 위기는 기회가 된다. 지금이 때가 온 것 같다는 생각이 들었다.

한 주 동안 밀린 업무를 처리하고 멍하니 생각만 하다 결정을 못했다. 주말 저녁 바닷가 커피숍에 들러 카페라떼를 마시면서 노을이 지는 바다를 바라보며 생각에 잠겼.

'지금 내가 처한 상황이 이러지도 저러지도 못하는 상황이니 위기다. 그럼 기회를 잡아야지. 그래 한번 해보자. 중국 가는 걸 목표로 세우고 해보자.'

김대리는 어차피 해야 할 일이라면 부딪혀서 이겨보자고 결심했다.

출근 후 민부장에게 면담을 신청했다. 민부장은 김대리가 결정했다는 것을 느낄 수 있었다. 두 사람은 회의실로 들어갔다.

"김대리, 원가관리 인수인계 진행하는 건 결정했어?"

"네, 이번에도 제가 진행을 해보겠습니다. 요구사항이 있습니다. 이번 원가업무 인수인계시 업무개선도 함께 진행해야 하니 타부서와 의견 차이로 문제가 많이 발생할 것 같습니다. 황과장이 함께 하겠지만 분명 한계가 있을 것 같습니다. 부장님도 지원을 해주시기 바랍니다."

민부장은 크게 웃었다.

"그건 걱정하지 말게. 함께 같은 배를 탔는데 당연히 해줘야지. 그럼 이번에도 김대리가 원가 인수인계하는 걸로 확정한다."

"네."

민부장은 곧바로 회의실을 나와 회계부 전원을 원탁에 모이게 한 뒤 김대리가 원가 인수인계한다고 공식적으로 발표했다. 다들 김대리에게 박수를 쳤고 누구보다 황과장이 가장 기뻐했다. 김대리는 담담하게 받아들였다.

며칠 뒤 김대리는 과장으로 승진했고, 김강산 과장의 고군분투는 또다시 시작되었다.

참고문헌

김철중, 『재무제표를 읽는 사례연구 핵심 기업분석』, 제2판, 지식경영사, 2022.
김태원, 『왕초보 회계원리』, (주)시대고시기획, 2023.
박길동, 『현금흐름 분석과 현금흐름표 작성』, 삼일인포마인, 2022.
박동흠, 『박회계사의 재무제표 분석법』, 부크온, 2022.
유홍관, 『부자들은 가계부 대신 재무제표를 쓴다』, 위즈덤하우스, 2022.
이도훈, 『금리 하나 알았을 뿐인데』, 유노북스, 2023.

회계에 답이 있다

2024년 5월 3일 제1판 1쇄 인쇄
2024년 5월 11일 제1판 1쇄 발행

저　자 김 상 곤
발 행 인 권 영 섭
발 행 처 (주)신영사

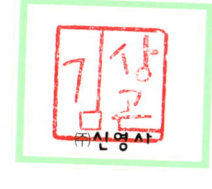

경기도 파주시 심학산로 12(출판문화단지)
등　　록 : 1988. 5. 2 / 제406-1988-000020호
전　　화 : 031-946-2894(代)
F　A　X : 031-946-0799
e - m a i l : sys28945@naver.com
홈페이지 : http://www.shinyoungsa.co.kr

정가 18,000원　　　　　　　ISBN 978-89-5501-862-2

본서의 무단 전재 및 복제를 금합니다.